折射集
prisma

照亮存在之遮蔽

Roger Scruton

The Politics of Culture and Other Essays

当代学术棱镜译丛 · 当代美学理论系列
丛书主编 张一兵 副主编 周宪 周晓虹

文化的政治及其他

［英］罗杰·斯克鲁顿 著 谷婷婷 译

南京大学出版社

《当代学术棱镜译丛》总序

自晚清曾文正创制造局,开译介西学著作风气以来,西学翻译蔚为大观。百多年前,梁启超奋力呼吁:"国家欲自强,以多译西书为本;学子欲自立,以多读西书为功。"时至今日,此种激进吁求已不再迫切,但他所言西学著述"今之所译,直九牛之一毛耳",却仍是事实。世纪之交,面对现代化的宏业,有选择地译介国外学术著作,更是学界和出版界不可推诿的任务。基于这一认识,我们隆重推出《当代学术棱镜译丛》,在林林总总的国外学术书中遴选有价值篇什翻译出版。

王国维直言:"中西二学,盛则俱盛,衰则俱衰,风气既开,互相推助。"所言极是!今日之中国已迥异于一个世纪以前,文化间交往日趋频繁,"风气既开"无须赘言,中外学术"互相推助"更是不争的事实。当今世界,知识更新愈加迅猛,文化交往愈加深广。全球化和本土化两极互动,构成了这个时代的文化动脉。一方面,经济的全球化加速了文化上的交往互动;另一方面,文化的民族自觉日益高涨。于是,学术的本土化迫在眉睫。虽说"学问之事,本无中西"(王国维语),但"我们"与"他者"的身份及其知识政治却不容回避。但学术的本土化绝非闭关自守,不但知己,亦要知彼。这套丛书的立意正在这里。

"棱镜"本是物理学上的术语,意指复合光透过"棱镜"便分解成光谱。丛书所以取名《当代学术棱镜译丛》,意在透过所选篇什,折射出国外知识界的历史面貌和当代进展,并反映出选编者的理解和匠心,进而实现"他山之石,可以攻玉"的目标。

本丛书所选书目大抵有两个中心:其一,选目集中在国外学术界新近的发展,尽力揭橥域外学术20世纪90年代以来的最新趋向和热点问题;其二,不忘拾遗补缺,将一些重要的尚未译成中文的国外学术著述囊括其内。

众人拾柴火焰高。译介学术是一项崇高而又艰苦的事业,我们真诚地希望更多有识之士参与这项事业,使之为中国的现代化和学术本土化作出贡献。

丛书编委会
2000年秋于南京大学

序　　言

　　本书中的文章，大约写于十年之间，之所以现在结集出版，是希望其中的一些思想、话语或者观点能够引起读者对隐含于文章标题之中的重要主题的关注。当出版社第一次提议要把我写过的一些书评和文章结集时，我从这些所选文章中似乎无法找出统一性，也似乎无法把统一性强加于其上。当我在思考是什么原因促使我做出了这一选择时，才开始意识到其实存在着一个潜在的主题和目的。所有文章都包含了政治态度，但它是一种关注文化的态度，是一种关注使文化得以维持的制度和习俗的态度。本书的基调是极端保守的，这是事实，辩解也徒劳无益。我一直希望，强烈表达一种观点能对某个人有所助益。

　　在写这些文章时，我为自我发现而感到满足，也为意识到了（在一段时间内）激发思想和行动的信条而感到满足。或许，在进行自我教育的同时，这些文章也能搏大卫协会（*Davidsbündler*）一笑，我就是以它为假想对象而进行写作的。然而可想而知，本书只是一个开始，是从一个狭窄的视角对我们的时代所发生的一些文化大事件进行的首次概论。如果本书能抛砖引玉，使此后对相关观点的阐述更具说服力、更有连贯性，那么，它的一个目的也就达到了。所有这些文章都曾在别处发表过，我在此想要对文中提及的杂志和文集的编辑们以及各个出版社表示感谢。在专业哲学家看来，这里的文章没有一篇算得上是该领域的专业文章。相反，它们试图绕开哲学论证的复杂情况，目的是对我们时代每一个受过教育的人都会关心的问题进行直接的、猛烈的攻击，或许有时是在出人意料之处。

1980 年于伦敦

目　录

语言与艺术

3 / 1. 语言的状况
19 / 2. 理智与真诚
31 / 3. 符号学之不可能性
48 / 4. 解构与批评
57 / 5. 英国关联：威廉斯、霍加特与伊格尔顿
69 / 6. 艺术、语言与纳尔逊·古德曼
77 / 7. 想象力
83 / 8. 由虚构到真实
88 / 9. 伪绘画
94 / 10. 音乐符号学
101 / 11. 哲学与文学

作家与语境

115 / 12. 格雷厄姆·格林
120 / 13. 詹姆斯·乔伊斯
127 / 14. 西尔维亚·普拉斯
132 / 15. 安德烈·布勒东与超现实主义
138 / 16. 日本体验

154 / **17.** 但丁的重要性

建　筑

177 / **18.** 阿尔贝蒂与恰当的艺术
189 / **19.** 阿德里安·斯托克斯
194 / **20.** 巴克明斯特·富勒
201 / **21.** 道德与建筑
214 / **22.** 建筑中的马克思主义
223 / **23.** 水平建筑

文化与无政府主义

233 / **24.** 激进疗法
243 / **25.** 福柯评注
247 / **26.** 雅克·拉康
256 / **27.** 市场的意识形态
263 / **28.** 人权的意识形态
270 / **29.** 诗歌与政治
284 / **30.** 人文教育
297 / **31.** 文化的政治

314 / 索　引

语言与艺术

1. 语言的状况

《语言的状况》,伦纳德·迈克尔斯、克里斯托弗·里克斯编,加利福尼亚大学出版社,1980年。原载于《泰晤士文学增刊》,1980年2月22日。

所幸,我们并没有真正意义上与法兰西文学院(Académie Française)相对等的机构。我们的语言不是由一个注定只是临时机构的庄严碎片所规定的,而是由像牛津大学出版社这样的非法制造企业所规定的,但凡我们需要全部真相时,它们就能给我们提供全部真相,而且在任何权威面前都丝毫不掩饰这一真相其实是二手的,是从它们需要满足需求的客户那儿得来的。语言嗜好癖(logophilia)市场,受到广大热切的殖民地的激励,这些殖民地吸收规则、准则的剩余产品,而作为交换,它们则提供原材料。美式英语、黑人英语、旁遮普英语以及其他千余种英语变体,逐一返回到宗主国进行加工,并被收录于牛津语料库(the Oxford Corpus),然后再以规则的形式进行输出。当然,客户往往会认为他的要求就是唯一合法的标准,而且认为那些他所接受的规则将只反映他个人的癖性。然而,这就是牛津英语的权威,人们不知不觉中就把它当作规定性的英语而加以接受。拥有自由市场的垄断,与没有自由市场的专制并无二致。除此之外,是腔调把惯例变成了命令,况且,谁又会无视《牛津英语词典》(OED)的腔调,除非他对OED一无所知,或者是他内心燃烧着具有颠覆性的雄心壮志?

六十多位作家参与了《语言的状况》一书的撰写,其中认同在语法问题上应该有权威与服从之分这一观点的人数,与认为任何这种思想都是任意的、专制的人数,几乎是平分秋色。这一争论意义重大。其深度和难度不亚于政治上的保守派与自由派之争(本书的争论不过是后者的一个特殊例子而已)。只有自由存在物才能被统治,但统治又创造了条件使自由成为可能。那么,哪个是第一位的:统治,还是自由?即便是辉格党,也已开始把自己的命运与自由拴在一起,而传统上,辉格党认为,除非受到这种或那种忠诚精神的制约,否则,"自由"所表明的不是任何一种理想,而只是一种疾病,它需要管理这剂良药。

然而,持相反观点的大有人在,他们拥护一种不附加任何条件的自由。一些美国人仍然惊讶地发现,这种"自由"及其所带来的财富,实际上并不受某些民族的欢迎,这些民族在几个世纪以来,都用与"顺从"一词相对应的阿拉伯词汇来描述他们内心深处的愿望。理想的病理形式不同程度地存在着,除了自身施加的权威外,它不承认任何权威。当人们向西横穿美洲大陆时,这种热忱不断增强,直到与太平洋突然遭遇。那里,天生自由的旅鼠①聚集起来,寻找机会扔掉自由连同对自由的渴

---

① 旅鼠(Lemmings),一种哺乳类小动物,常年居住在北极,形体椭圆,腿短,耳朵小,毛软,繁殖力极强。主要分布在挪威北部和欧亚大陆的高纬度针叶林地带,以根、嫩枝、青草和其他植物为食,天敌有猫头鹰、贼鸥、灰黑色海鸥、粗腿秃鹰、雪鸮、北极狐、黄鼠狼、北极熊等。在北极苔原地区,数量过多和食物缺乏导致大量的旅鼠快速迁徙。当旅鼠的数量急剧膨胀,达到一定的密度时,奇怪的现象就发生了。这时候几乎所有的旅鼠都变得焦躁不安起来,它们东跑西颠,吵吵嚷嚷,并且停止进食,似乎是大难临头。这时的旅鼠在任何天敌面前都显得异常勇敢、无所畏惧,具有明显的挑衅性,它们的肤色也会发生明显的变化,由灰黑色变成鲜艳的橘红,一个合理的解释是,它们是为了千方百计地吸引天敌的注意,来吞食消耗它们,与自杀没有什么区别。这也是旅鼠的一个秘密。当旅鼠的数量实在太多时,它们会显示出一种非常强烈的迁移意志,聚集在一起,渐渐形成大群,开始似乎没有什么方向和目标,到处乱窜,就像是出发之前的忙乱。但后来不知道是谁下了命令,也不知是谁带头,它们忽然朝着同一个方向,浩浩荡荡地出发了。往往白天休整进食,晚上摸黑前进,沿途不断有旅鼠加入,队伍越来越大,常常达数百万只,沿着一条笔直的路线奋勇前进,绝不绕道,更不停止,一直奔到大海,纷纷跳下去,直到全军覆没为止。这也是旅鼠的一大奥秘。但专家们认为,旅鼠自杀只是一个神话,因为在群体密度过大时,旅鼠的反应不是牺牲自己,而是更倾向于攻击其他旅鼠,乃至出现自相残杀。但不管专家们如何澄清,这个神话一直流传下来。而"旅鼠"也可以喻指任何一个大组织里的成员追随一个未加思索的、朝向具有大规模破坏性的事业。(本书的页下注皆为译者注。)

望。它所产生的一些结果——加利福尼亚"心理学呓语"(psychobabble)、女权主义者和同性恋者创造的新词(neologism)、令人尊重的对无序的愤怒及其在琼斯镇残忍的对立面——都在本书中被讨论。而这本书是由一位来自加利福尼亚伯克利的教授和一位来自英国剑桥的教授联合主编的,可谓恰当至极,两种相互竞争的政治生活思想,可以与这两个地方极为密切地关联起来。

由于主编们没有找到任何问题或者概念来对撰稿者进行统筹,我建议不妨认为他们是在各自的差异以及彼此之间的冲突中统一起来,并且会将语言自由主义和语言保守主义之间的斗争考虑在内。但首先必须要说明的是,各个作者风格迥异,从学究的到机智的,从野蛮的到颓废的——其间穿插着几段文明时期。这本书令人耳目一新的一个方面是,许多严肃的、聪颖的撰稿者乐意维护通用语(common speech)的某个方面,而受过教育的读者可能会错误地将它批判为语法或者文体的一个缺点。在对这一**信念**(*idée reçue*)进行的更为大胆的一个抗议中,克里斯托弗·里克斯(Christopher Ricks)甚至试图去维护我们都不假思索地打发为语言无思考能力的那个方面,即陈词滥调。他优雅的文章让我逗留,部分是因为文章显示出独特的文学批评特征,部分是因为它的主题具有引人瞩目的性质。里克斯教授所要为之辩护的并不是陈词滥调,而是利用陈词滥调去表达新的意义,这点很快就变得显而易见。然而,指出当陈词滥调被违背本性使用就可以被接受时,并不是为陈词滥调辩护。在其普遍使用中,陈词滥调是一种逃避它所描述事物的真实性的方式;因此,当人们注意到它的数量激增时,就会感到不安。

在反思琼斯镇惨案①时,大卫·里德(David Reid)哀叹"我们是带着多么可怕的轻松心理来对罪大恶极进行归类",将陈词滥调不具备的功能,即展示存在事物这一功能,强加于语言之上。(里德先生并没有想到,即便是埃斯库勒斯②也可能会发现,很难将悲剧情绪附加于这一毫无价值的事件之上;但是,新闻报道的命运就是略去它所描述事件的无意义之处。)

陈词滥调并非仅仅是词典所界定的意义,即用烂了的表述。(虽然马歇尔·麦克卢汉所描述的一位男学生值得称道,当他被要求以一种新颖的方式来使用一个陈腐的表述时,这个学生写道,"男孩从学校回到家里,脸上写满了陈词滥调"。)陈词滥调是一种陈旧的、漫不经心的修辞。("我们不满的冬天"③出于理查三世之口,并不是陈词滥调,即使是现在,当在政治家的口中它已然变成陈词滥调的时候,事实也仍是如此。)换句话说,陈词滥调是虚妄性的一种形式;新闻报道依赖比较,这些比较因为言之无物,因此能被立刻吸收;你不能指望它揭示有关琼斯镇的道德真相,就像你不能指望它能揭示有关任何事件的道德真相一样。当杰弗里·希尔(Geoffrey Hill)(里克斯所举的例子)使用陈词滥调去揭示事情的真相时,那是通过刺穿一个古老比较的硬壳来揭示其意义。负了伤的陈词滥调让你感觉到了伤害它的真相。你不会通过为这一用法辩护来对陈词滥调进行辩护(即使是你的辩护像里克斯所

---

① 琼斯镇惨案(Jonestown massacre)是指1978年11月18日,在教主吉姆·琼斯的胁迫下,美国宗教组织"人民圣殿教"(Peoples Temple)的信徒在南美洲圭亚那琼斯镇集体自杀。一共有907人喝氰化物中毒身亡,其中包括276名儿童,那些拒绝自杀的人被强行灌下氰化物,或被枪杀、勒死。吉姆·琼斯随即开枪自尽。只有四个人幸免于难,其中两人是冒死逃跑,另两名是行动不便和耳聋的老人,由于被别的信徒忘却而幸存。在2001年9月11日之前,它是现代历史上出现的此类事件中最严重的、造成美国平民死亡人数最多的事件。

② 埃斯库勒斯(Aeschylus, c. 525B.C.—456 B.C.),古希腊悲剧诗人、悲剧家,与索福克勒斯(Sophocles)和欧里庇得斯(Euripides)并称为三大悲剧家。主要作品有《被缚的普罗米修斯》《阿伽门农》《善好者》等。

③ 语出莎士比亚戏剧《理查三世》。

进行的辩护那样富有想象力），就像你不会通过提及拆除障碍时的快乐，来为障碍本身的合理性进行辩护一样。

本书其他撰稿人也做了类似的努力——他们的声音时常更为响亮、刺耳，但通常远不够深入、细致——去直面那些语言习惯较为懒散的批评家，有时通过对这些语言习惯的模仿使用（日内瓦·史密瑟曼对黑人英语装模作样的使用就是如此："what we bees needing is teachers with the proper attitudinal orientation"），有时则是通过将新颖的万花筒展现在我们眼前，让未受过训练的用法的碎片在学术之镜中形成自身的模式（安吉拉·卡特写道："我的许多姐妹在她们被权威的父权制社会学方法的偏见和'进入'个人成长'吓坏'之前，开始学习社会科学，它本身就是一个在概念上很含糊的领域，并且具有……"）。然而，漫不经心的新词语所产生的失衡，被一小群强硬的语言保守主义者矫正过来。其中几个——尤其是金斯利·艾米斯（Kingsley Amis）和约翰·西蒙（John Simon）——指出了现代语言习惯中常见的文盲现象，既有大众的（使用"refute"代替"reject"，用"hopefully"作为情态助动词，用"gamut"代替"gauntlet"，用"alternatively"代替"alternately"，用"paradigm"代替"paragon"等等），也有专业领域里存在的文盲现象（比如符号学这一大产业，被西蒙先生准确地进行了讽刺）。

世界曾经包含了两个阶级的人们：那些有写作能力的人和那些没有写作能力的人。而现在似乎只包括了一个阶级：那些如果真正做出努力，是可以写作的，但对写作并不十分感兴趣或者看不到写作的意义所在的人。我想这就是平等主义者所称的进步。显然，文盲现象具有极大的政治影响；因此，我们必须加以讨论。有一种文盲是源于不具备拼写能力，而另一种（更为严重的）文盲则源自无法正确地使用词语（或者，如果你愿意的话，"正确地"——因为我们必须试图说明这个问题，而不是回避它）。如果某人说"我完全否认你的指控"，他无意中宣称他还未开始进行的一个行动获得了胜利。他所说的话并不仅仅是错误的，而且因为它假定了全知全能，因而也是荒谬的。因此，人们或许认为这第二种文盲具有深远的含义。它以两种方式展现出来：首先是缺乏语言差别意识，其次是每当有必要运用思想时，却总是使用行业术语。因而，没有能够注意到，语言差别或许只是总体上失察的一个方面而已。然而，本书中大部分保守主义者共有的一个直觉是，它并不仅仅是如此而已。那么，它还可能是什么呢？

语言差别有两种：词汇差别和语法差别。想象一下，某人对"prone"和"supine"这两个词不加区分，每当要提及躺着的人的躯体时，对它们不加区分地使用。他缺少的是什么？在使用其他词时，他当然能够弄清楚这种差别——比如，"on his front"/"on his back"。当然，他无法知道弥尔顿所写的"要有一个生物/不像其他生物只会俯首向下/又粗暴……能直立/他的身躯……"是什么意思。但他很可能对弥尔顿也不感兴趣，也对为什么雪莱的"盲目权威的奴隶"（slave of blind authority）应该是 supine，而不应该是 prone 的原因不感兴趣。他甚至可能会认为，一个躺下来的人用 prone 来描述，是因为他容易发起攻击，相信（正如许多人相信一样）在这一其他用法中，"prone"具有被动意义。但这个也只是对规约的违反：**他至少仍然知道他要说明的意思是什么**，并且能够以那些准备听从他的人能够理解语言来进行表述。那么，他缺少的是什么，除了引不起他兴趣的文学之外？我们大部分人，当用一种并非我们母语的语言进行交谈时，都习惯重新建构差别，而对此我们没有精确的词语去表达。知道准确的词是一种**快乐**，但这种语言的快乐论会是保守主义者提议的全部吗？

我们不妨再来看一下语法差别。在一篇有趣的文章中，朱利安和塞尔达·博伊德主张，英语将来时态"shall"和"will"之间的复杂区别，可以理解为更深层的态度分歧在语法层面上的表达——那些在预言和决定之间的哲学差别中所总结出来的态度，观察者的态度和行为者（agent）的态度。因此，两个助动词复杂的词形变化，能从两种思想形态之间的深刻差别的层面上去解释。这一说法很有趣，但即便这是真的，我们也并不清楚那些将"shall"和"will"混为一谈的人，会比根本没有这一区分的意大利人的情况更糟糕。(如果说意大利人无法放弃施动者态度,那也不是出于这个原因。)同样地,那些错误地认为"hopefully",像"possibly"一样是个情态助动词的人,模糊了一个差别,即"I hope she will come"(我希望她会来)与"She will come in hope"(她会带着希望来)之间的差别。然而,我刚刚以其他方式对此进行了区分,并且希望那些浑噩无知的笨蛋也能对此进行区分。〔注意蒙塔古语法将同样的深层结构归因于情态助动词和副词。这是否意味着我们的浑噩无知的笨蛋,像德语 *hoffentlich*(我希望如此)的使用者一样,竟是正确的,或者,它是否是证明蒙塔古语法里存在谬误的证据?〕

这些例子都表明,保守者仅仅通过考虑个别的误用来提出自己的观点,是何等困难。福勒(Fowler)的智慧中没有一点能显示,标准英语的规则一旦被打破就必然会受到惩罚,或者是显示,在传统差别和复杂性的衰退中,有某种东西消失了。或许是,对语法和词汇进行简化的现代趋势,代表了一种贫瘠,但是什么的贫瘠呢? 如果仅仅是语法和词汇的贫瘠,那么,这个抱怨就是同义重复。然而,如果有某种其他东西遭受损害,那么,我们就必须了解它是什么。所以,现在让我们转到自由派观点,看看它在相关争论的主题方面,是否包含任何更为清晰的想法。

在这一文集中,自由主义时常打着一些学术旗号前进——比如,"女性研究""黑人研究"等——它从其中借用了一种具有欺骗性的权威(说它具有欺骗性,是因为这些主题是否真实这一问题,不过是文化自由主义是否具有一致性的问题)。

有时,他们描述一种革新,并且认为这一革新是有正当理由的。大卫·洛奇(David Lodge)是一位想象力丰富、对加利福尼亚式校园规矩进行讽刺的作家,他感到有责任为"心理呓语"派"诗歌"进行辩护,即R. D. 罗森所命名的、由心理学行业术语和机械的隐喻所构成的那种荒诞不经的混乱文字,希拉·麦克法登(Cyra McFadden)在自己的小说《连载》(*The Serial*)中就对此进行了恰当的嘲弄,它听起来有点像是这样:"哈维和我现在正经历这一动态,这也是我现在的处境。我没有剩多少心理能量来进行社会交往。因此,不管是什么,你最好在这儿告诉我。即兴的。"(例子出自麦克法登小姐。)

洛奇很正确地怀疑,这种语言所表达的看法比它本身的语法要更清晰。正如他所说:

> 人类存在被看成一个不断变化、再调整和发现的过程——没有任何一个人的状况是静止的或者固定的……通过避免使用来自有机生命的隐喻,心理呓语缓和了对死亡的恐惧,在有机生命中,变化意味着最终的衰败;它的经验模式来自物理学,而不是生物学——个体是从能量和质量方面被描述,在一个奇特的永恒心理空间中四处游动。

注意,洛奇已经暗示,心理呓语不仅表达观点,而且也产生并且确认这种观点(它"缓和"死亡的恐惧,它赋予人类经验以"模式",是以一种特定的方式被"理解")。通过十分精确的观察,洛奇刺激了保守派,他们会回答道:"确实,那**的确**正是心理呓语谬误之处。避开死亡,以及通过共享机器的漠然来仿效机器的永生欲望,使这种语言变成了一个符号,一个征兆,一个社会弊端的提供者。"战争已经转移阵地。它不再是关于语言,而是关于语言所表征的社会领域。我们已经完成了这一转变,不是因为我们已经把注意力集中在个体的误用方面,而是因为我们已经研究了言语行为得以完成的全部方式。

实际上,我们发现,是这本书里的自由主义者们代表语言提出了最大的要求,私下里认为言语与观点之间的关系,既是真实的,也是政治的。在一篇显示作者写作能力欠缺的关于"同性恋的政治词汇"的文章中,埃德蒙德·怀特(Edmund White)想探讨,一些男人所养成的用女性性别来指称彼此的习惯,是否真的不是"性别主义者"(因为其中隐含着嘲弄)。受良心谴责的自由主义者们,现在不再称呼讨人厌的男人为"she"(她)。怀特先生问自己,这种自由主义是否没有留下什么疏漏之处。当然,在他看来,"对易装癖者的拒绝"(他们通过自己的古怪举动,保持令人反感的性别角色的区分)"是刻薄的,而且或许是没有经过周密思考的"。

暂且撇开一个经过周密思考的对易装癖者的拒绝到底是什么这一问题,很显然,极为深刻的政治和社会问题在这里都被回避了。对看似无辜的词语的选择("他"和"她")被看做不仅仅是政治斗争的一部分,而且几乎是整个政治斗争的全部,它的真正本质近年来都没有被讨论过,就是因为害怕冒犯怀特先生这类人。作者认为,同性恋构成了人类某个统一的但是被压迫的子阶级(sub-class),它对语言的集体攻击仅仅是对大的活动空间的合法追求,而这一空间被异性恋者错误地据为己有,用在自以为正直的用途上。("为什么不说异性恋者'可悲'呢?"在这里转载的一首有趣的诗歌里,弗农·斯坎内尔问道。的确,为什么不呢?)

在思考这一问题时,人们会为一个事实感到震惊:是政治自由主义者——那些在自我表述的权利这一信念中找到全部政治的人,这种表述是所有人的天赋能力,而不仅仅是那些被怀特称为"压迫者"的可悲的男性统治者所拥有的特权——最容易为别人的言语动怒,最容易对语言提出要求,改变语言的意识形态内容,并且因此肯定,甚至是在压迫者口中,自由被践踏的处于从属地位的男同性恋者(underqueen)的价值准则。"夫人"和"小姐"之间的差别,明显地会招致不满;即便是传统的客观化的"他"也不得不被"他/她"所取代——或者(为了纠正性别角色的不平衡)"她/他"。因为,正如我们所知道的,土耳其人没有性别之间的语法区分,一直是尊重女性权利方面的典范。

当然,我们应该一直牢记,"生产的经济条件的物质变化"与"男人开始意识到这种冲突并且斗争到底的意识形态"之间的差别。而且语言,作为意识的载体,必须位于斗争的核心。然而,马克思(他并没有使用"男人/女人"这一形式)有没有想到,对传统价值的攻击会采用专横地强加"意识形态上净化的"言语规则这种形式,有没有想到它会以骄纵的中产阶级为"解放"而斗争的形式出现，集中在麦克法登小姐所称的"西方世界提高意识的资本"？假如他面对的是怀特先生的情绪，无疑他会遭遇大失败，并且会因受到惊吓而不去支持任何事业。但是，假如他保留了发言的权力，那这种权力就是说出"资产阶级个人主义"这些词，带有他为任何不具有**明显**马克思主义解释的事物所保留的特殊嘲弄。自我陶醉的自由主义者表现出来的极度狂热，在一个无法逃避的绝对事物的体系中催生了一个又一个教条。他会确保你能感受到他所拥有自由的要害之处，而如果他得罪人，那只是显示了你太过于介意，无法随着同性恋场景的特征来改变态度，或者无法立刻领会真正重要的人与人之间的相互联系。

因此，我们又回到了原点。是自由主义者提醒我们那些保守主义者通常不会说出的话：言语是自我对他者实施的暴政。拿掉秩序、规矩以及神圣用法的传统，你会揭示具有野蛮特征的自然状态。那么，我们所选取的文盲的标本**到底**缺少了什么，除了其他人选择而他没有选择的语言之外？自由主义者迫使我们揭开里面的面纱，看清自由"神话"和传统"神话"之下所掩盖的对统治权的普遍斗争；但他没有解释，为什么他认为**他的**暴政形式是有价值的。他也没有告诉我们，价值观**如何**在语言中表达出来，或者语言中的任何改变，如何能够产生、表述或者演绎（准确的单词**到底**该是什么？）社会期待中的一个可与之相提并论的改变。

保守派阵营里的一些作者暗示了一个答案。玛格丽特·杜迪（Margaret Doody）在继续一个时下流行的讨论时提出，新的圣公会祈祷书比不上 1662 年的英国国教祈祷书，不是因为我们带着特别的喜好说出或者听到的词语被从中排除出去，而是因为新版本的风格和方式实际上传递了新的**信念**。新版本的劣势，在于这些信念具有无价值的、愚蠢的性质，而不是在于这些信念的表述所具有的某种独立特质。当信念被如此密切地与表述它们的语法捆绑在一起时，"信念"一词的意义是什么，有许多需要说明。但是，不论它的意义是什么，在那些"承认并哀叹我们时不时通过思想、言语及行为,对你神圣的威严所犯下的最为严重的多种多样的罪恶和邪恶,招致你对我们最合情合理的愤怒和愤慨……"的信徒的这一思想状态,与那些仅仅"为我们在思想上、语言上和行为上对你犯下了罪行而忏悔"的信徒的思想状态之间,**确实存在**着显而易见的巨大差别。第一种人低声下气,他们通过无法自拔的悔悟来颂扬上帝。"十分明显,"杜迪教授说,"那种语气就是信条。"为什么?她的答案就是,祈祷书的语言是一种"演绎"(enactment)。这个词从文学批评中借用而来,需要解释一番。我认为,杜迪教授想要说的是,人们在说出祈祷书里的词语时,就是在演练包含于这些词语中的感情,而通过这一行为,宗教感情被赋予了形式和内容。词语创造了情绪,就像情绪创造了词语一样。去掉词语,就是去掉情绪,而词语则是这些情绪不可或缺的表述。

"哦,"自由主义者回答道,"这或许没有错。但我们只是提出了**其他选择**而已。在引入新的仪式以及它所传达的新的情绪时,我们并没有违背旧的仪式和情绪。"这是自由主义更为温顺的形式,它并不试图去控制,而只是展示不顺从所具有的无限多样性。这里,争论触及了它的核心部分。保守派只有一个回答,即接受了"其他选择",传统的宗教情感就无法存在下去。传统感情的存在,依赖于一种对自身必要性所具有的固有感觉。宗教情感的本性,就在于将"其他选择"视为威胁。如果表述决定了感情,那么,其他表述就是可疑的。

在我看来,关于语言的保守立场,与这样一种关于宗教感情与其仪式性的演绎之间关系的观点相比,多少具有相同程度的合理性。对自由主义暴政的保守回应,就是以"自由"的名义实施"其他选择",是一种对需要已有秩序来维护其持续存在的情绪所实施的暴力行为。而那些情绪本身具有一种内在价值。与自由派的立场相比,保守派的立场并非更加难以理解(而且也不是更加容易理解),自由派本质上无法描述他所提出的其他选择的价值,这与保守派不愿意提出任何建议相差无几。

再回到对无辜的单词"gay"（依据 OED 的解释，它也不是那么无辜）的绑架和堕落上，我们开始理解为什么保守派像自由派一样，会想要假装这个问题"只是用词"问题，而且他们都察觉到的语言和社会现实之间的关联太过于疏远，因而无法引起关注。保守主义者们发现很难将此**说出来**，但我认为这正是他们所相信的："其他"性别表达模式的存在，以及使它们"合法化"的语言的存在，对婚姻感情是一个威胁。正是那些感情的一部分——人们所称的"庄严性"的一部分——被认为是自然的、正常的，并且被赋予了一种权威，而这种权威无法容忍任何真正的其他选择。这就是为什么文明（及其不满）能被托付于它们：它们包含了一种不可或缺的连续性的种子。这种事情有些**可能**是真实的，即使不允许人们真正说出来。因此，问题就归结为这样：有些感情依赖于传统的表达方式，而其他感情则依赖于破坏这种传统的表达方式。赢的会是哪一方呢？无论是哪一种情况，这场争论都会对争论者们所使用的语言十分敏感；但是，只是在语言是风格的精髓，而风格是道德的精髓这一意义上，争论才是**关于**语言的。它引发的情感如此不快，因此不论是自由派还是保守派都不愿轻易地坦白承认。然而，只需要一两个问题就能迫使他们承认，或者，如果你喜欢的话，迫使他们"出来"（"come out"）。①

有一位作者不顾体面地宣扬自己的保守主义立场——他就是伊恩·罗宾逊（Ian Robinson）。不了解或者不关心没有任何偏执能比自由主义的偏执更大（因为毕竟，难道它不是在为自己的"权力"而斗争吗？）这一事实，他毫无畏惧地硬是挤进了斗争之中，并公开表达了自己的观点。而且，像保守派所认为的那样，形式决定内容，因此在搏斗的首个回合中他就败下阵来，而他本来应该可以获胜。他的主题是议会辩论的语言（本书中的以诺·鲍威尔也以更为集中的方式探讨了这一问题）。这种语言，如同罗宾逊所表现的那样，是一种各式各样的隐喻

---

① come out 也有同性恋者"出柜"的意思。

和粗鄙用语的混杂。像杜迪一样,他将风格的缺点与内容的不足关联起来,辩论范围从议会话语的混合到议会思想的贫乏和愚昧。但是,值得一提的是,罗宾逊为这一讨论进一步增加了一个意想不到的转折,他提出公共生活语言的贫乏主要在于"仪式性"的缺失,而这种缺失的结果不仅仅局限于公共领域,也侵入并且破坏了私人生活的满足感。这里表现的是一种复杂的思想,在《为吾女祈祷》这首诗的字里行间中表达出来(罗宾逊引用了此诗):"除了在风俗和仪式中/纯真和美丽如何诞生?"①

通过躲藏在一个反问句背后,叶芝侥幸逃脱。罗宾逊希望将思想表述为教义,而且毫无疑问,他的劝诫风格是这一艰难任务所产生的结果。对情感而言,似乎很明显的是,公共礼仪的腐败侵蚀了公共与私人之间的区分,因此将两者都破坏了;但对情感来说是显而易见的,同时也是难以争论的。当然,罗宾逊所简略阐释的这一点,是最有趣的。近来,在用法上所发生的唯一一个最明显的变化,就是正式性质的消失。英国在校的男生可能仍然用姓来称呼彼此,偶尔在下属训练有素的口中能听到一个正式的称呼:"先生""女士""老爷""大人"。但现在称呼教名成了惯例,而不是例外,即便是在仇敌之间或者是初次碰面时都是如此。名人在电视上炫耀自己,通过在那些无法分享他们的亲切的人面前来展示他们的亲切。最后一个例子所揭示的是,这种非正式性实际上是一种傲慢不屑,它背后隐藏了许多意义。但是本书中的作者很少有人愿意提及它,这点很奇怪,因为哪一种语言革新能够比这个更具有政治性?

还有另外一种变化没有被注意到——这次是在文学语言中。这很奇怪,因为在一本包含了这么多英语教授所写的文章的书中,人们会期

---

① 《为吾女祈祷》(*A Prayer for My Daughter*)是爱尔兰诗人叶芝(William Butler Yeats, 1865—1939)的诗,写于1919年他的女儿安出生后不久。诗歌反映了叶芝对爱尔兰民族主义、性欲等问题复杂的观点,被认为是现代主义诗歌的一首重要作品。

待这一变化会是被关注的一个主要话题。这就是英语中从句数量持续不断地减少，以及随之而来的语法复杂性的消失。在一种书面语言中，表达所具有的最大丰富性，源自语法所具有的复杂的曲折变化，而不是来自词汇的细微差别，这是一个合情合理的（如果说是有点先验的）说法。（比较一下修昔底德的句法和荷马的词汇。）对拉丁语法有一定程度的了解所产生的一个结果就是，人们能感知从句的逻辑。从句被认为是思想必不可少的部分，思想对从句进行限制而同时又被从句所限制，因此，通过将限制强加到句子的核心，从句使结论具有一种温和权威的节奏。

这又让我回到了同性恋主题上。在《索多姆和戈摩尔》①一开头，出现了一个长达三页纸的句子，在这个句子中，同性恋的本质以及与同性恋特有的社会表现所具有的痛苦的内向性没有被描述，而是在某种语法的芭蕾舞中——借用杜迪的话来说——被展现出来，散文断断续续地冲入快乐之中，不料却在快乐面前犹豫不前，用一个虚拟语气的限制、一个不完美的回忆、一个摇摆不定的"此外"或者一个坚定的、轻蔑的"但是"转向身后攻击自身。在现代英语中，人们在哪儿能找到任何像这样的现象？你或许会说，它在特性上纯粹是法语的（也因此是拉丁语的），但是普鲁斯特不是从西塞罗（Cicero）那儿，而是从狄更斯和拉斯金那儿获取直接的灵感。在乔伊斯和亨利·詹姆斯那里也可以发现类似的影响——但在后来的作家中没有发现，或者没有如此频繁地发现这种影响。或许答案是，沉思不再是小说家职业的一部分：现代作家寻求的是形象生动，并且以不连贯的形式来呈现他的形象，就像这样："我一个人被留在书房，它特别像柯卡姆修道士的房间。擦得亮亮的。光光的地板。墙上丑陋的十字架。"（皮尔斯·保罗·里德）然而，与下面的句子相比，这种描述是多么苍白无力，这句话是从约翰·伊夫林

---

① 《索多姆和戈摩尔》(Sodome et Gomorrhe)，系 20 世纪法国最伟大的小说家之一马塞尔·普鲁斯特（Marcel Proust，1871—1922）的小说《追忆逝水年华》的第四部。

(John Evelyn)的日记(写作时间上远远早于我们的文学语言在18世纪经历的所谓的拉丁化)中随意选择的:

> 现在开始往下走一点,雷上尉的马(那是我们的驮畜,驮着我们所有的行囊)穿行在松散的大雪中,从一个令人毛骨悚然的峭壁上滑了下去,这极大地激怒了那位性情暴躁的骑士,他的主人,他正要朝这个可怜的动物开两枪,免得我们的向导要去找回他,并带着他的负担逃跑;但是,正当他举起他的卡宾枪的时候,我们大声呼喊,并且连续向马儿扔掷雪球,正像他用尽所有力量穿过大雪一样,他从另一个陡峭的地方摔倒掉入另一个低谷,就在我们将要经过的一条小路附近。

你必须被这个片段完全吸引,才能在得知这匹马平安无事时,感觉到一种如释重负。只需想想从句"正像他用尽所有力量穿过大雪",这一形象的力量在这里与控制它表述的语法张力是不可分割的,这点难道不是很显而易见吗?

当然,也存在一种以复杂性为目标的现代文学风格,即美国的"创意写作学校"的风格。然而,在这里,复杂性是通过堆积,即通过对通常是过度的细节进行罗列,一种不断磕磕绊绊的"&"号而取得的。这种方法时常被用于表达真实的观察,并且随着一种对不相关事物的热忱而移动,而这种热忱"隐含了大众",因而被误认为是对生活的热忱:

> 原来是一个古老的四层旅馆,早早醉倒的酒鬼躺在走廊上,眼睑像小小的面包片,上面涂了一层落日最后的余晖,透过褐色的光线,夏天的灰尘进行着庄严的发展变化,夏天轻松前进到外面的街道上,四月的夏天就像从欧洲到亚洲重新部署的大旋风,呼啸而过,每晚留下许多人想要更久一点地抓住这里的宁静,与马赛的排水孔如此接近,这一有名无实的飓风

的倒数第二站,从德国将他们重新席卷回来,冲向下面的河谷……①

了解到这个句子(出自托马斯·品钦)并没有结束,而是在点的地方又接着写了几行后才消失,这点丝毫不会让你感到奇怪。如果你读了几遍,你就会看到它在你的眼前下垂,它的生动形象衰变成火星,它的思想变得更消沉、更古怪,直至什么也没留下,除了一个试图关注这个世界但没有成功的流动的主体。

总体而言,可以说这个文集里的作者们引发了更多思考,而不是表达了更多思想。有一些极好的内容——比如,迈克尔·唐纳(Michael Tanner)对现代哲学语言令人信服的批评,以及弗朗西丝·弗格森(Frances Ferguson)对书信体语言的讨论等等。但是这个工程规模如此浩大,界限如此不明确,以至于读者无法看出来,这些文章是推动了还是妨碍了这个工程的进展。或许,这正是编者们意图达到的目的,因为他们两人都有着丰富的经验,不会认为单单运用思想就能推动或者妨碍任何事情的进展。

---

① 选文出自托马斯·品钦(Thomas Pychon,1937—)的小说《万有引力之虹》(*The Gravity's Rainbow*,1973)。品钦是美国当代代表作家,以其晦涩复杂的后现代小说著称,创作主题涉及历史、科学、数学等领域。《万有引力之虹》获得了1974年美国全国图书奖。其他作品包括《V.》(*V.*,1963)、《叫卖第四十九批》(*The Crying of Lot 49*,1966)、《葡萄园》(*Vineland*,1990)、《梅森和迪克逊》(*Mason & Dixon*,1997)、《抵抗白昼》(*Against the Day*,2006)、《性本恶》(*Inherent Vice*,2009)等。

2. 理智与真诚

《现有原则：作为思维训练的"英语"》，F. R. 里维斯，查托与温达斯出版社，1975 年。原载于《泰晤士文学增刊》，1975年 10 月 17 日。

每一个句子——无论是假设、结论，还是中间步骤——和其他任何一句话一样，都是在宣布观点，这是里维斯批评的典型特征。从原本单纯的分析中得出结论，与他的方法和风格是相悖的：每个词组、每个单词都服从于一个任务，即（"热切地""不可抗拒地""显著地"等等）表达他已化为己有的道德和美学观。这本新的（或者至少是半新的）书也不例外。虽然表面上被看做对当代哲学的某种挑战或反馈（而且根据一个脚注所说，特别是对"醉心于哲学的剑桥知识分子"的回应，这些知识分子曾经问里维斯，他把布莱克的才智提高到斯威夫特之上到底是什么意思），《现有原则》跟他近来所有著作一样，实际上是对认为一个技术社会当前应该否定的价值观所进行的冗长的、重复的，但又模糊不清的肯定。

尽管人们一般不会否定这本书的权威性，但它并没有比里维斯之前出版的著作在观点的阐述或展开方面增添什么内容。不过，这本书需要并且也应当被评论，有两方面的原因。第一，它是针对当代哲学家而作，声称要展示哲学，至少是目前在英国所认为的哲学，无法在里维斯的理想大学中占据核心位置，他仍然希望理想大学与英语研究相一致。第二，它包含了对《四个四重奏》的批评，这一批评试图展示该诗中所体现的艾略特视野的弱点及其最终的不可接受性。我们发现,夹在这两个讨论中间的,是他曾在《细察》(Scrutiny)上发表的优秀文章《思考与情感特性》《意象与运动》《现实与真诚》等等。仅仅这些就足以证明,里维斯是我们这个时代名副其实的最重要,同时也是最具哲学性的评论者之一。

然而,这些文章在这里又被重新出版多少显得有些奇怪;更加奇怪的是,作者在任何一处都没有提及这些文章大约在三十年前已经发表过了。他更愿意将它们看成现在这本书不可或缺的构成部分,是通过详细分析前面("哲学")部分所论述的一般原则所进行的阐述。这就造成了风格上存在着极为明显的不连贯性。第一部分是用抽象的、杂乱的、个人的语言风格写成的,奇怪的是,这种风格竟出自一个自封为英语语言保护者的笔下;而《细察》里面的文章写得既精练,又具有充分的说服力,比书中前面部分更能传达对作者哲学的直观感觉。

里维斯花了一些时间攻击维特根斯坦,也(以轻松一些的方式)攻击了罗素。如同他所暗示的那样,有一点毫无疑问是正确的,那就是当代分析哲学对文学批评贡献甚少,对当代人面临的困境无话可说,对我们语言——那个"用简陋的工具,最后总是溃不成军/只留下不准确的感觉乱作一团"①——的庸俗化和毁灭只能做一些无关紧要的评论。或许,只有分析哲学家才能把功利主义作为对道德生活的严肃描述而厚颜无耻地对其进行捍卫,或者说,只有分析哲学家才会如此无知地认为,如果我们能展示"人"是"类似族类"(family-resemblance)的一个术语,自我界定这一问题就会解决。如果在里维斯对罗素表现出的短暂的敌意中有合理成分的话,那肯定是因为罗素,像他德高望重的教父

---

① 引文出自 T. S. 艾略特的诗歌《四个四重奏》的第二部分《东科克》(East Coker)。

J. S. 穆勒①一样，以优雅、自信的腔调，展示庸人的道德标准，用一种有修养的"哲学"观，使令人不安的对自由主义道德准则的简化处理更加容易让人接受。

然而，罗素只是延续了一个更为古老的英国传统，即经验主义的传统，这一传统从来未能描述人类经验的特点是什么，也未能在它对人类碎片式的观点中，对历史、文化、传统，以及对道德生活特有的现实问题进行探讨。正是自由思考的盎格鲁—撒克逊人所具有的这种幼稚的常识，让里维斯博士感到不安，但如果这种精神在英国哲学中得以保存下来，这部分归功于罗素和摩尔（Moore），部分归功于奥斯汀及其学派，却显然不是维特根斯坦的功劳。里维斯会把如此多的批评对准维特根斯坦——试图把迈克尔·波兰尼（Michael Polanyi）、斯坦尼斯拉夫·安德列斯基（Stanislav Andreski）以及马乔里·葛林（Marjorie Grene）等这样的思想家抬高为"相关"典范，以取代维特根斯坦的位置——显示出他对维氏的极大误解。

当然，维特根斯坦的思想只是在"语言分析"中表现出来，而且，他只喜欢以晦涩的、难以捉摸的方式提及我们时代的"黑暗"，这点没错。但是，维特根斯坦所具有的敏感性不仅仅只是精明，它以一种特定的方式表现出来，这种方式能够以充满活力的直观形式传达思想，并把思维的准确性与情感共鸣的敏感性结合起来，而这不仅仅在语言流派的哲学家当中，而是在所有哲学家当中都是罕见的。正是这点把对笛卡尔心灵观（view of mind）的最终反驳（对此反驳，里维斯表示强烈赞同，但并没有像他应该做的那样，把它归功于维特根斯坦），提高到仅仅进行形式论证这一层次之上，并赋予它想象的特质。这一想象既给人以强

---

① J. S. 穆勒（John Stuart Mill, 1806—1873），又译密尔，英国哲学家和经济学家，也曾任国会议员，对社会理论、政治理论和政治经济都作出过重要贡献，被视为 19 世纪最具影响力的古典自由主义思想家。他提倡边沁的功利主义，主要著作有《逻辑学体系》（*A System of Logic*, 1843）、《政治经济学原理》（*Principles of Political Economy with Some of Their Applications to Social Philosophy*, 1848）、《论自由》（*On Liberty*, 1859）、《女性的屈从地位》（*The Subjection of Women*, 1869）等等。

烈的感受又具有说服力,见识过它的威力的人,就相当于在维特根斯坦的心灵哲学中,瞥见了一条走出经验主义和实用主义思维之沙漠的道路。

事实上,维特根斯坦提供了一种对人类经验的解释,这种解释可能会像唯心主义者所做的那样,再一次让人类在世界上的存在具有意义,并将人类生存解读成一个文化的、历史的和道德的象征。然而,里维斯的批评似乎依赖于对**逻辑哲学**(*Tractatus*)的词汇不理解而对其置之不理,他似乎并未充分领会到维特根斯坦和他的哲学同辈们之间的差别。可是,如果哲学没有引领学生去习得真正的标准,我们为什么要为此指责维特根斯坦呢?无疑,我们不会因为学术英语的质量低劣而指责里维斯,或者也不会因为学术英语没有能够提供任何堡垒去抵抗已经淹没了大众传播的通道、而现在又威胁着要淹没我们的大学的庸俗而责怪他。

我们被告知,维特根斯坦与马乔里·葛林或波兰尼截然不同,他没有什么"用",也就是说,他没有提供任何短语、词语或者惯用语来囊括里维斯希望在现代人身上推行的价值观念。然而,波兰尼和葛林的确提供了这样的短语,而里维斯则经常加以引用。但他引用的几乎全部都是些短语,所有那些需要用来建立一个具有启发性立场的论证的复杂状况——包括里维斯本人的立场——都因"不相关"而不予考虑。那么,对里维斯来说,哲学思想到底意味着什么呢?"这三段话,"他写道(谈及他从科林伍德、波兰尼和马乔里·葛林那儿引用的简短引言),"用不同的方式表达了坚定的信念——对每一位作者来说,这是他思想中一个强有力原则——即'生命'是个必要的词汇。"

麻烦就在于,里维斯试图用那个短语所总结的,是一个比在他所引用的那些片段里所能发现的任何东西都更为复杂的观点,这个观点是构成他许多富有洞见的文学批评的基础,但是从来没有成功地用完全恰当的语言表达出来。或许现在要这样做,也已经不可能了。正如他所说:

>现代英语……表现了极度匮乏;它其中所暗含的假设,将人类体验中非常重要的成分——即语言的延续性曾经一度使人们可以获取的那些成分——从思想以及在思想中起着必不可少的作用的评价,和经受了考验的判断中剔除出去。

这一观念很大程度上要归功于艾略特,并且反映了艾略特本人也从中获益良多的唯心主义哲学的传统。然而,这一观点的表述不够清晰,并且需要进行哲学诠释。

的确,没有一个形式语义学理论,或是语内表现行为理论,或是其他任何可能会吸引哲学领域想象力的时髦的专门术语,能够有助于理解激起里维斯兴趣的问题。情况也或许是,尽管在这一方面,哲学包括缺少里维斯所要求的人类意义的所有分支,然而,毫无生命力的英语分支不可能存在,按照里维斯的界定,英语必须要与严肃价值观相符合,这一事实具有一些重要意义。但这并不能得出结论说,他自己的立场无法或者不应该用哲学术语表述出来。

恰恰相反,要对里维斯的立场进行清晰阐述,就要准确告诉我们他想要表达的到底是什么意思,例如,隐含于现代英语中的假设,代表着操英语语言者的体验极端枯竭,或者我们的语言目前的堕落,本质上是与意识的堕落相关联的,即公众没有能力接受某种特性的体验,而此前莎士比亚、班扬、狄更斯或者布莱克曾一度使人们能获得这种体验等等。但是,要说明这类陈述的含义,就是研究哲学,其中就包括维特根斯坦所构想的哲学。里维斯所采取的立场属于一个哲学立场——粗略来说,这一立场就是我们的意识是由我们所使用的语言创造的,我们的感情之所以具有准确性,只是因为我们的语言具有准确性,而且,我们所讨论的这种准确性与数学的或者科学的精确性没有关系,而是反映了我们与世界进行有意义的交流的全部能力——它比里维斯在波兰尼、安德列斯基或者马乔里·葛林那儿所发现的任何哲学观都要奥妙得多。

的确,里维斯并没有对自己的观点进行任何总体阐述;他也没有提出一个普适的体系，以便人们能够把文学批评仅仅作为一个被证实的附属物加进这个体系。事实上，在与韦勒克（Wellek）之间进行的一场著名辩论中，他明确否认这么一个体系（现代哲学家可能会简化地称为"价值判断"体系）有存在的必要：一个决定性的判断，必须通过对具体情况的某种反应，以及这一反应所产生的对本质特征与关联的认知，才能够被确立，而实际上也必须这样被确立。当然，必须承认，里维斯对这一思想的阐述在批评中具有极为重要的意义。然而，这种对具体反应的强调，对哲学分析而言绝非异质，而是促成了恰好是那种可能充当哲学论证的结论的那种概念关系的建立。

因此，在本书里再版的关于哈代的《旅行之后》的讨论中，里维斯展示，文学的真诚不是简单的诗人讲述关于他自身真理的问题。真诚是诗人表达情感的整体方式的一个特性，与对外部世界的细致关注以及对所呈现客体的具体认知密不可分。因而，真诚需要思考，与多愁善感格格不入，反映了一种认知世界的模式，这种模式虽然不具有"科学"性，但它对一个人来说，比任何科学训练可能会带给他的认知都重要。

这一来，这些关联——在真诚、现实、思考和情绪特征之间——并不仅仅是事实的关联。对感情的真实表达，对与之相伴随的条件的关注和认知相符合，或者多愁善感的情绪超出了任何合理思考所能控制的范围，并不是偶然发生的情况。正如约翰·凯西[①]在《批评的语言》中所指出的那样，里维斯这儿得出的结论，假如是正确的，那是因为它必须是正确的；他正在建立的，是关于真诚与感伤概念的某种东西，并且他所表明的关联，必须是对任何严肃的心灵哲学来说都是基本的。也正是这些关联构成了《哲学调查研究》后面部分的主体，而且事实上，

---

① 约翰·凯西（John Casey），英国学者，《每日电讯报》撰稿人，他被认为是本书作者罗杰·斯克鲁顿的"精神导师"。1975年，他同斯克鲁顿一起创建了"保守主义哲学小组"（Conservative Philosophy Group），1975年到1979年任《剑桥评论》的编辑。他的著作《批评的语言》出版于1966年。

维特根斯坦很可能会赞同这种在对真诚概念的分析中,把情感真实性与表述特点如此密切地联系起来。

然而,令人最容易联想起的、可与之相比拟的是19世纪的唯心主义哲学,这一哲学对 T. S. 艾略特影响颇深,并在《四个四重奏》中以诗歌方式表现出来。在对真诚的分析中,里维斯(如同他正确地意识到的那样)反对的是整个笛卡尔哲学以及经验主义的正统理论,这种理论认为,真诚仅仅是内部和外部之间的一致性问题,仿佛内心生活本身就可能是完整的,但没有得到成功表述。相反,我们可以在里维斯的早期批评中反复看到这么一种观点,即内心生活是由它的外在表述所构成的,因此,任何表述形式的讹误,都必然会带来相应的意识的讹误。人类思维中的任何方面,都能表现在对人类行为特点的详尽阐述中,而语言的重要性、传统的重要性、普遍接受的习俗及其他方面的重要意义,就在于它们决定着我们意识所具有的特征而不仅仅从属于意识。当然,这一观点曾是黑格尔哲学的核心,当19世纪的思想家们在寻求一种人类经验哲学来对抗边沁、戈德温以及约翰·斯图亚特·穆勒等人粗俗的幼稚思想时,这一观点似乎为他们提供了最伟大的希望。

鉴于以上种种状况,非常有趣的是,里维斯现在认为自己义不容辞,必须把艾略特描述为(用他自己的话说)一位重要诗人,但仅仅是一个"个例"。天真的读者可能会以为,《四个四重奏》包含对里维斯私下里一直都依赖的哲学最具说服力的可能陈述。在《新方位》和《再评估》中,里维斯通常关注的是**表述的属性**(quality of expression),因而也关注被表述情感的特性。他所关心的,是要展示形式和习语的谬误,如何与肤浅的、琐碎的观念相关联,以及诗歌的力量如何表明深刻、严肃的感情。就这一点而言,如同人们必定会意识到的那样,艾略特一直是令人满意的,而里维斯在本书的第三个部分明确指出,假如艾略特是个"个例",大部分是**因为**他令人满意:他符合真诚、真实、严肃以及其他标准的要求。

但这里存在一个非常重要的缺陷。里维斯在表达人们或许期盼他表达的观点时,似乎很谨慎,也就是说,这个缺陷是一个"才智"的缺陷;但是,那些常见的对比——与莎士比亚、布莱克与 D. H. 劳伦斯的对比——在他的思想中仍然占据最重要的位置,这点毫无疑问是正确的。我们有时也往往会认为,里维斯不会接受《四个四重奏》,因为在他看来,这些诗歌所阐释的哲学实际上是**"错误的"**。"艾略特进行假设的方式,"他说道,"并没有强制性地需要他进行确认……"当然,人们从不认为,多恩、赫伯特或者沃恩(Vaughan)实际上需要在自己的诗歌里**证明**他们的玄学理论。那么,为什么会这样要求艾略特呢?

然而,里维斯的意思似乎并不是说那些玄学理论的假设是错误的,而是说对这些玄学假设的接受——让我们假定,与接受《天路历程》中所隐含的哲学相对比——同时也是对某种基本价值观、"人生"价值观、"创造力"等等的否定,而我们发现这些都在莎士比亚、劳伦斯以及布莱克身上充分体现出来。我们有理由怀疑,里维斯是否真正成功地确立了这一项指责。首先,他没有对艾略特的哲学思想进行任何详细讨论。看一下这几行诗:

> 语言,说过之后,
> 就归于沉寂。唯有通过形式,模式,
> 语言或者音乐方能达到
> 静止,如同一个中国的瓷罐
> 在静止中做着永恒的运动。

"令人吃惊的是,"里维斯说,"一个在使用他的工作语言方面展露出罕见才智的天才'从业者',竟然在显然没有进行丝毫自我怀疑的情况下,在此处展现出如此愚蠢的一面。我们可能会问,当说到语言('说过之后'),'归于沉寂'是什么意思?"对里维斯而言,这一节没有真正的连贯性可言,只是通过联想活动继续下去,其含义(比如,词语和音乐具有很重要的相似性)是无法被接受的。

哲学家可能会提出一个十分不同的阐释,因为唯心主义的经验观面临着一个十分有趣的困难。仅仅说表现形式创造了感觉的种种可能性是不够的,因此,仅仅说对语言进行训练有素的使用,表现了真正的、有节制的情感也是不够的。原因在于,大部分情感都不是伴随语言而生的。因而,如果唯心主义观想要具有连贯性,就要求对语言的正确理解,不管是出于何种理由,要能带来相应的和谐行为。

可能有人会说,艾略特在上面一段的引文中对这一理论进行了诗性表达。因为他似乎在暗示,话说出去之后,仍然"延伸到"(也就是说,控制并且更改)我们那些存在于沉默之中的意识的部分;它们强行建立秩序,因为它们的"形态"或者"模式"被传递到我们未表述的经验中。这里,"模式"或许会代表着持久的、继承而来的价值观,语言通过它们控制情感,并且使意识能够了解这些情感。在获取这一"模式"时,情感在其未被领会的形式中,只能以焦虑或者负担的形态而存在,反而变成了我们持续存在的自我认同的一个有力见证。因此,通过情感,我们到达了一个静止状态,同时它也是一种运动,一个精神可以安宁、却不会静止不动的位置:"如同一个中国的瓷罐/在静止中做着永恒的运动。"

"运动"一词,在我看来,至少具有另外一层意思,即在"语言动人,音乐动人"中的意思,也就是说,**我们被这些成功完成了的表述所打动,共同参与其中**,这样,在理解由另一个来源提供的表述行为中,我们的感情就会被改变、被掌控。正因如此,诗人的行动——"净化族群方言"——与自我意识一直所要求的对秩序的寻找是持续一致的。

那么,从我们时代的文化碎片中创作诗歌所面对的困难,或许就是通常自我意识在一个与已经决定了其本体的概念格格不入的世界里必须面对的困难。假如情况如此,那么,如同唯心主义哲学一直强调的那样,美学精神和道德任务最终将合二为一。

上段引文暗示了另外一个唯心主义主题。构成、发展或者毁灭了我们的意识的不仅仅是语言。音乐或许具有类似的功能,一个中国瓷罐或许亦如此。事实上,历史向我们呈现的所有自我意识经过成功地去伪存真所形成的产物,都会使人们试图去理解、去同情、去领会黑格尔的"理念",这个"理念"不仅赋予这些表述以美学含义,而且在同一个行为中,也赋予其道德含义。

在哲学意义上,这一思想是大胆的,但其严肃性不容忽视。然而,在对其进行思考时,人们会想到,里维斯主义在多大程度上似乎与文学批评结合起来,并且在多大程度上依赖于那些无法明确应用于其他艺术形式的概念。里维斯式的"伟大传统"——没有这一传统,我们这些英语使用者所了解的现代意识就不会存在——完全是由文人,而且是英语作家所构成的。然而,在艾略特的诗歌中,不仅是波德莱尔和但丁,而且还有瓦格纳和贝多芬,在形成观念过程中都起了作用,尽管这些观念的历史关联极为复杂,但相对于它们所处的位置和时代而言,是完全恰当的。

即便是在不公开表露敌意时,里维斯似乎也不愿承认这一折中主义可能在诗歌上具有价值。如果一段话有可圈可点之处,往往主要是得益于对语言的灵活使用,而这应该是艾略特继承英语语言和英语诗歌传统的结果。里维斯这样谈论这几行诗,"晨风掠过海面/吹起皱纹,滑行而去……":"皱纹"与"滑行"是艾略特的,但我们也可以说他是从莎士比亚那儿继承而来,而如果它们从某种意义上说,来自莎士比亚,那么,它们也是来自莎士比亚之前众多的英语使用者。事实上(毫无疑问此前肯定也已经指出),艾略特的语言让人回忆起"起皱的大海在他身下蔓延"①这句诗,但显然丁尼生不属于赋予了英语独特生命力和表现力的那个传统的一部分(既然在丁尼生的诗里,不受控制的感情**必须**与他的语言使用中的漫不经心相对等),因而在里维斯看来,无法产生

---

① 引文出自英国诗人阿尔弗雷德·丁尼生(Alfred Tennyson,1809—1892)的诗歌《鹰》(*The Eagle*,1851)。

与此类似的重要影响。人们可能会说，这种不可能性是形而上学的，它恰恰是由里维斯所构想的现存传统的性质所决定的。这里，我们看到里维斯批评的另外一点，即它受一个沉默寡言但又要求很高的哲学思想的支配。

总而言之，在这篇长而有趣的文章中，里维斯看起来就是意图要把这种与各种哲学思想相对抗的意识感觉强加给读者。在里维斯看来，艾略特是对抗生活的，而里维斯所关注的则是把"相反面——激烈反驳的那一面——变成积极的肯定"。然而，这种肯定又意味着什么呢？始终坚持"'生命'是个不可缺少的词汇"，或者当布莱克声称"基督是位艺术家"的时候，他已经向我们传达了比艾略特通过研究宗教潜在价值所传达出来的更多的信息，结果最终还是不能令人满意。

里维斯对所提到的另一个选择的描述严重不充分，而且它只是通过否定的方式，即通过对艾略特的拒绝来获取其内容。里维斯对波德莱尔式的老练毫无兴趣，然而，正是这种老练使艾略特对精神状态能够进行淋漓尽致的描述，即使在他默默地从这一精神状态中抽身而出的时候也是如此，而里维斯似乎把《四个四重奏》里的每一行诗都看成是对信条的表达。比如这几句："匆忙的现在，这里，现在，永远——/荒唐可笑的是虚度的可悲的时间/延伸到过去和未来。"它必定是对艾略特哲学的表述，而这一哲学所做的不过是强调顿悟的时刻，忽略了对生命的不懈追求。但这是正确的吗？或许，我们不应该像读《小吉丁》那样读《焚毁的诺顿》。因为我们能够用这样一种方式解读《四个四重奏》，在这种解读下，前三个章节在语气上只是探索性的，真正的主旨则被推迟到最后一章节的高潮部分。

毕竟，是孩子们隐藏的笑声，随着那句"匆忙的现在，这里，现在，永远"一同扬起，而那些隐藏起来的孩子们，只在我们的"第一个世界"里存在，而我们通过听从"鸫鸟的欺骗"已重返这个世界。这一时刻本身直到后来，也就是当它与传统和历史，即"现在和英格兰"建立起关联时,才获得它的价值(它的"模式")。在艾略特对那一主题的全面阐述面前,坚持认为艾略特的哲学否认了未经解释的"创造力"和"生命",或许也是在听从鸠鸟的欺骗,是将自身与隐藏的孩子过度密切地等同起来,而对这些孩子来说,意识问题还没有完全形成。人们或许想要对这一解决方案,如同里维斯所说的那样,提出一个"审慎的但又坚决果断的否定答案"。

3. 符号学之不可能性

原载于《伦敦书评》,1980年2月7日。

符号学、记号学、阐释学、结构主义批评——这些名目繁多的标签,究竟指的是多少概念呢?如果这儿有区别的话,这些区别看起来似乎主要是继承性的。"符号学"(semiotic)一词源于 C. S. 皮尔士[①],"记号学"(semiology)则来自索绪尔。"结构主义"在人类学中具有一种意义,而在语言学中则具有另一种意义;它在文学理论中的应用,部分来自普洛普[②]和俄国形式主义者的著作。"阐释学"曾经是指对《圣经》文本的细致解读,现在它指对一切事物的细致解读。然而,在所有这些所谓概念中,细节似乎都是相同的:牺牲理论换取技术性,牺牲内容换取分析,牺牲深度换取强度——总而言之,"被误称的虚谈以及对科学的反对"(I Timothy vi, 20)。然而,无论文学在哪里被教授,学生们都不

---

① C. S. 皮尔士(Charles Sanders Peirce, 1839—1914),美国哲学家、逻辑学家、数学家以及科学家,有时被称为"实用主义之父"。他受的是化学专业的教育,曾作为科学家工作30余年。现在他大多是因对逻辑、数学、哲学、科学方法论以及符号学等领域做出的贡献而被铭记。

② 普洛普(Vladimir Prop, 1895—1970),苏联著名语言学家、民俗学家、民间文艺学家、艺术理论家,民间创作问题的杰出代表,在民间创作研究领域开辟了独具特色的研究方向和方法。虽然他不是俄国形式主义学派中的一员,但他于1928年出版的《故事形态学》一书在研究方法上与形式主义有相通之处,因此,他也被看作20世纪形式主义思潮的一个推波助澜者。

得不透过这一新的经院哲学的面纱来认知文学,他们的观察被从一千种早产的科学那儿借来的术语所迷惑,被那些将米老鼠、《蒙娜丽莎》、超人和《李尔王》、广告歌和勋伯格①作品看作同等合法的调研客体的"方法"所扰乱。这一运动是对批评道德准则的抗议吗?它在表述时如此犹豫不决,以至于只有大量借助专门术语才能使它认识到自己的无效?或者,它是朝向某种新批评方法的第一步,一种足够普遍到能为一切可被视为"符号"的事物指派一种阐释的方法?

这些问题对我们大学里文学教育的未来至关重要。任何答案必须首先承认这样一种运动具有不确定性,它时而打着科学探索的大旗前进,时而斜着滑进文学修辞的迷雾中。这种不确定性产生于试图结合三种相互独立的精神,第一种是谦逊的,第二种是推测的,第三种则根植于谬论。

第一种是探寻文学作品和其他作品中意义的各种"层次"。一首诗可以允许几种解读(字面的、寓言的、隐喻的等等),这些解读随着诗歌的动向而发展,并从将它们统一起来的叙事中获取结构。但丁在《飨宴》(*Convivio*)中描述了四种这样的意义"层次",而他所树立的典范传统一直延续至今。这在法文的文本细读(*explication de texte*)中尤为明显,无论它是身穿破旧的、冰冷的外科手术服,还是装备了最时新的语言学术语。"结构主义"批评的许多方法都是但丁的方法,即阶梯式的分析方法,用以揭示"文本"范围内所隐藏的意义层次。区别在于,结构主义者渴望揭示的,是作者可能没有认识到的意义。

符号学和结构主义批评也源于一个普遍的推测,依据这个推测的说法,科学探索没有穷尽人类的认知模式,无法描述我们正在经历的世界。我们与这个生活世界(*Lebenswelt*)的关系,不是观察,而是"属于"。自康德的形而上学及 19 世纪人类学产生了一个概念,即一种特

---

① 勋伯格(Arnold Schoenberg, 1874—1951),奥地利作曲家、音乐教育家、音乐理论家。他在音乐史上的重要性在于他开创了第二维也纳乐派,编写了《和声学》(1911),提出"十二音列理论"(1923),这些成就深远地影响了 20 世纪音乐的发展。

殊的认知模式,专为这个"人类世界"所保留,一种将学科展现为"中立的"或者将"没有意义"的事物展现为充满意义的认知模式(Verstehen)。意义属于人类行为和举止,它也在世界上处于潜伏状态。那么,或许存在着一种能够揭示事物意义的普遍方法。这种方法将与解释和预测无关,但它仍将具有普遍重要性,将我们与工艺品、艺术、事物以及彼此相关联,这种关联方式恢复了人类思想和行为的中心性。它甚至可以重新创造必要的被科学解释所夺走的幻想,即对人类自由的幻想。

隐藏在这类批评背后的第三个学术动机反驳了这些推测。如果它能与前两者相结合,那是因为对"人类"认知的追求者们,在他们的追求中一直不情愿放弃科学的权威与客观性。因此产生了一种对"符号的普遍科学"或者符号学的渴望。如果没有了这种普遍科学具有可能性这一假设,从语言学技术术语中的重复借用,来描写那些被贴上时髦的"符号"标签的许多事物都不过是一种炼丹术,是在缺少方法这一事实的状况下,用魔术召唤方法的幻觉。

普遍符号科学这一想法,我认为,起源于谬论。是什么形成了科学?有关于鱼的科学,那是因为鱼都具有相似的结构,遵守相似的法则,具有可被发掘的本质,此外,还有显而易见的事实使我们能够对其贴标签。(鱼类是"自然种类"的一部分。)相反,纽扣就没有这样的本质,而且除了我们已知的功能外,它不具有共同身份。不可能存在关于纽扣**构造**的普遍科学:假如有关于纽扣的科学的话,那也是有关它们功能的科学。而符号显然更像是纽扣而不是鱼,因此,符号的普遍科学会是功能的科学而不是有关构造的科学。然而,这种功能又是什么呢?符号学向我们提到语言、道路符号、面部表情、食物、服装、摄影、建筑、纹章学、篮子编织、音乐等。所有这些都是相同意义上的,或者是任何一种意义上的"符号"吗?"符号"一词意指许多事物,而且也指向许多功能。我们能否认为一片云象征雨,就像认为 Je m'ennui 象征"我很无聊"那样?当然不能,因为没有任何云能够具有句子的功能。从科学角度来看,人们怀疑这儿不只存在一种事物,而是成千上万种事物。相同的只是每个事物表面的一小部分,而通常我们所熟悉的就是这一小部分,就像我们熟悉纽扣的功能一样。假如存在着一种"符号"共同本质,那么它肯定很肤浅;符号学只是假装它很深刻而已。

然而,我要说的不止这些。有些科学的主题是有争议的、推测性的,基于类比和假设,而不是基于任何关于自然或者功能种类存在的直觉知识。或许,语言学本身就是这样一种科学:至少,它的主题和方法仍遭受许多质疑。符号学依赖语言学,希望将自身建立在语言和其他类型的"符号"之间的类比之上。类比的基础在于两个方面。其一,所有人类行为都可被视为是具有表现性的。它揭示思想、感情以及意图,并不是所有这些都能被主体自发承认。其二,更重要的是,人类表述的模式某些时候被认为具有一种特定的结构,它们与语言共享这种结构。也正是这一点,它们似乎被带入了索绪尔语言学的范畴。

依据索绪尔模式的观点,一个句子就是一个由"结构体"(syntagms)组成的"系统"。结构体可以被定义为一整套术语,它们可以在不摧毁系统的情况下相互取代——不会使句子在此种语言使用者看来"不可接受"。例如,在"约翰爱玛丽"这个句子中,"爱"可能被"憎恶"或"吃"替换,但不能用"但是""认为"或"游泳"来替换。我们现在来看另外一个例子,它在巴特①的《符号学原理》(*Eléments de Sémiologie*)中曾被详细讨论,即菜谱这个例子。某个人可能会点下列食物:火腿蛋松饼(*oeufs bénédictine*),接着是牛排和薯条,随后是朗姆酒婆婆蛋糕(rum baba)。这是一个"可被接受的"系统:在我们的社会,同样的菜单但顺序颠倒就无法"被接受"。而且,每一道菜属于一个"横

---

① 巴特(Roland Barthes,1915—1980),法国文学批评家、文学家、社会学家、哲学家和符号学家,是当代法国思想界的先锋人物,受索绪尔的影响很深。他的著作多达二十余部,主要有《写作的零度》(1953)、《神话》(1957)、《符号学原理》(1965)、《批评与真理》(1966)、《S/Z》(1970)、《文本的快乐》(1973)等,这些著作不仅影响了人们对文学和文化的看法,更对后现代主义思想发展产生很大影响,包括结构主义、符号学、存在主义、马克思主义与后结构主义。

组合关系统一体"(syntagmatic unity):它可以被某些菜所替换,但不能被其他菜色替换。牛排和薯条可以被火腿沙拉替代,但不能被一杯苏特恩白葡萄酒替代——因为这样就无法被接受。(人们一看就知道,火车和古典建筑也展现了这种类型的"结构"。)那么,产生的结果是什么呢?

我们看一下巴特真正的解释。牛排、薯片应该是"意指"(依据《神话》里一篇文章的观点)"法国性"。假设 *oeufs bénédictine* 的"意思"是"天主教",而朗姆酒婆婆蛋糕的意思是"肉欲",那么,整个体系的意思又是什么?是否意为法国天主教与肉欲能够和谐并存?或是当法国人比当天主教徒更重要?或者是性感是当法国人和天主教徒两者的一个基本部分?这就没有办法判断了,因为虽然体系具有结构,但却没有语法。也就是说,各个部分的意义无法决定整体的意义。因此,我们不应该谈及"句法"(syntax),句法的概念就是一种潜在意义的概念,这样,句法规则就必须依赖语义解释。(弗雷格①展示这一事实对逻辑和语言两者而言都是最基本的。)结果就是,对横组合关系(syntagmatic)和纵聚合关系(paradigmatic)结构的研究,在任何非语言学"符号"的科学中丝毫不起作用。与语言相类比的两个方面(表达和结构),无法以此类比所要求的方式连接起来。术语再多也不足以将它们连接起来。因此,无法假定语言"符号"和非语言"符号"功能相似,而且,认为可能会有一种对两者都适用的普遍科学的依据,也就不复存在了。

因此,我们必须抛弃符号学的科学托词。而事实上,我们发现符号学批评倚重语言学,并不是因为后者的科学主张,而只不过是因为它的术语。然而,这些术语制造了一种客观性的幻觉。它们将"符号学批评家"置于一个特别优越的位置。它们给了他一个正当的理由,去避开意义在语言中是如何被客观地确定这一问题(因为它们的应用不与任何

---

① 弗雷格(Friedrich Ludwig Gottlob Frege,1848—1925),德国数学家、逻辑学家、哲学家,数理逻辑奠基者之一,同时他也被普遍认为是分析哲学之父。

语义问题产生关联);同时,符号学声称自身具有一种特殊的客观性。这一"客观性"在于这么一个事实,即符号学家会在文本中寻找那些"揭示"事物的特征(例如,对某种"意识形态"的依附),而对作者声称的意图则不予理会。这就是符号学探索文本中对作者来说不够明显的"层次"这一声称所具有的意义。由于但丁分析的是他本人的诗歌,他不可能提出他在诗歌中识别出的"层次"是属于作者意图,还是属于读者看法,还是两者兼而有之这一问题。但是,符号学家所面临的问题与但丁所面临的问题并无二致:是什么使一种阐释显得合理?没有任何"解码"的"方法",就像符号学家所说的那样,能够足以回答这个问题。符号学家通常为自己设定要对面前的文本进行"去神话化"这一任务,意图依据自己相对立的意识形态对其进行再神话化。但这提供不了任何合理阐释的标准。这点从阅读巴特对巴尔扎克的故事《萨拉辛》的分析中就可以看出。这本书的标题为《S/Z》(指的是语音学中的一个问题),包括对故事的逐步分析,故事被分成500个文本片段。在开场白之后,巴特将注意力转向标题,开始进行分析:

> 萨拉辛:标题引发了这一问题:萨拉辛,那是什么?

这是一个大有希望的开始,巴特立即抓住机会引入一些技术术语:

> 让我们用"阐释码"一词(为简便起见我们就写为 HER)来表达单元的整体,这些单元具有这样的功能,即以不同方式来清楚表达一个问题、这一问题的答案,以及能用以准备问题和延后答案的各种意外事件……

在创造了这一技术术语时,巴特认为自己在分析可被称为作者的"密码"的某种东西。很快,我们就不仅有 HER,而且还有 ACT、SEM、REF 以及 SYM。这些术语具有什么功能呢?看起来,它们似乎意图为"解读"巴尔扎克的文本作出贡献,而且

> 解读不是一种寄生姿态……它是一种活动(这也是为什么我们本应该谈论一个词汇学行为——或更恰当的是,词像

3. 符号学之不可能性 37

行为,因为我写下了自己的解读),而这种活动的方法是地形逻辑的……"

换言之,解读就是去理解文本中所形成的"符码"。它就是要能够(比如)跟随作者所提出的问题的发展(HER),跟随开始但还未完成的行为的发展(ACT),等等。并且,我们再一次拥有了横组合结构——虽然,这点当然完全是不重要的。在故事情节发展中的任何一个点,将问题或者行为进行下去的方式都是有限的,除非读者领会了这些局限,否则他就理解不了文本。

这些技术术语不属于任何已知的科学理论。它们应用的基础也没有描述清楚。因此,我们可以理性地问自己,没有了技术术语,如何理解巴特的分析。我大胆建议这样解读这个分析:故事包括行动和人物,解读文本就是跟随行动并且熟悉人物。在每一个点上,都有相关问题(HER),对已被接受的思想或陈词滥调的指涉(REF),修辞手段的使用(SEM)等等。理智地解读文本,就是要意识到这些关联和手法,就是要看到它们如何对整体作出贡献。文学批评就包括向读者详细解释说明这些方面,否则读者可能不会留意到它们,也无法充分领会。那么,巴特的方法到底是什么呢? 它其实不过是一个夸大了的极度传统的法国批评方法:文本细读。巴特的技术新造词对隐藏在这一方法背后的理论并没有什么贡献,它们也没有将这一理论的卖弄学问之气去除,而对于那些接触这一理论的人来说,这种卖弄时常是一种折磨。批评之于巴特,就像他的同胞们时常对待批评的那样——在逐步分析文学文本的框架里,分析修辞手法,并且挑选出关联和象征符号。不可否认的是,巴特的确时不时地留意到某些之前被学术评论所忽略的修辞手法。例如,他把读者的注意力吸引到"悖论主义",(我们应该认为)它是要"使不可抵赎的东西顺从"(bend the inexpiable)这一作者的符码所做的最终尝试:

> 躲在炮眼背后,分割内与外,安装于对抗者的内部范围之

内，跨坐在对偶之墙上，叙述者以这么一个形象来起作用：他导致了或者支持一种越界。这种越界目前为止还没有产生什么灾难性后果；它遭受讽刺，被平庸化，被固化（naturalized），是某个讨人喜爱的个人言语（parole）的个体，与符号的恐怖（与符号作为恐怖）关联起来；然而，它的丑行是立刻清晰可见的。

（在这一个点上，读者会很好地记住动词"*délirer*"的活跃性质。*Délirer* 指的是作者——或者评论者——做的某种事情：它并非经由他而发生。作为一种活动，福柯已经让它变得高度受人尊重。实际上，对一些人来说，这一活动多多少少具有强制性质，而且必定比理性思考更受青睐，后者带有资产阶级范畴的特色。）

这种批评如何帮助读者理解巴尔扎克的故事？很不幸，巴特对此十分含糊。为了理解巴尔扎克，人们必须对他的风格所产生的共鸣保持敏感，这一提议没有什么特别之处；人们怎会有其他想法？但正是在此处，符号学再一次抬头。因为，正如他料想的那样，风格已经被囊括为结构"符码"，巴特认为自己可以将一种阐释强加于符码之上，挑战任何对故事的"资本主义"解读。作者"符码"被去神秘化了，而它们所具有的真实意识形态则得以揭示：

> 虽然这些符号完全源自书中，它们似乎成了真实和"生活"的依据，通过一次与资产阶级意识形态完全相适宜的杂耍，把文化颠倒过来，将其变成自然。"生活"在古典文本里，变成了一种平庸观点的苍白混合，一张覆盖在被普遍接受概念之上的令人窒息的毯子……

而这就是不再可能像巴尔扎克那样写作的真实原因。对我们来说，"生活"和"自然"这些概念都已丧失信誉，并且在任何真正的文本中都找不到表述。将文学视为对生活的折射的资产阶级批评家，不适合评判我们时代的文学。类似地，文学本身或是"古典的"（因此同一个过时的意识形态密切相关），或者是"我们的现代性"的一个部分。通过摒弃**资产**

阶级符码并转而使用那些具有革命意识的符码(这点在**新小说**——或者在**新新小说**——中很明显地体现出来),写作变得现代化了。

总而言之,只有资产阶级才在文本中寻找"生活"或"自然",只有资产阶级才感到一个故事(或一首诗或一个剧本)可能反映或阐明读者的价值观和选择。况且,巴特不喜欢人类经验擅闯批评家的殿堂。通过去神话化,他将文学变得无辜。没有任何一位作家能够强迫巴特认真对待不是他本人的观念;没有任何像他那样地位的批评家,能够指望被纳入考虑范围。巴特声称不作任何价值判断,这只不过是他要的一个诡计而已。他的批评所具有的令人着迷的学究气,只不过是一张道德主义的面具,不容忍任何对手存在。然而,这种批评,虽然它坚决想要躲在文本**背后**,去挖掘它的隐秘意义,不能提供给我们任何恰当的认知。除了编码行为之外,它什么也没有给予文学,而编码行为同样发生于时尚、广告和日常会话之中。在被去神话化之后,文学的性质也改变了。它所具有的独特品质——比如,它想象和审视人类处境的能力,它表达和阐明情感的能力——被认为无关而遭忽略。"符号学地"解读巴尔扎克的符码,就是要忽略巴尔扎克的表征(reperensetation)所提出的要求。而这正是人们不喜欢文本细读的原因——它在绝大多数情况下使文学失去人性,将它贬低为异想天开的卖弄学问的工具,将任何一点道德思想的痕迹都悉数去除。

这种逐步分析所提出的核心问题是相关性问题。是什么使它成为一种对巴尔扎克故事的"解读"? 合理解释的标准是什么? 如果不存在标准,为什么会有这么多隐藏起来的道德热忱? 如果有标准,那么我们怎样才能找到它? 这些都是严肃的问题,这点从另一个简单得多的例子中就可以看出来,这次是一个数学哲学的例子。算术可以用多种不同方式从逻辑中获得。弗雷格、罗素、策梅洛[①]都试图完成这种推论,

---

[①] 策梅洛(Ernst Friedrich Ferdinand Zermelo,1871—1953),德国逻辑学家、数学家,公理集合论的主要开创者之一。

他们要证明存在着一个共同的知识结构。然而,弗雷格提到"概念",罗素提及"类",而策梅洛提到的则是"集合"。运用符号学,我们可以说,在各种情况中,对词汇的选择"揭示"(或者更确切地说是"编码")了某些"意义"。对弗雷格而言,算术是对内在生命的客体化;对罗素而言,算术是阶级意识的表达;对策梅洛而言,算术是对集体的描述。资产阶级个体主义者、贵族以及平等主义者,各自在自己的语言选择中暴露了自身。这种解释能够得到巴特给予他对《萨拉辛》进行分析的所有修辞的、"结构主义"的支持。但我们知道,这与对文本的理解毫无关系。我们是**如何**知道这一点的呢?

这种问题让符号学家感到为难,因为他的专门术语无法带来解决的办法。在上一个分析中,他给出的答案肯定与但丁的答案相同:如果一种阐释是**经由**文本发展而来的,从文学表面的运动中获取力量和详尽阐释,它就是合理"解读"。但我们或许要说的不止这些。"符号学"这门新兴学科,时而坚决放弃但时而又承认符号的科学托词,它的典型特征就是,在回答我们的问题时,它试图去表达远不止表面上显而易见的内容。那么,符号学代表某种新的起点吗?它逃避了我刚才加诸"符号"的普遍科学的限制吗?符号学的主要支持者安伯托·艾柯①在这一可能是不存在的科目中占据唯一现有的席位,而且他的作品最初是从 C. S. 皮尔士提出的符号的一般分类中获得灵感,在意大利、法国和美国都颇具影响力。艾柯本人在收集、运用现代符号学成果方面也显示出孜孜不倦的精力,提出(在《缺席的结构》一书中)一种建筑形态的"符号学",这一符号学如果不是因其内容被研究,至少也是因为它所代表的雄心勃勃的计划而被研究。艾柯在寻找非语言"符号"的理论,不仅仅是在皮尔士和他的追随者的理论中寻找,也在乔姆斯基的转换语法中,在言语行为理论中寻找,而现在则在形式逻辑学家的"可能世界"

---

① 安伯托·艾柯(Emberto Eco, 1932—2016),享誉世界的意大利哲学家、符号学家、历史学家、文学批评家和小说家。艾柯的研究非常多元化,包括中世纪神学、美学、文学、大众文化、符号学以及阐释学。

语义学中寻找。虽然这或许看起来不过是《如是》(Tel Quel)另一个浅尝辄止的例子,但艾柯的冒险精神与众不同,他时而力图清晰明确,时而摆脱那种咖啡桌马克思主义,后者最近已将喜欢的观察点从两个丑八怪咖啡馆转移到了穹顶餐厅①,并在这一转移过程中获得了对消费文化商品的无限尊敬,以及想要参与对其盲目迷恋的热切欲望。正因如此——而且因为他用英文写作——艾柯持续吸引着注意力,而他意识到符号学(semiology)还留下重要的学术问题未曾解答,这导致他将信念转移到了更新的"符号学"(scmiotics)。它似乎表达了一种更具有可塑性的前景,而且能够认为朱莉亚·克里斯蒂娃和索尔·克里普克②对其学术事业同等相关,因而吸引了世界各地学术界的广泛关注。

然而,让我们忽略符号学思考的更大范畴,暂时专注于那个世俗应用,即在建筑领域的应用,通过这种应用,它首先证明了自己的影响力。我们发现熟悉的符号学谬论持续存在。这点可在读唐纳德·普雷兹奥

---

① 两个丑八怪咖啡馆(Les Deux Magots),又译作"'双偶'咖啡馆",是巴黎塞纳河左岸最负盛名的作家咖啡馆,也是巴黎最古老的咖啡馆之一。萨特和波伏娃经常光顾这里,毕加索在此与朵拉·琦尔小姐一见钟情,莎士比亚书屋的女老板西尔维娅·比奇在这里认识了乔伊斯,并经她的竭力推荐,《尤利西斯》才得以面世。王尔德、恩斯特、海明威、艾柯等都曾是这里的常客。这个名称起源于雕刻在墙上的两个穿着清朝服装的华人雕像。这原本是两个中国人开的丝绸店,后改建为咖啡馆,他们把丝绸带到巴黎,所以成了这座建筑的象征和标志。如今,它已成为巴黎的一个文化圣地,在这里艺术始终为人所推崇。穹顶餐厅(La Coupole)始建于1927年,是巴黎左岸颇具神秘色彩的餐馆之一。自诞生之日起,它就受到艺术界、文学界、政界以及演艺界名流的青睐。20世纪30年代,毕加索、波伏娃、萨特等人也是这里的常客。
② 朱莉亚·克里斯蒂娃(Julia Kristeva,1941—),生于保加利亚,1966年移居法国,其研究跨越哲学、语言学、符号学、结构主义、精神分析、女性主义、文化批评、文学理论等多个领域,最近也开始出版小说,是后现代主义重要的思想宗师之一,现为巴黎第七大学教授。主要著作有《符号学:符义分析研究》(1969)、《恐怖的权力,论卑鄙》(1980)、《面对自我的陌生》(1988)、《心灵的新疾患》(1993)等。索尔·克里普克(Saul Kripke,1940—),美国哲学家、逻辑学家,自20世纪60年代,他成为与数学逻辑学、语言哲学、数学哲学、形而上学、认知论以及集理论(set theory)等领域相关联领域的几个核心人物之一。

西①的《建筑环境符号学》时立即看出来，书中提出了建筑形态重要性的理论。这一理论，在十分浅显的地方，出现了明显错误，错误在于它重建了一个谬论的循环，即顺序结构是一种"句法"。像大部分符号学实践者（在建筑理论中人数则越来越多）一样，普雷兹奥西一开始就假定了他原本应该去证明的东西，即建筑与语言十分类似，适用于语言的分析方法，也能被有效地转用到建筑领域。而且，他还使用"符码"一词来指代两者，将这一假设掩盖了。是通过什么预先建立的愚蠢的一致性，"符码"一词已逐渐在这么多地方，以这么多种学科的名义被挥舞，仿佛把某一事物称为"符码"，就能取得某种能对其进行破译的特殊权力一样？"如同口头语言一样，"普雷兹奥西写道，"**建筑环境**——此处将被称为**建筑术符码**（*architectonic code*）——是一种全人类现象。"斜体的词语被普雷兹奥西认为具有一种技术意义；它们同其他词语一起被收录在一个术语表中，其中"符码"这一关键术语是这样解释的："重要结构中有序关联的**体系**（*qv*）"。为了进一步阐释清楚，人们翻到体系（system）这一词条，写道："体系：参见'符码'。"由此可以推断出，这些术语对作者来说具有重要意义。正如我们已经看到的那样，但凡出现序列模式时，"符码"将被使用：语义学解释这一概念，通过一个小花招被引入进来。

虽然有这么一个不太有希望的开始，我们仍继续读下去，了解到"建筑环境是一个持续进行的、动态展开的符号队列，存在于"（我们很高兴地注意到）"空间中和时间中"。换言之，就是建筑术符号。什么是符号？答案是"建筑术符号是结构与**意义**的结合"。因此，普雷兹奥西毕竟还是忠于语义学的。而这或许不是什么坏事情，原因在于，我们难道不用提及建筑形式的意义吗？我们难道不认为建筑在某种意义上会向我们倾诉，甚至是在观察我们，仿佛有什么话就在它们的（我们的）嘴

---

① 唐纳德·普雷兹奥西（Donald Preziosi, 1941— ），美国艺术史家，现任教于加州大学洛杉矶分校。他的著作往往结合多种学科，包括学术史、批评理论以及博物馆学等。

边呼之欲出吗？或许，"建筑环境语义学"能解开此种推测所产生的秘密。然而，它该如何进行呢？普雷兹奥西一开始就把建筑词汇隔离开来，在他看来，建筑词汇与结构的"几何特性"是一样的。这一提议已经显得极为不合情理。试想一下，两栋建筑具有相同的几何特性，有相同的布置（或"句法"），一栋是用石灰石建造的，而另一栋是用钢铁造就。说它们对我们来说**必须**具有相同的"意义"，岂不是很荒谬？

然而，让我们假设我们已经成功分离出建筑师的"词汇"。如果意义是由规约决定的这一假设不存在，就无法取得任何进展。若非如此，那么对词汇的指涉，以及后来对句法的指涉，就是虚假的。对那些思考这些问题的人来说，十分清楚的一点是，虽然有时被称为"建筑的意义"（而它或许也同样可被称做美学特征）的东西受到规约的影响，但它又不仅仅是规约所产生的结果。建筑师无法通过对规则的服从，来保证其作品的"意义"。这样一来，如果说普雷兹奥西试图解释其建筑"句法"的努力显得迟疑、含糊，就丝毫不足为奇了。在提取了那些产生古米诺斯房屋形式的"句法"规则后，他这样写道："如果我们把'建筑术符码'视为意义，尤其是把它看成基本单元的集合，这些单元之间的关系，以及支配着关系的规则……"显然，他所说的就是，建筑"意味着"它自身的"句法"。换言之，我们没有能够把句法推进到语义学。我们拥有缺失了语义学的句法，因此我们既没有句法，亦没有语义学。普雷兹奥西的所有讨论，都没有推进到这一范围之外，这点不足为奇，因为根本没有什么可以推进的余地，而且，无论他试图把我们多少的注意力吸引到"不间断的日常生活的符号拼凑"上来，他对其主要表现的观察仍旧是混乱的，任何语言的魔力都隐藏不了这一点。

安伯托·艾柯的论文集（《读者的作用》，印第安纳出版社，1979年）提供了更为充实的内容。这个文集记述并探讨了"无限指号过程"（unlimited semiosis）（积累意义的缓慢趋势）的实例。这些实例都是符号学家的"文本"，而"文本"一词应用于可以被解读为符号的一切事物，那么准备好被这一疾病感染吧。模仿巴特的《神话学》（但缺乏同等程度的智慧），艾柯探讨了伊恩·弗莱明①的叙事手法，以及"超人"连环画所具有的情感重要性。他也关注现代音乐，关注曾流行一时的尤金·苏②的传奇剧，而且，在那篇阐释他最新理论进展的文章里，他也关注阿莱③的一个文学笑话，摘自布勒东（Breton）的《黑色幽默选集》(Anthologies de l'Humour Noir)。

像普雷兹奥西一样，艾柯引入并依赖未经解释的"符码"概念；既然他承认文学作品有作者和读者，他认为文本符码是两者共有的财产。他的论文集的标题来自他的假设，即读者可能是他所阅读文本的部分创造者，依据其创造程度，文本，如他所说的，被称为"开放的"或"封闭的"。比较难以理解的是开放文本与封闭文本之间的区别。它显然意图提供（意识形态上无法接受的?）高雅文化与通俗文化之间区分的某种替代物。但艾柯的描述很古怪，有时会自相矛盾。封闭文本（例如"超人"连环画系列）针对的是较为保守一点的评论家可能会称为"套路反应"的东西。吊诡的是，这也让它变得"开放"——亦即对任何可能的"反常解码"敞开。据称，这类文本在阅读中不会产生任何"正确"或"错误"的标准，因为它们没有使读者创造性地参与进来。相反，真正开放的文本，由于它提出要求，意图训练读者，使其采纳与文本相适宜的那些"符码"（或阐释习惯）。开放文本面对的是理想读者（不论他是否患有空想失眠症），因此，它对反常解释是"关闭的"。伊恩·弗莱明是个封闭文本作家，而詹姆斯·乔伊斯则是开放文本作家。这里有一个重要的关键区分，与我们更为熟悉的机械发明与创造性艺术之间的区分相对应。不幸的是，指号过程很快降临，而这一区分则随之死亡。文本被"炸得粉粹"，接着被"催眠"，成了"话题""话题素"(isotopics)"语义

---

① 伊恩·弗莱明(Ian Fleming, 1908—1964)，英国作家，因詹姆斯·邦德系列间谍小说而闻名。

② 尤金·苏(Eugène Sue, 1804—1857)，法国小说家，在2010年出版的小说《布拉格墓地》(The Prague Cemetery)中，艾柯就是以他为原型塑造了一个人物苏。

③ 阿莱(Alphonse Allais, 1854—1905)，法国作家、幽默家。

标记"的供应者。诸如"外延"(extensional)、"内涵"(intensional)以及"宏命题"(macroproposition)之类的词语不加解释地进入。同音素和语素一样,我们最终获得了高深莫测的"文体素"(styleme)。这些术语没有任何一个被解释或严肃探讨。当导言中的结论说到"受无限指号过程一个构成机制的制约,语义空间只能通过读者在实现指定文本中所实施的合作活动被还原"时,它所包含的所有意义都是我们已经知道的:既然一件艺术品承载许多意义,读者必须在其中做出选择。

但是,艾柯的理想读者所面对的困难变得更加复杂,因为他远非一个理想作家,他接着将"开放性"与不确定性混为一谈,就像即兴音乐这个例子所显示的那样,然后又将其与"暗示性"(suggestivenss)混淆,于是范式首先转向斯托克豪森①的听觉混淆,然后转向马拉美和德彪西②极为讲究的印象主义。一开始看起来像是一个真正理论的东西,最后变成了一些互不关联的特性之间的串联,而且,没有一个特性得到充分描绘。

在最后一篇文章里,艾柯提出了大量真正令人生畏的术语,试图对阿莱的一个短篇故事进行令人满意的"解读"。这个故事是一个笑话,矛头直指读者,鼓励读者去填补其中的空白。在填补过程中,他自己陷入(暗含之意是,不是因为作者犯了什么错误)了令人吃惊的自相矛盾之中。当然,像这样的故事,无异于是送给符号学家的礼物。艾柯教授利用它来引入形式逻辑领域最新的(并且是最时髦的)发展成果——特

---

① 斯托克豪森(Karlheinz Stockhausen, 1928—2007),20世纪德国最伟大的前卫作曲家、钢琴家、指挥家、音乐学家。作为作曲家,他主要以序列音乐为基础,不断探索和实验,开创了音乐创作的新途径,在当代世界音乐领域产生了很大的影响,但也引起了不少争议,代表作品有《十字形游戏》《曼陀罗》等。作为现代电子音乐最重要的代表人物之一,斯托克豪森不断在电子音乐方面尝试各种变化。从20世纪50年代起,他就致力于创作一种由纯音波组成的所谓"太空音乐"(指的是一种能够使地球上的居民与其他星球上的居民之间建立关系的声音),后来又摆脱了纯点描音乐的束缚,开始把乐音和非乐音结合在一种所谓的"群体形式"之中,《对位》就是这一尝试的作品。

② 马拉美(Stéphane Mallarmé, 1842—1898),19世纪法国象征主义诗人、散文家,代表作有长诗《希罗狄亚德》和《牧神的午后》。德彪西(Achille-Claude Debussy, 1862—1918),法国作曲家,近代"印象主义"音乐的鼻祖,对欧美各国的音乐产生了深远的影响。

别是可能世界的理论。它所产生的结果几乎不具有什么意义,而且,在我看来,作者也意识到了这一点。

形式逻辑的语义学以下列方式产生。一些词,如"可能地"(possibly)和"必要地"(necessarily),它们看起来似乎是日常话语和科学话语中不可或缺的部分,却给意义理论造成了问题。特别是,它们产生了"内涵"语境,即像"有可能的是……"这样的语境,当以某"p"句完成时,这个语境产生或许是对或许是错的句子,而这些句子的对与错都与p的正确或错误没有关系。日常逻辑是"外延性的",任何一个复杂句的真伪取决于其各个部分的真伪。而现代逻辑则几乎完全是在外延性这一假定上发展起来的,没有了这个假定,逻辑几乎很难继续下去。那么,日常逻辑如何能够表现或者阐明有关必要性和可能性的句子?很清楚的是,这些句子有逻辑性。依照莱布尼茨的一个建议,现代逻辑学家将"p是必要条件"表述为"p在所有可能情况下都为真"。"必要"就变成了一个"量词",而量词的逻辑属性可在外延上被描述。这一理论能够得到系统发展。

提出一部小说作品不过是对一个可能世界的(部分)描述这种说法,似乎是水到渠成的。那么,可能世界的理论或许能被用来阐明我们对小说的理解,并由此能够向我们展现像阿莱这样的玩笑者如何能够把我们系在不可能之结中。我认为,艾柯试图将"模型理论"(文中所称)这一分支的技术术语引入自己对阿莱故事讨论中的构成基础,就是这种直觉。不幸的是,这里存在两个严重的缺陷。

首先,艾柯似乎并不理解他不停加以借用的这个理论。即便是他对外延逻辑的认知也是肤浅的,这点在当他选择用逻辑标记法,而不是用英语来表达自我这一事实中就可以显现出来,得出的结果通常是不令人满意的(见213页和236页的例子)。当他写到模型逻辑本身的时候,结果更是完全令人费解的。

其次,模型理论是否能在我们对小说理解的阐释中起到任何作用,还仍然是个疑问。这里存在的困难在两千多年前已经被指出来了。在

《诗学》中,亚里士多德注意到一个事实,即在虚构文学作品中,不可能性经常出现。但是,他争论道,没有理由抱怨"有可能的不可能性"(probable impossibility),它总是比"不可能的可能性"(improbable possibility)更受青睐。(想想围绕"化身"这一概念所产生的许多困难,瓦格纳①在《指环》中出色地对其进行了戏剧化处理。沃旦不可能跟沃尔斯一模一样,但是如果真的出现这种情况,那么,他很有可能是齐格蒙德和齐格琳德的父亲。)换言之,虚构的世界也许不是一个可能世界。那么,虚构文学的语义学会怎样?坚定不移的模型理论家会想到一些方式解决这个问题。但艾柯既没有暗示问题的存在,也没有暗示解决问题的途径。此外,他显然不希望卷入这样的研究中。他在模型理论的深奥领域中所寻找的不过是术语的表面文章(rhetoric of technicality),是长期产生大量烟雾的手段,这样,当读者领会不了的时候,就开始指责自身缺乏认知,而不是指责作者对此没有阐明。就我所知,艾柯的问题,也是他艺术的所有实践者们的问题。或许,需要另一个本·约翰生②来解释在此背后所隐藏的复杂动机。然而,我们能确定的是,虽然这一疯狂有一个富有人情味的开始,但它的"方法"将人性抛诸身后。

---

① 瓦格纳(Richard Wagner,1813—1883),德国作曲家,著名的古典音乐大师。他在德国歌剧史上是一位举足轻重的人物。前承莫扎特的歌剧传统,开启了后浪漫主义歌剧作曲潮流。而他在政治、宗教思想上的复杂性,也使他成为欧洲音乐史上颇具争议性的人物。代表作品有《仙女》(1833—1834)、《禁恋》(1834—1836)、《漂泊的荷兰人》(1843)、《特里斯坦与伊索尔德》(1865)等。这里提到的《指环》则指的是瓦格纳的名作《尼伯龙根的指环》(1876),这部歌剧的创作灵感来自北欧神话内的故事以及人物,整个创作开始于1848年,1874年最终完成,历时26年。《指环》由四部歌剧组成,即《莱茵的黄金》《女武神》《齐格弗里德》和《诸神的黄昏》。接下来提到的几个人物都出自该歌剧,其中沃旦(Wotan)是剧中主要人物之一,是众神之王。

② 本·约翰生(Ben Jonson,1572—1637),英格兰文艺复兴剧作家、诗人和文学评论家。他的作品以讽刺剧见长,《人人高兴》(*Every Man in His Humour*)、《福尔蓬》(*Volpone*)和《炼金士》(*The Alchemist*)是他的代表作。他被认为是除了莎士比亚之外,詹姆斯一世统治期间最重要的剧作家,对雅各布时代以及后来的凯罗琳时代所产生的文化影响力是不可估量的。

4. 解构与批评

《解构与批评》，杰弗里·H.哈特曼等著，劳特里奇出版社。本文系1980年BBC第三电台广播文稿。

奥斯卡·王尔德曾说："自印刷业兴起，阅读习惯在中产阶级和下层阶级中不可避免地蔓延开来之后……文学的一个倾向就是越来越吸引视觉，而越来越少地关注听觉，而听觉……恰恰是文学应该试图取悦的官能。"

或许，王尔德能从以下这个事实中获得慰藉：经过几年的研究，几位知名的耶鲁大学文学教授得出结论，阅读也许是不可能的。或者，借用保罗·德·曼教授的话来说，至少"阅读的不可能性不应该被轻视"。雅克·德里达教授赞同这一观点，并接着指出，评论家应该试图去"解构"而不是阅读摆在面前的文本。其他具有相似观点的评论家也加入到他们的行列，共同出版了一本著作，名为《解构与批评》，为那些可能不像该书作者们那么愿意严肃对待阅读不可能性的批评家呈现一种新的批评立场或理论。

书的封套上赫然指出，这些作者被他们的对手称为"阐释学黑手党"。他们还有其他一些称号，但把他们视为一个流派显然是不恰当的。"阐释学黑手党"是由受雅克·德里达思想的"催化"而进行文字活动的评论家所组成的，而德里达则是20世纪60年代兴盛于巴黎的语言学批评的最新产物。但德里达说话都打上引号，以这种方式拒绝为任何从他口中说出的话承担责任。他每每提到流派,也只是为了廓清与它们之间的关系。尽管如此,他的影响力却越来越大,这本著作就证明了他在美国享有的尊重。那些仍然倾慕60年代巴黎思想运动的人数众多的英国评论家们也将会阅读这本书,而且可能将其奉为经典。

文学与批评之间的关系历来都具有不确定性,而创造一种新的理论标签也不可能改变这一事实。尽管如此,批评正在解构文学这一传闻,仍是一个不祥之兆。或许,我们应该从希利斯·米勒教授①那里汲取点精神,他在本书中断言,"解构"(deconstruction)一词,跟其他以de-开头的词一样,比如decrepitude,或者denotation,描述的是一种具有悖论性质的行为,既是否定的同时又是肯定的"。但这一说法只是更让我们想起那些以 de-开头(比如 destruction 和 depravity),且不带任何肯定意义的词。我希望大家可以原谅我,如果我在这一具有毁灭意义词的列表中再加入新造词:动词 derridize,从 rid 和 deride 衍生而来。接下来,我要讨论的就是这种将文学剥夺意义以嘲弄普通读者的企图。

我首先要解释一下发明这个新词的理由。占据这本书核心位置的是一篇篇幅较长、脚注较长的文章,正文和脚注加起来长达100页。文章主题是——哦,准确地说文章没有主题。前文本(pretext)是雪莱的诗歌《生命的凯旋》(一首极度自吹自擂的诗歌,在还没写到关键的时候,雪莱就投水自尽,这首诗的意义也因此被否定)。另一个前文本是莫里斯·布朗肖②创作的一个故事《死刑》。第二个文本标题较为含糊,可以指"死刑",也可以指"死亡的终止"。这篇文章的作者德里达因

---

① 希利斯·米勒(J. Hillis Miller, 1928—),美国著名文学批评家,解构主义耶鲁批评派的主要代表人物之一。主要代表作品有《小说与重复》(*Fiction and Repetition*, 1982)、《阅读伦理学》(*The Ethics of Reading*, 1987)、《理论今昔》(*Theory Now and Then*, 1991)、《他者》(*Others*, 2001)、《文学死了吗》(*On Literature*, 2002)等。

② 莫里斯·布朗肖(Maurice Blanchot, 1907—2003),法国作家、哲学家、文学理论家。他的文学作品比较晦涩,不容易为普通读者所接受,但他的思想对后结构主义哲学家(如雅克·德里达、罗兰·巴特等)有着重要的影响。《死刑》(*L'Arrêt de Mort*)出版于1948年。

此指出这个标题是不可读的。这暗示,雪莱诗歌的标题也是不可读的。如果把它翻译成法语(也许此时你已经这样做了),就变成了"Le Triomphe de la Vie",这可能意为"生命的凯旋"或者是"战胜生命"。当然在英语里并非如此。但既然阅读是不可能的,这似乎也没什么差别。对一个文本进行去意嘲讽(Derridizing)的意义就在于让这种不可能性显现出来。下面这段是德里达自己的原话,能诠释我的意思。

> 即使在"涉及"叙事文本之前,这种双重内陷就构成了故事中的故事,叙事中的叙事,**解构中的解构叙事**:这个圈地显而易见的外缘,远非简单的,仅仅是外部的,循环的,同哲学的哲学表现那样,只指向自身,不指向完全的**他者**,在没有变成双重或者二元情况下,在没有让自己在圈地里被"表现"、被重新折起、被叠加、被重新标记的情况下,至少在结构产生的内在性影响方面。

当你大声读这段话时,即使你发出了某些声音,甚至读出了某些单词,你仍然不清楚你读的到底是什么,我想你也会赞同这一点。阅读**确实**具有不可能性。

你发出的声音是从法语翻译过来的。"阅读具有不可能性"这句话在法语里是"Lire est impossible"。很自然地,我们可能把这句话转化为"Délire est possible"①。这种转化是没有逻辑性的。但是,如同我要说明的那样,"去意嘲讽"正是非逻辑性地展开,从一个意义滑向另一个意义,对含义和联想不加区分。"Délire"这个词是以 de-为前缀组成的词中另一个有趣的词。作为动词,意为"不阅读";作为名词,意为"精神错乱",它派生自一个奇特的动词"délirer",指的是一种活动,这种活动在英语里没有相对应的词。言外之意是,解构主义批评采取精神错乱的立场,不阅读文本,因此……哦,因此。"不阅读"或"解构"一个文本

---

① 意为"不阅读是可能的"。

包含着什么呢？

德高望重的耶鲁大学教授们都赞同一点，那就是，文学语言通常（或许，总是）是隐喻的，这对读者造成了困难，却为评论家留下了机会。哈罗德·布鲁姆教授在谈及隐喻语言的性质时，写道："我不完全赞同德·曼的观点，认为阅读是不可能的，但我承认正确阅读诗歌是非常困难的事情……"

假设我们发现诗歌阅读起来很**容易**。试想这会对批评造成怎样的后果！"隐喻性语言是困难的"这一理论，有其既得利益。即使修辞在你我看来都是挺简单的事情，我们也发现有些理论会把它们弄得看起来超出我们的理解能力。在修辞学这门古老的学科中，我们会发现利用希腊语的技术术语对修辞手法作出一些令人费解的分类，并用既做作浮夸又含糊不清的语言来解释这些术语。希腊术语仍被使用，承担起在普通读者中制造恐慌这一古老使命。耶鲁的教授们在使用它们时毫不迟疑。他们满口比喻（trope）、转喻（metonymy）、隐喻（metaphor）、提喻（synéchdoche）、拟人（prosopopoeia）以及词语误用（catachresis）等等。受这些术语鼓励，布鲁姆教授成功地将隐喻语言转变成一种理论，这种理论绕来绕去，最终陷于抽象。他写道："我将转喻和隐喻一样比喻成加强了的辩证性反讽，而隐喻则范围更大些。但提喻不是一个辩证性的比喻，因为作为一个微观世界，它所表现的是一个宏观世界，而且并非必然与这个宏观世界产生矛盾。"

假如我们以这种方式来看待修辞手法，那么，难怪我们会得出这样的结论：这些修辞手法是阅读的障碍。困惑中，我们甚至可能会恳请那些创造出这些复杂概念的人将这些障碍去除。我们发现解构主义批评者非常乐意效劳。保罗·德·曼①将他对《生命的凯旋》的抨击描述为对雪莱的"毁坏"。雪莱的诗开头如下：

---

① 保罗·德·曼（Paul de Man, 1919—1983），美国著名的文学批评家、文学理论家，耶鲁解构主义阵营代表人物之一。

> 敏捷,犹如一个精灵奔赴
>
> 光荣、至善的使命,太阳纵身升起
>
> 为自身的壮丽欢欣不已……

大部分读者都能想象,假如这些语言提出了一个严肃的批评性问题,那么这个问题必然是因为这些词语具有谬误性。太阳从来不会"纵身升起",而且雪莱诗行的进展也似乎与日出的节奏完全不吻合。我们想要知道,这首诗在形式或者内容上,是否有某些东西能够弥补这一描述表面上看起来所具有的缺陷。然而,对德·曼而言,主要的兴趣在于太阳被拟人化了这一事实。或者,用修辞学的术语来说,诗中展现了拟人手法。那么,除非我们毁坏这一修辞手段,否则我们如何理解这一文本?德·曼发现了单纯的读者没有意识到的困难。这样的读者很可能会沉重地意识到,这种毁坏存在于"重复性的擦除,藉此,语言得以实现对自身位置的擦除"。但在这位读者最终得出了这一思想之时,他或许已被修辞学弄得晕头转向,开始责怪自己没有能力理解它。

解构主义批评背后所隐含的基本思想似乎是:隐喻性语言关闭了读者和意义之间的那扇门。我们必须用耶鲁提供的钥匙来将它打开。但在我看来最奇怪的事情,就是认为那扇门被锁上了。修辞手段的意义是敞开的。它们生动,直接,明确。它们一直在被使用,实际上,所谓的陈词滥调就是由它们构成的。狡猾的狐狸,深情的心,阴郁的愤怒,严肃的脸,这些都是修辞手法,只是一些比另一些看起来更像修辞手法而已,但它们都采用了修辞手法(这个术语的字面意义就是如此)。修辞手法把一个词语从产生意义的语境,移至意义被以某种新的方式运用的语境。你或许认为,修辞一定会因此具有双重意义。但情况并非如此。字面意思在转移过程中往往已经消失殆尽。当我读到"他的心提到了嗓子眼",我并未想起这些词的字面意义。① 假如我按照字面意思来理解它们,那么,就有误读之嫌。有些时候,作家有可能会玩弄修

---

① 原文是:His heart was in his mouth. 字面意思为:他的心在嘴巴里。

辞手法,让我们上当受骗,以字面意义来进行解读,而由此产生的效果则可能会非常具有冲击力。它所展现的仿佛是陈词滥调背后的现实。比如,杰弗里·希尔①对搜寻溺水者尸体的描述所产生的就是这种效果,他冷不丁地迫使我们将"勉强度日"(scraping home)这一隐喻回归到它的字面意思:"默默地,他们趟过不安的海岸/当第一个死者被冲刷回家,捞起他们的亲人。"但假如一个修辞手法可以被运用产生此种效果,那是因为它通常状况下不具有这种意义。我以上提到的这些修辞本质上所具有的模糊性,与字面意义上的描述所具有的模糊性相差无几。

从以上观察中,我想总结出一个教训。在我看来,意义是一种共谋行为。它依赖于说话者、聆听者以及使理解能够发生的社会语境。读者带给文学一种语言体验,而这种体验作家无法忽视。一个文本的意义,就是这一语言的使用者在其中能发现的意义,这点对《格列佛游记》来说是如此,对《为芬尼根守灵》来说亦如此。如果说评论试图阐释意义,那么,它所阐释的应该是某种公开的,并且是可公开理解的意义。因此,它必须为意欲要分析的文本预先设定一个读者,并且将它的评论瞄准那个读者。批评者可以引导读者,但无权对读者发号施令,因为批评者的语言,就像他研究的语言一样,是通过公开的言语实践来获取重要性。这一行为界定了文学读者。我上面所提到的"普通读者",是指将累积起来的意义传递给文本的读者。那些不针对普通读者的评论,偏离了自身的意义,把语言连同文学一起遗忘了。

这点引发了我的第二个观察。我之前提到,解构主义批评忽略意义与联想之间的区别,现在是该解释一下我这么说的意思了,因为假如语言是公共的,那么这一区别必然存在,而且对任何一种形式的文学来说都非常重要。联想不是一首诗歌意义的一部分,而是某一特定评论

---

① 杰弗里·希尔(Geoffrey Hill, 1932—),当代英国最著名的诗人之一。2010年6月当选为牛津大学的"诗歌教授"。

家所作出的贡献,这些贡献多多少少都是随意的。我们不妨举一个例子。约翰·阿什贝利①的诗歌《郊区的日出》里有一行诗,标志着从毫无生机的、乏味的日常生活过渡到对信仰和历史的一瞥。它写道:"然后某个早晨出现了微妙差别(nuance)"。这一想法不免令人吃惊。区区一个微妙差别,如何能实现从不足到丰富,从生到死的转变?这首诗的目的在于以具有说服力的意象展现这一问题的答案。心里默记着这个答案,我们或许思考这一引入了转变的诗行,并试图去理解它所具有的影响力。我们在 nuance 一词中发现了隐藏的双重意义。用作分词时,它可以被理解为"革新"(making new)。这一发现引导我们从"nuance"中提取音节"new",这样我们在余下音节中就能听见"once"这一词的回声。这一"newing"(创新)立刻就产生了。阿什贝利避开了一个显而易见的陈词滥调,在他可能用"一个早晨"的时候用了"某个早晨"。这点看起来有崭新的重要意义。在避免"one"一词的同时,阿什贝利也把它隐蔽地引入了进来。在这一行结尾听到的"once"一词,肯定了一开头据说就存在的"once"确实存在。这一行诗回应了它并未怎么描述的期待,"然后某个早晨出现了一个微妙差别"。我不能确定我刚刚说的是否真实或者有用,但我可以确定的是,决定这件事情的不是我本人。我所感兴趣的是找到一个相关联的、有独立见解的观点。我刚刚是在试图描述阿什贝利诗行的意义,而不是进行个人联想。区别存在于赞同原有意义与从原有意义移开之间。意义是存在的,因为语言表现意义。语言,作为普通读者的财产,在本质上是抗拒评论家们的离奇想法的。因此,假如它不接受我的阐释,那么错误在我。

解构主义批评否认普通读者的共谋立场。它宁愿否认这一读者的

---

① 约翰·阿什贝利(John Ashbery,1927—   ),美国后现代诗歌代表人物,也是美国最具影响力的诗人之一,目前已出版 20 多部诗集。诗集《凸面镜中的自画像》(1976)获得国家图书奖和普利策奖。2008 年,耶鲁大学英文系主任兰登·海默(Langdon Hammer)曾评论道:"在过去 50 年内,没人能像约翰·阿什贝利那样在美国诗坛享有如此显赫的地位。"

存在。这就是所说的"阅读是不可能的"这句话的意义所在。因此,解构主义批评对"什么是意义""什么是联想""什么是随意的""什么是相关的"不加区分。它是批评自恋的运用。我们不妨思考一下对布朗肖的《死刑》所进行的去意嘲讽。如我所说,这一标题所具有的两层意思十分清楚,这两层意思互相支持,并反映叙事特征。(我会说,这个故事是关于一个年轻女性在面临某种死亡时所展现出来的勇气。)这两种意思都是切实存在的,而不是个人的联想。德里达将这一标题与第三种想法,即法语里的脊或者是脊柱,即 arête 联系起来,这一想法在我看来与标题格格不入。接着,他就在故事里寻找这个脊。故事里对此没有描述,即便有,也不会增添任何意义。(arête 一词通常用于烹制鱼或者吃鱼等日常谈话中。)因此,德里达得出结论,脊肯定隐藏在故事结构中。正是这一结构脊具有至关重要的意义,也正是这一结构脊,为不可能的阅读任务提供了起点。由于意义和联想之间的差别没有得到认可,因而我们无法说德里达离题了。

这些通过相关联的想法而将意义滑行到非正统的轨道实际上正是解构主义批评的整体特征,它将文本当成前文本(pretext),并操着一种自身特有的私密的"元语言"。"元语言"目前在批评者中极为时髦,是个非常有趣的术语。它属于逻辑哲学范畴,意为一种谈论另一种语言的语言。这一术语的隐含意义,在现在这一语境下十分清楚。批评者拒绝使用读者的、作者的或者是诗歌的语言。他只使用自己的元语言——站在这一坚定立场,可以更为准确地观察读者和作者的弱点。

然而,这一行为也会带来恶果。既然按照其规则,任何东西都是允许的,评论家的语言已经变得个人化。任何联想,任何术语的使用都被呈现出来,仿佛它们都影响了整体意义。你们普通读者不具有此种语言。因此,你就无法了解,所说的一切是否是有意义的或者是否是真实的。但这一切仅仅意味着,解构主义批评者的个人语言实际上制造出了解构主义佯装发现的距离,即文本与意义之间的距离。那么,为什么要编造出这一距离呢?又为什么有这么多的评论家被说服来采纳距离这一说呢？

我或许能想到一个答案，但这个答案会令人不悦。一种除掉文学意义的语言把读者与文学分隔开来。这样读者就会心甘情愿地把注意力放在评论家身上。但是批评家因为自己的"元语言"而被赋予某种魔力，因为这种语言似乎是知识的宝库；读者是受鄙视的，因为这种知识是他所缺乏的，而且是无法获取的。通过否认文学，批评从而肯定自身，让其看起来似乎是不可或缺的。

因而，批评性元语言表达的是一种权力意志。要理解意义，必须具有耐心和谦卑之心；而陶醉于联想，是对内心自我的释放。它不接受任何自身不愿意接受的权威，它要在名望上和免疫力上不断增长。当个人联想优先于开放的意义时，阅读的艺术也就退缩到一无是处的地步。当读者感觉渺小之时，批评家的形象就会随之显得高大。

解构主义批评的确有其消极一面，也有其积极一面。或许我们只能再次借用希利斯·米勒教授的话来对这些方面进行最恰当的描述："凡是解构必定同时也是建构的、肯定的。解构（deconstruction）一词本身的构成也说明了这一点，它把'de'和'con'并置起来了。"①

---

① 作为词的前缀，de 的意义为"除去"，而"con"则意为"和、共、全"。

5. 英国关联：威廉斯、霍加特与伊格尔顿

《关键词：文化与社会词汇》，雷蒙德·威廉斯著，方塔纳出版社/克鲁姆·海尔姆出版社，1976年；《唯一的连结》，理查德·霍加特著，查特与温达斯出版社，1971年；《流亡者与移民：现代英国文学研究》，特里·伊格尔顿，查特与温达斯出版社，1970。分别载于《泰晤士文学增刊》1976年3月26日、《旁观者》1972年7月1日以及《旁观者》杂志1970年10月24日。

一

作者告诉我们，《关键词》既不是一部词典，也不是某一特定学科的术语表。它也不是关于词典历史的一系列脚注，甚至也不是按序排列的一系列定义。它是"对**词汇**调查的记录：是在最通常的英语讨论中，我们所共享的词语和意义的集合，是我们划归为**文化与社会**的风俗和惯例（practices and institutions）的集合"。该书的写作，与《文化与社会》一书的方法和结论有一定的呼应，但这里所考量的词语并不是文学意义上的，而是日常生活意义上的。其中一个目的，似乎是要揭示现在流行的学术术语模糊性背后所隐藏的思想上的混乱以及观点上的漏

洞。书中所涉及的，都是该书作者认为"难懂的"或者"复杂的"词语，这些词之所以具有这些特征，是因为它们在时髦的辩论中占据着至关重要的位置，因为它们被迫承载着相互冲突的思想流派之主旨。该书囊括多达100多个词条，每一个词条都尽可能简洁，且界定清晰。

毫无疑问，《关键词》展现了大量坚忍勤勉的工作，相当广泛的阅读量，以及在表述的清晰度和准确度方面的才能。该书作者观点严肃，视角独特，因而，即便是在这里，当它第五或第六次付梓时，仍然保留了一些原有的新鲜感。这本书不仅将会在英语专业学生中流行起来，也会在那些急于用当代辩论语言武装自己而又不想费心去了解其缘起的人之中流行起来（这点无疑会让雷蒙德·威廉斯感到沮丧）。同时，它也会因为自己所展现出来的意识形态而更加为人瞩目，而威廉斯教授觉得自己没有义务掩盖或者削弱这一意识形态，事实上，他认为企图掩盖自己的意识形态这一行为本身，恰恰表达了某一套已经过时的价值观，即资产阶级人文主义价值观，这一价值观显然在《牛津英语词典》(OED) 采取的所谓"中立"立场之中体现出来。同OED截然不同，威廉斯教授公开表现出激进立场。而且，自《文化与社会》一书后，他的激进主义开始带有一种明确的时髦转向。威廉斯教授现在能够极为自信地将我们的社会描述为"资本主义晚期"文明的例子之一，并且认为"媒体"一词的意义是"资本主义"所特有的——在这一意义上，报纸被认为是其他事物（比如广告，或者很可能是，政治宣传）的媒介。确实，我们发现这么一种信念，即假如威廉斯所写的这些词汇在被使用时不那么混乱，那么，它所带来的结果，不仅仅是表述上的清晰性而且还有社会主义。

此种教条主义倾向本身没有什么问题。相反，它能给原本看起来干巴巴且又费时费力的调查工作增添些许趣味。然而，威廉斯教授意识形态上的武断，导致了他在讨论各个术语时存在弱点，也让人产生一种学术疲惫的普遍感觉。尽管威廉斯教授在编这本书时必定投入了大量的劳动，我们禁不住会问，他究竟对支撑整本书的预设进行了多少思考。以"家庭"这一词条为例。这个词是从拉丁语 *famulus*（仆人）衍生而来，而且原有的意义比现在具有的意义更为广泛（既指亲属也指家人），了解这点既十分有趣又很实用。但威廉斯教授也意识到，这些对当下讨论基本社会关系的性质及价值方面没有多大关系。因此，在对这个词的现代用法进行讨论时，他设法引入了**资产阶级家庭**这么一个概念，显然，对"家庭"一词的这种使用产生了"家庭与财产"这层意思。尽管这一概念暗示非资产阶级家庭的存在，即一个不把家庭与财产联系起来的概念，这一家庭类型，如同威廉斯教授所描述的那样，不是"经济单位"，然而，资产阶级家庭这一概念所包含的简单化，却很少为人所注意。我们不妨来看一下一些典型的"非资产阶级"家庭。《荷马史诗》里的 *oikos*（我们自己所使用的"经济"一词就是从它衍生而来）是把家庭和财产联系起来，现代无产阶级家庭有这种关联，文艺复兴时期贵族阶级的大家庭亦是如此。这些都代表着"经济单位"。威廉斯教授试图传达的含义——目前存在着的特定的家庭结构，对私有财产制度而言是必须的，而且，不知出于何种原因，两者实际上都不是必要的——依赖于最浅层的观察，这点看起来毫无创见，因而是肤浅的。

正是基于同一个公认概念的语料库，威廉斯教授将文学批评表述为"意识形态的"。

> 不仅因为文学批评承担了消费者的角色，而且也因为它通过一连串对真实反应措辞进行抽象（将它们抽象为判断、品味、修养、辨别力、敏感性、公正的、有资格的、缜密的等等）来掩盖这一角色。而这一点接着又极大地妨碍了对那些不带有判断习惯（或者权利，或者义务）的反应的理解。

这里隐含的意义是，约翰逊博士、F. R. 里维斯，以及其他伟大的文学"消费者"，是仰仗一个不可靠的假设，即文学反应与文学批评完全是一回事，来建立他们的权威。将这一假设推翻之后，我们认识到存在一种可能的文学反应，即那种自发的、停留在"具体"层面上，具有"实践"特点的反应。

通过对"实践"一词的使用,威廉斯教授唤起对马克思主义艺术观的联想,这点值得称道,他试图在短短几句话中就驳倒的,不仅是整个英国文学批评传统,还有源于康德的审美哲学,这种审美哲学认为审美体验与审美判断不可分割。对也许事实上已有人在为他所排斥的观点进行**辩护**这一点,威廉斯教授完全没有意识。正相反,他在表达此观点时,就仿佛它是一种有关批评语言的无意识假设,而我们只需要通过改变语言就能摆脱这一假设。

我们不知所措地发现,威廉斯教授在著作中随时准备滥用词源学家的特权,随时准备从辞典词条必须要简短这点中获益,利用它提出权威观点,而这些观点至少是有争议的,而且时常(就像在这个例子中一样)更是站不住脚的。再看一下与此相对应的道德体验的例子。对某个人的残忍或者懦弱做出反应,而不做任何判断,这种情况有没有可能存在?假如这种反应的确存在,那么,它有任何价值吗?很显然,判断在这里是反应的**一部分**,一个人总是看到其他人的邪恶而内心却激不起任何鄙视或者愤慨的情绪,这种人只能被形容为麻木。或许,威廉斯教授所推崇的对待艺术作品的理想态度,正是这种麻木模式,因为在这里我们也不得不承认(一旦我们开始去思考这件事),反应与判断如影随形,不为品味或鉴别力留任何余地的艺术态度,会成为一种对其研究的客体不加理解的态度。

然而,这本书——及其所代表的精神——最严重的缺点或许在于,作者并未考虑到词语的历史与概念的历史之间的关系。犯此错误的并非威廉斯教授一人;同他一样,米歇尔·福柯也犯了类似错误,他巧妙地混淆概念与词语,提出了解决知识历史的"考古"方法,制造出了一些令人震惊的结论。显然,"家庭"(family)一词的历史并不是家庭概念的历史,因为这个概念在中国有历史,然而 family 这一词语没有。每当我们进行同样的分类时,我们就会得到同样的概念,这是与充足的常识体系共存的;实现某种分类的词语或许不同,但这与概念的历史是毫无关系的。因此，任何关于观念——即便是最通常的观念——的性质和历史的结论，都无法以简单的方式从词源学的研究中得出。

此外，虽然某些概念（比如关于人类的概念）对具有说话能力和理性的大众来说必须是共同的，其他概念的特性来自理论而不是常识，因而必须共享它们所属的理论的历史。威廉斯教授对两种概念不加区分。他所讨论的不仅仅是常用语言中的词汇，比如"城市"与"受过教育的"，而且也讨论只具有专业术语含义的词汇，比如"异化""形式主义者"和"辩证法"。表面看来，威廉斯教授在处理这两类词语时并没有什么不同。无论讨论哪种类别，他都首先追溯词语的历史（一类词语历史很长且很有趣，而另一类则很短而且很乏味），接着就试图在它们所具有的各种当前意义中创造出某种秩序。但是我们无法理解，为什么要把这两类词汇放在一起讨论。要理解"异化"的意义，我们必须理解某个政治理论；要理解"城市"的意义，必须充分掌握当代英语。"异化"一词的真正历史是某个关于人性的理论的历史。一本拓展了的词典的条目能否容纳这样一个历史，就像它能否陈述从牛顿到爱因斯坦的"力学"历史一样，这点并不清楚。

这或许可以解释为什么威廉斯教授所写的理论术语的条目这么枯燥乏味。它同样也能解释为什么他乐意去完全刻意忽略常用词语背后所隐藏的一些重要的理论意义。举例来说，在"传统"这一词条中，他刻意忽略与此相关的整个唯心主义哲学，而仅仅是对某一个浅显的意义随意发表了几句新闻报道似的评论。然而，对威廉斯教授的大而化之，还有另一种可能的解释。因为，在社会看来，"传统"这一概念是一个关键概念，这与威廉斯教授本人的观点相悖。因而，对他的教条主义来说，最合适的，就是默默地忽略掉这一概念的学术内容。

二

在《识字的用途》(The Uses of Literacy)一书中,理查德·霍加特试图描述工人阶级文化如何在大众传媒的冲击下坍塌。他认为,真正的工人阶级文化,已逐步被"大众舆论,大众娱乐产物以及泛化的情感反应"——他所称的"更为贫乏的一种无阶级文化"——所取代。在这部重要的著作中,霍加特的能力,更多地表现在描述具体的衰退现象而不是在深入研究其原因方面。当然,他并不打算将"无阶级的文化"仅仅当做"大众舆论"或者"笼统的情感反应"的工具而加以谴责。从某种意义上说,这些词组同样也适用于霍加特竭力维护的过时的阶级文化。《识字的用途》实际上支持的是一个不那么具有争议性的理论,即文化**必须**只着眼于自身,避免受外界的直接影响,建立在现实感之上,这种现实感是通过传统表述和传统行为方式获得的,而不是通过另一领域的人们,利用一整套陌生的价值观所制造出来的幻想的吸引力而取得的。对霍加特来说,维护工人阶级文化,抵抗媒体的攻击,仅仅意味着维护现实、防止幻想,维护有意义、防止无意义。

鉴于此,当霍加特在他的里斯讲座①里一反常态,拐弯抹角地极力为"大众娱乐产物"进行辩护时,我们感到非常吃惊。当然,广播已几乎不再符合"大众娱乐产物"这一描述。原因在于,广播业似乎有一套标准,如果遵循这些标准,就能把它变成一股有益的力量。广播电台拥有权力去"拓宽我们的选择",藉此,他们或许会变得"必不可少,成为社会的某种酵母。它们会成为促进改变的积极推动者"。这种权力的出现,

---

① 里斯讲座(Reith Lectures)指的是由英国广播公司(BBC)制作的一年一度的系列广播讲座,它邀请不同领域的领军人物就文化、科学、宗教、政治等话题发表看法,并邀请听众共同讨论。里斯讲座最初设立于1948年,是为了纪念提倡公众传媒理念的BBC第一任总裁约翰·里斯,当年的主讲者是著名哲学家罗素。

伴随着令人激动的接触"新形式、新受众,以及某种新的受众群"的机会,接近"没有预设的期盼"、没有"惯常的反应"的未受影响的公众的机会。令人感到震惊的,不是这些毫无创见的看法,而是霍加特在声称自己相信这些看法时所表现出来的非同寻常的庄重。选择的"拓宽"本身或许不是最佳的社会活动这一观念,已然不复存在;同样,霍加特曾经用来看待大众传播这一产业的怀疑主义,也已荡然无存。他这样告诉我们,只要我们的广播电台思想开明,只要他们不顾一切地讲真话,那么,它们就没有什么值得我们害怕的地方。媒体有可能通过自身形式传播幻想,而且不论其内容如何——无论是否开明、公正、翔实——这一提议似乎都已经最终被遗忘了。

如果说霍加特在此方面已经改变了观点,那是不恰当的。与其说他的思想改变了,不如说是他的思想已经堕落到了最低水准。他不是一个乐观主义者,但从一开始,他就相信消息灵通的必要性,相信那些一旦我们愿意放下姿态去了解,就会向我们敞开的可能性。他对广播进行辩护的唯一一个前提,也就在于此。他没有作进一步阐述。他想要"沟通"的渴望,似乎已经取代了思考的必要性。他试图通过列举塑造他自己观点的种种经历,来消除读者的疑虑,其中最主要的是他最近移居法国的经历。但是,早在这个大变动事件之前,这些事情已经在他的内心产生影响。"这些年来我一直在记录那些给我留下深刻印象的各种事物——事件、评论、姿态。"他写道。比如,他已经注意到某些在日常会话中使用的短语(例如,"你真该瞧瞧他看我时的那个样子"或者"你以为你在跟谁讲话?"),不只是表达想法,而且描述和建立了各种关系。他留意到,沉默可以是人与人之间交流的一种形式,语气能传达隐含意义,一个阶级或许无法理解专属另一个阶级的"信号"符码。他发现,"个体很重要,个体比社会更重要",也发现"关于其他生活方式,我们都需要学习很多",以及我们无法期望"巴黎能有温和的社会关系"。("我想,"他写道,"这或许与认定暴力是政治生活进程的一部分这一观点的某一点相关联,虽然我对此不是很确定。"人们禁不住会猜想,是什么具有决定性意义的经历,能够确定他对此问题的看法。)

该书具有一定的信息量。例如,我们了解到巴黎的许多女佣房间里仍然住着佣人;在联合国教科文组织工作可以积累许多经验;乔治·奥威尔在收集色情明信片时,会说"到了关键时候,人总是会展现出英雄气概"——霍加特对此流露出极大的钦佩之情。在作为里斯讲座讲师的时候,霍加特感到他可以谈论"友情概念",仿佛这是种重要的新观点,或者认为人与人之间可以沟通这一事实(或者,用他自己时髦的话来说"相互影响")是个"非常广泛的,而且,据我所知,是一个未经证实的论断"。无论这些通过无线电说出,或者是赤裸裸地记录在书里的思想产生了怎样的影响,它们都不过是滑稽可笑的。霍加特的这些思想激不起我们的兴趣,就如同他发现诸如"现在和永远我们都是孤独的"这样的表述感人,或者是他对知识分子和艺术家会在这么大的程度上顺从特定的国家意识形态感到悲哀,或者是他和上了年纪的女士在一起时才会特别感到自在这些事实激不起我们的兴趣一样。

我们把《识字的用途》一书放下时,对该书作者以这样有局限性的方式进行讨论感到失望。他轻松地进入了对"文化"进行解释这一任务,但他表达自己思想的语言使文化显得毫无意义。他打开了自己思想的闸门,然而,随之流出的,不过是浅浅细流。

三

除康拉德、艾略特和 D. H. 劳伦斯之外,特里·伊格尔顿对所研究的其他"流亡者和移民"都只是一笔带过。伊格尔顿先生试图要表现什么并不是很清楚,他似乎认为,因为近来英国文学都是被"外国人"统治,所以,这使得当代英国文化必定具有某种特点,而这一特点使我们必须站在外部才能理解英国文化。我们或许会认为,这一开始听上去是个大有可为的想法,直到我们想起,像斯威夫特、斯科特或哥德斯密斯一样,叶芝、乔伊斯都不算是外国人;庞德的创作很少,乔伊斯的创作从不涉及英国社会;而詹姆斯和康拉德(最多)也只有一半的时间在描写英国社会。① 或许康拉德**选择**用英语写作,而不是法语或波兰语这一事实有着某些重要的意义。然而,这是否会比卡夫卡选择用德语写作,或是里尔克(在其创作中期)选择用法语写作意义更重要呢?② 我怀疑,伊格尔顿不认为类似这些证据跟他的主题相关;他研究文学的方式是极为形而上学的。对他而言,真正的作家,是要对自己的文化体验进行"整合",并在此基础上实现"超越"。只有当艺术作品可以呈现文化的所有要素之间的"灵动关系"时,文化在艺术作品中才能被"整合";通过"整合",艺术家可以"超越"他目前处境的压力,并能毫无偏见地呈现他身处其中进行创作的"文化"的全景。衰落的英国文化,能从外国人的视角进行最佳"整合"。

这意味着伊格尔顿在指责(并且总是在指责)沃、格林、奥威尔、康

---

① 斯威夫特(Jonathan Swift, 1667—1745),英国作家、政治家,生于爱尔兰都柏林,代表作品为《格列佛游记》;斯科特(Sir Walter Scott, 1771—1832),苏格兰历史小说家、诗人,代表作品为《艾凡赫》;哥德斯密斯(Oliver Goldsmith, 1728—1774),英国剧作家、小说家、诗人,出生于爱尔兰,小说代表作品为《威克菲尔德的牧师》,最出名的两部戏剧是《善性之人》和《屈身求爱》;叶芝(W. B. Yeats, 1865—1939),爱尔兰诗人、剧作家,是爱尔兰文艺复兴运动的领袖,曾参与爱尔兰民族主义政治运动,代表作品有《钟楼》《盘旋的楼梯》《驶向拜占庭》;乔伊斯(James Joyce, 1882—1941),英国作家,生于爱尔兰都柏林,是 20 世纪最伟大的作家之一,主要作品有《都柏林人》《青年艺术家的画像》《尤利西斯》《芬尼根守灵夜》;庞德(Ezra Pound, 1885—1972),著名诗人,意象派的代表人物,出生于美国爱达荷州,1908 年定居伦敦,一度成为伦敦文坛上举足轻重的人物,代表作品为《在地铁站内》;詹姆斯(Henry James, 1843—1916),小说家、心理分析小说的开创者之一,出生于美国纽约,1915 年加入英国国籍,主要作品有《贵妇画像》《鸽翼》《使节》《金碗》等;康拉德(Joseph Conrad, 1857—1924),生于波兰,1886 年加入英国籍,1889 年开始用英语创作小说,代表作品有《吉姆老爷》《黑暗的心》《水仙号上的黑家伙》等。

② 卡夫卡(Franz Kafka, 1883—1924),小说家,生活于奥匈帝国统治下的捷克,受的是德语教育,用德语进行写作,代表作品有《变形记》《城堡》;里尔克(Rainer Maria Rilke, 1875—1926),奥地利诗人,1897 年游遍欧洲各国,会见过托尔斯泰,给大雕塑家罗丹当过秘书,并深受法国象征派诗人波德莱尔的影响,1919 年后迁居瑞士,代表作品有《祈祷书》《新诗集》《杜依诺哀歌》《致奥尔弗斯的十四行诗》等。

拉德等在表现英国生活方面存在某些缺点或不公正之处。① 他们没有整合自己的文化(整合文化意味着什么,伊格尔顿并没有说)。但是当涉及这点时,一个不能"属于他自身经验"的作家,才犯了真正意义上的罪。而犯这种罪的方式,也似乎是没有穷尽的。一段拙劣的煽情剧(《滑稽圆舞曲》②中发生在街道上的一个场景),对缺乏自重的主人公的刻画(斯科比、克里以及格雷厄姆·格林所塑造的其他"身不由己的男主人公"③);一个太过于顽固但对所批评的对象又不提出其他选择的讽刺(沃):这些都只是一个作家及其经验彼此之间可能无法契合的某些方式而已。

毕竟,伊格尔顿所要猎取的是意识形态。这个任务对现代小说批评者而言,是个较为艰巨的任务。总体来说,詹姆斯、康拉德、乔伊斯以及他们的追随者们已经养成了一种福楼拜式的**无动于衷**:他们试图表达的不是他们自己的信念与感觉,而是他们所塑造的人物的信念与感觉。这使猎取意识形态者的处境更加困难:同伊格尔顿一样,他得时不时地把注意力转移到一些作品上去,在这些作品中,剧作家的"神圣职责"会不时遭到背叛,即那些处于次要地位的小说家,如奥尔德斯·赫胥黎、乔治·奥威尔与格雷厄姆·格林等人的作品。因此,我们常常在伊格尔顿的书中,找到他长篇大论地对一些小说家所犯的错误进行诊断。与他本人严肃的教条主义相比较,这些小说家的作品看

---

① 沃(Evelyn Waugh, 1903—1966),英国作家,代表作品有《衰落与瓦解》(*Decline and Fall*)、《一抔尘土》(*A Handful of Dust*)、《旧地重游》(*Brideshead Revisited*)、《邪恶的躯体》(*Vile Bodies*)等;奥威尔(George Orwell, 1903—1950),英国作家,代表作品为《动物农庄》《一九八四》。

② 《滑稽的圆舞曲》(*Antic Hay*, 1923)是英国作家赫胥黎(Aldous Huxley, 1894—1963)的一部长篇小说。赫胥黎是著名的生物学家托马斯·赫胥黎之孙,最著名的作品是反乌托邦小说《美丽新世界》(1932)。

③ 格雷厄姆·格林(Graham Greene, 1904—1991),英国作家、剧作家、文学评论家,主要作品有《布莱顿硬糖》《权力与荣耀》《问题的核心》等。斯科比系《问题的核心》(*The Heart of the Matter*, 1948)一书的男主人公,而克里则出自格林的另一部小说《麻风病治愈病例》(*The Burnt-Out Case*, 1960)。

起来只能显得格格不入,孤独凄凉,如同一名患了麻风病的孩童,无意中闯入了癌症病房。

当他把注意力转向一部伟大的小说——《在西方的眼睛下》①时,他的方法立刻造成了一个错误的阐释方式。他无法将康拉德的间接叙事技巧看成形式上的手段;相反,他认为,叙述者已被包含于小说的主题之中。康拉德希望唤醒对拉祖莫夫的性格和经历的典型特征的反应,同时为读者保留塑造成这些特征的一些神秘性。为此目的,有必要使用一个对独裁政治的理解有局限的叙述者。占据整部作品全部主题的是拉祖莫夫。然而,在伊格尔顿看来,该作品实际上是关于叙述者所持有的英国保守主义态度,与日内瓦俄国流亡者的革命无政府主义态度之间的冲突,而拉祖莫夫以警察间谍的身份进入这样的社会。伊格尔顿指责康拉德"支持"叙述者的态度,并且指责他在没有经过真正考察的情况下,就对无政府主义者的态度观点表示不屑。这是他的典型特征。伊格尔顿时常把小说看成"提出的问题",并为这些问题"找到解决办法";解决办法就是小说所支持的"论点"。果真如此的话,为什么文学还没有被社会学取代?

这一阐释的真正失败之处,在于它漠视拉祖莫夫的内心挣扎,漠视一种恐怖的力量在拉祖莫夫心中所产生的影响,这种恐怖在西方凝视下,看起来似乎如此陌生,并且是以如此奇怪的方式建立。该小说不是描述拉祖莫夫如何"被激进主义者摧毁";他们对拉祖莫夫的惩罚触动我们的地方在于,这种惩罚清除了拉祖莫夫自身所具有的自我毁灭的恐惧。

伊格尔顿的书也有可圈可点之处:《T. S. 艾略特和神话的使用》一文颇为睿智、风趣,对格雷厄姆·格林的许多批评也很中肯。但是,整本书被吹毛求疵、贯穿始终的偏见破坏了。我们甚至怀疑,在作者眼

---

① 《在西方的眼睛下》(*Under Western Eyes*)是康拉德公开描写政治的一部小说,发表于 1911 年,它的主人公即是下文提到的拉祖莫夫。

中,有重要意义的并不是**文学**。伊格尔顿只对意识形态感兴趣,而他到处搜索的正是这些意识形态,甚至试图在伊夫林·沃的早期喜剧中盲目寻找,造成的效果却是,某个毫无幽默感可言的警察,在一个小丑的衣服里到处翻找手榴弹。

6. 艺术、语言与纳尔逊·古德曼

《艺术与认知》,大卫·珀金斯和芭芭拉·伦纳达编著,约翰·霍普金斯大学出版社,1977年。原载于《泰晤士文学增刊》,1977年8月12日。

自从黑格尔写到艺术是思想的"感官呈现",即艺术是一种象征行为,这一理论决定了最为流行的艺术本质的概念。然而,没有人能够对这一"象征主义"进行令人信服的描述。它指的是一种事物还是多种事物,它是再现的问题还是惯例问题,是个人反应问题还是语言规则问题,而且艺术象征的是什么?思想、感情、客体、事态,在后来的唯心主义者们各种混乱的猜测之中,出现了一种严格的区分——再现(representation)与表现(expression)之间的区分,对外在于我们的世界的描述与内在思想表现之间的区分。后者,在表现主义者看来,是艺术的真正目标,而再现充其量不过是实现艺术的途径。

近来,更多的哲学家希望保留这个区分,但又没有信心轻慢其中任何一方,因而他们承认表现和再现两者都存在,作为独立的但又相互补充的过程,通过这些,艺术呈现出它对世界的暗示(intimations)。或许,在这些哲学家们中,最著名的要数美国人纳尔逊·古德曼,他是科学哲学中一个重大悖论的发明者,他的《艺术语言》一书是分析哲学为美学作出持久贡献的首部著作。在写作此书的过程中,古德曼创立了一个名为"哈佛零计划"的协会,其目的是对艺术欣赏和艺术表现的各个方面进行调研。这一计划的工作情况,在这里汇编起来,既包括哲学研究,也包括心理学研究,其中许多研究采纳、重申、改变、修改或者意图运用《艺术语言》中所提出的艺术象征主义这一普遍理论。

古德曼的计划看起来并不陌生。它试图在象征主义中寻找艺术的本质,并在某个符号的普遍理论中寻找象征主义的本质。这一计划执行起来,虽口头上引人注目,但内容空洞贫乏,它在法国以及意大利的咖啡屋进行,在这里,它被称为"符号学",但在盎格鲁-撒克逊哲学中,因为对基本逻辑的普遍尊重,"符号学"几无立足之地。

古德曼的"语义"艺术理论来自他早先著作中所阐释的坚定的唯名论,这种唯名论认为,语言与世界之间的关系,基本上是不可理解的。然而,这一事实并不总能被古德曼的批评者们所理解。而且,正如现在这卷书所展示的,他的追随者们也未能十分透彻地理解。在古德曼看来,语言与世界之间的关系,就像其他任何关系一样,能在它的形式结构的意义上被描述,在对称、自反性和可递性这些逻辑范畴的意义上以及相关客体的意义上(在这种情况下是语言与事物之间的关系)。但除了这种形式分析,没有其他什么可说的。语言是贴在事物上的标签,但是在试图"贴"的过程,在使用语言时,必须以它试图解释的对象为先决条件。

古德曼用"指称"(reference)一词来表述语言与事物之间的关系,而且在他的观点中,名称和谓语都具有指称意义。区别在于,名称指的是一种事物,而谓语指的是多种事物。对"属性"的指称可有可无,这是古德曼唯名论的另一个方面;只讨论谓语就足够了,既然是红色与被谓语指称为"红色"是同一回事。

有时,"贴标签"过程包括了这两个方面。一种颜色样本是它所拥有的颜色的符号——比如,红色。因此,它指的是"红色"这一标签。因而,在这一情况下,谓语"红色"既指称样本,同时又被这一样本指称。古德曼在分析中将表现视为这种双向标记的一个特殊例子,而再现则是非双向标记的一个例子。使我们有可能谈及"特殊例子"的,不是某个关于标记关系内在结构的事实——因为,既然它是不可理解的,就没有内在结构——而是标记所属的"象征系统"的某些形式属性。

正是由于古德曼理论的不严密性,才使它能被如此直接地应用于艺术领域。因为它能很容易地显示,绘画与其主题之间关系的形式属性——图画"再现"的关系——与指称的形式属性相等同,故得证。如果它将我们引向的并不是什么对关系的新理解,我们也不必担心,因为我们被告知的是,没有什么东西是要被理解的。这就是唯名论所表达的思想。

事实上,如果我们将指称认为是名称与客体之间的关系,那么,将它看成完全是不可理解的就是错误的。因为显然,"象征系统"的某些属性破坏了它神秘莫测的外表,使人们有可能进一步表达有关语言与世界之间的关系。弗雷格展示了语言的**句法**属性如何展现并阐释它的语义关系。他指出,词语的指称(被指称的客体)必须为它所在句子的条件作出系统贡献,使其为真实句。

塔斯基(Tarski)在形式上发展了这一理论,指出了如何从一个句子各个部分的指称中,推导出这一句子为真的条件,他也因此证明了指称与真理之间"生成"关联的存在。近来的哲学家和语言学家都利用了这些睿智的见解。因为他们展现了人们如何通过理解语言的基本部分来了解整体。他们因此开始指出语言**如何**在那些使用它和理解它的人们的头脑中,与世界产生关联。

而再现体系的突出特征,比如绘画,如同古德曼所说,就是它们在"句法上的密集"。在任何两个绘画再现之间,都会出现与两者中任何一个都不相同的第三个,不管这种差别多么细微。因此,存在着无限的句法连续体。所产生的结果就是,弗雷格的指称理论,因它要求句法上的破碎,而无法被应用。

但是假如情况如此,那么,艺术的语义理论就失去了它所具有的主要优势。因为,语义理论似乎暗示我们如何**认知**艺术作品:我们认知艺术作品,就像我们认知语言一样,而古典指称理论能够被用来解释"认知"是什么意义。然而,古德曼的"指称"被泛化的程度超出了古典理论的有效范围,这样一来,我们无法将我们的语言知识应用到绘画领域,而且我们无法假定两者证明了某种共同的理解过程的存在。绘画与主题之间关系的神秘性仍旧存在,而指称与再现之间的相似看起来不过是所耍的一个花招而已。

这一异议十分重要;因为只有与语言的类比足够具有说服力,语义理论才能提供对艺术认知的解释。然而,即使我们承认异议的存在,在古德曼的理论与其他已被大众认可的艺术哲学之间,仍然存在重要的差别。因为这一理论提出,与语言一样,艺术是技巧问题,是一个能够在符号中系统阐明对世界的指称的问题。

通向艺术创作和反应的适宜心理学,似乎已经开启,就是一种关于在对艺术符号的操纵中所使用的技巧和能力的心理学。正是古德曼理论中的这一方面,似乎在《艺术与认知》的作者中激起了最强烈的兴趣,他们中大部分人的研究都集中于艺术创作和艺术表现中的心理学,以及技巧的本质方面。让整部著作具有某种程度的连贯性的,是编者们以古德曼式的风格写就的具有连续性,且行文巧妙的评论。古德曼备受推崇的原因,就是他采用的这种冷面诙谐、华而不实的修辞手段。然而,尽管如此,这部书的内容高度多样化,除了一个核心主题之外,还触及多个与审美选择的本质和心理学相关的主题。

在古德曼本人所写的一篇具有典型特征的文章之后,接着就是一个对电影"符码"进行哲学讨论的长篇论文。索伦·肖诺普的这篇文章行文清晰,令人钦佩,文章反复重申《艺术语言》中的理论,并试图将其应用到电影中。作者提到电影中所使用的"符码"时,就仿佛在戏剧描写和交通标志之间不存在什么重大差别;事实上,在古德曼式的语义学的层面上,在两者之间的确并不需要做出什么大的区分。因此,电影"符码"的审美意义似乎不可能把握。当然,用哪一个词语来表示电影和其主题之间的关系并不重要,但对"符码"一词的使用,暗示了这一关系的一个具体理论,它是一个与肖诺普的分析不相符的理论。我们从分析中所得出的全部内容就是,看一部电影时,我们了解它的主题;这不过是重复了我们对再现最基本的直觉。在一篇试图在信息转移的意义上分析再现概念的文章中,T. G. 罗帕斯所讨论的就是直觉问题。

罗帕斯的这篇文章与众不同,因为它包含一些对古德曼观点的中肯批评。(从流畅的评论中,很难看出编辑们是否注意到这一事实。)然而,人们可能会质疑,罗帕斯在表述思想时,是否有必要使用古德曼所提供的那个笨拙的理论工具。

其他文章,不管是哲学的或是心理学的,都十分关注对艺术技巧的理解。古德曼理论的一个醒目特征是,它似乎部分地摧毁了艺术与科学、艺术与工艺之间的唯心主义区分。自康德以降,审美认知既不是理论的也不是实际的,这已经成了普遍观点,但从某方面来说,审美认知**自成一体**(sui generis)。就像该文集的标题所暗示的那样,作者们不接受这种观点。因此,如果他们能清楚地说明自己不赞同这种观点,而不是陷入到心理审美的暗淡光线中,只靠着一个信条来引导着他们,那么,这点会更加有价值。

不妨看一下古德曼的表现(expression)理论。大部分美学(专业)的学生,都会为古德曼如此轻易地将美学简化为一种语义属性、一种象征模式而感到某种程度的惊诧。因为"表现"在传统上被用来表示一种特殊的审美成就,而且对表现而言没有任何规则或者公式,而表现客体的生产也没有程序,这是一种存在已久的唯心主义命题(黑格尔、克罗齐①和科林伍德分别以不同的方式对其进行了表述)。科林伍德②对此观点表述如下:表现不是要为人类情感寻找象征符号,而是要通过表现

---

① 克罗齐(Benedetto Croce,1866—1952),意大利唯心主义哲学家,对科林伍德有相当大的影响。

② 科林伍德(Robin George Collingwood,1889—1943),英国哲学家、历史学家和美学家,表现主义美学的主要代表人物之一,主张只有表现情感的艺术才是真正的艺术,否认艺术的基本功能是反映和展现社会生活,认为再现艺术都是伪艺术,并把再现艺术的美学理论斥为"技巧论"。主要著作有《宗教与哲学》(1916)、《心灵的思辨》(1924)、《历史的观念》(1936)、《艺术原理》(1938)。

这一行为,逐渐了解情感是什么。表现是对内在生命的部分实现,是使原本不可言喻、混乱不清的事物明白易懂。一位已经能够确定他力图表达的情感的艺术家,或许确实会利用某一规则,即"用 y 来表述 x"这一形式的规则。然而,他其实也不需要这么个规则,原因在于,如果他能确定这一情感,那是因为他已经将其表现出来了。因此,表现不是一种在实现之前就能确定其目标的行为,它不是一种能在目的和手段意义上被描述的行为。而这就是在艺术与工艺之间做出基本区别的一个基础。

科林伍德的思想很复杂,而且有些部分含混不清。但是,它提出了一种认知艺术的方法,这种方法比语义理论更为精妙,也更为合理,然而,令人奇怪的是,语义理论的拥护者们甚至从来没有花费任何心思思考过这点。欧洲美学的整个传统,都反对表现的关联可以从某种意义规约或者规则层面上去描述这一观点,并且也反对本书的作者们所接受的观点,即艺术创造是一种技能,因而艺术与工艺之间的区分是不合理的这一观点。人们会想知道,到底是傲慢还是无知,导致了这些作者对这一传统,以及这一传统所产生的所有辩论和概念完全不在乎。在一篇文章中人们发现,有人断然声称,批评是与实践知识(或是如同作者V. A. 霍华德所表述的那样,"程序化的技能")相对立的"命题知识"(propositional knowledge)的一种形式,这的确令人感到惊讶。康德的美学传统一开始就声称,批评"没有概念",这一主张显得引人注目,当然,不论这一传统美学有什么错误,目前为止应该承认的是,批评不可能只是被简化为"命题知识"这种形式,而它的终点也并不是要获取理论知识,而是要转化经验。

假如研究艺术技巧这一计划更加清晰地被呈现出来,这种对传统理论的漠不关心,就不会显得有这么重要的意义。然而,编辑们所提供的概念——有关符号系统、再现、表现以及标记的概念——都在心理实验的过程中迅速被遗忘,而且似乎没有其他概念取而代之:没有概念的实验都是盲目的。这一点也丝毫不令人惊讶。看一下音乐作曲的艺术就知道原因了(珍妮·班贝格在题为《寻找曲调》的文章中就探讨了这一点)。不需要多少观察就可以发现，在此种艺术中，首先要做的事情就是发现一个正确的音调，这种能力与语义规则的应用没有多少关联。尽管有各种理论将音乐吸纳入语言，将音乐认知吸纳入语义认知，敏感的观察总会指向另外的方向。

或许一开始看起来让人惊讶，但诗歌的情况亦是如此。因为在这儿，我们同样关注对正确事物，正确的单词、短语或者意象的寻找。而且，辨别正确单词的能力，不能被简化为一种语义技巧。它是一种在单词之间进行选择的能力，**尽管**这些单词具有相同的语义属性，比如，在一个有名的莎士比亚的例子中，选择使用 sans 而不是 without 这个单词。这是在词与词之间进行选择的能力，如弗雷格表述的那样，这些词具有相同的意义但具有不同的语调。而观察只是再一次证明了将"语调"吸纳入语义范畴中不能成立。一个单词的语调，产生于它的使用以及约束着这一使用的规则。语调因此不能成为一个规则的**主体**。

事实上，"艺术创作心理学"可能指的是什么，这一点并不十分清楚。假如我们把古德曼理论看成已被证实的，并且把每一种艺术形式看成一个"象征"的"体系"，那么，我们当然就能开始将艺术创作看成一种技能。但它看起来又根本不像是一种技能，即便技能是它所包含的必要成分。而这应该是提供了一个论点来反驳古德曼的理论。毫无疑问，谱写一篇仿泰勒曼式的"餐桌音乐"[①]会被认为是一项技术活，但这恰恰是因为它在音乐上是毫无意义的。所有元素都已经给出，剩下的就只是依据规则将它们组合起来。巴赫或者莫扎特的音乐作品的"意

---

① 泰勒曼(Georg Philipp Telemann, 1681—1767)，德国作曲家。他沟通了以巴赫为代表的后巴洛克时期的音乐和以莫扎特为代表的早期古典主义音乐，他以娴熟的作曲技巧把巴洛克传统对位法、意大利的歌剧色彩和优雅的法国管弦乐组合起来。作品包括40首歌剧、44首受难曲、12套礼拜音乐以及数不清的清唱剧、歌曲和乐器作品。与莫扎特正好相反，他虽然在世时很受欢迎，但逝世后逐渐被遗忘，直到20世纪30年代才再次被人发现。"餐桌音乐"(Tafelmusik)是泰勒曼器乐作品中的重要组成部分，这种音乐体裁是当时人们在宴席时演奏的，故得名。

义"特性，正源于它具有超越纯技能方面的能力。谱写一部音乐作品，利用规则只是为了能超越这些规则，而且，假如这一创造行为恰好是由其结果所具有的意义来界定，那么，它就无法被看成是对技巧的运用。

　　因此，人们发现这里所记录的心理探索，具有一种明显的枯燥乏味的特征，这一点并不奇怪。他们记载了奇怪的实验，在这些试验中，测试对象被要求找到一些词汇来置换一首诗里的某些词，或者通过在电脑上打字把一首"合理的"旋律拼凑起来。在没有任何概念可以用来描述这些结果的情况下——这一失败并不是"零计划"的心理学家们所特有的，但正如当代哲学家们已经反反复复地、但又徒劳无功地所指出的那样，对所有的心理学家来说都很常见——尽管读者对实验细节感到困惑，但在他们看来，这些实验是一种令人吃惊的时间浪费。尽管这一计划的成员满怀信心，而且尽管（用其中一位撰稿者的话来说）他们正"精心地、充满想法地处理着手头正在进行的工作"，人们不得不对"零计划"取得的成就表示质疑。

　　这个计划仍然是一个十分有趣的计划，而且，假如具有合适素质的人能被吸引进来，它就能取得令人满意的结果。但是，假如这些人能被吸引进来，这并不是被这一计划的出版物所吸引，而是因为这一计划创立者所拥有的卓越才华。

7. 想象力

《想象力》,玛丽·沃诺克,费伯—费伯出版社,1976年。
原载于《泰晤士文学增刊》,1976年10月15日。

在18世纪,想象力这一概念的兴起,篡夺了原本由鉴赏力这一概念所占据的位置,并且变成了美学理论中的一个普遍概念。结果,批评便与心灵哲学纠缠在一起。从康德到科林伍德,我们发现了同样的尝试,要把美学与道德在同一个思想能力下结合起来,而通常,"想象力"一词便被选来表明这一结合。这点并不令人感到奇怪。自启蒙运动伊始,想象力便不仅在美学领域,而且在形而上学以及知识理论中被加以研究。不论是休谟还是康德,都不认为想象力有什么特别之处,也不认为人们所具有的想象力有什么不同之处。对他们两人而言,正是想象力把零散的感官数据编织起来,形成一个有图案的外部世界的形象。它为我们提供了我们关于过去和未来的信仰,以及对什么才具有可能性的意识,没有这种意识,就不会有对现有事物的认知。虽然想象力偶尔会迸发,但我们往往发现它栖息在常识的笼中,平静机械地模仿着它对外部世界平淡无奇的观察。

正是康德以最强劲的方式,推动了这一"普通"想象力理论的发展。他认为,想象力是一种在任何感知行为中都会被运用的能力,是在一切意象和认知状态的形成过程中起到积极作用的一股力量。还存在一种与萨特和维特根斯坦有关的"特殊"理论,在他们看来,想象力只在某些时候、而且只在某些特殊形式的感知、意象以及思想中显现。依据他们的观点，记忆，举例来说，虽然包含有意象，但不是对想象力的运用。

这两个理论之间的争论，看起来或许只是措辞上的；实际上，它是一个更为严肃的争论。假如我们要像柯勒律治一样采纳普通论，那么，我们就会发现，艺术体验就不再令人困惑了。实际上，在想象体验中所运用的能力，与在日常感知中所体现的能力并无二致。因此，要展示前者如何阐释后者，以及后者如何赋予前者内容，就不存在问题。然而，如果我们采用特殊论，美学就变得更加深奥了。

玛丽·沃诺克主张普通理论，并且认为整个想象力的历史都证明了这一点。从休谟到梅洛—庞蒂，我们不由得发现对想象力无所不在这一点的强调一脉相承，当柯勒律治把想象力呈现为知识的最高形式时，他（显然）不过只是重复哲学里一个公认的真理而已。沃诺克夫人认为，在他的理论中（或者更确切地说，假如他具有一个思想体系的话，那些已成为他的理论），我们发现了一种对康德认知论的深刻注解。沃诺克夫人这本著作有许多可贵特点，其中之一就是她阐明了这一影响链条，并且将《抒情歌谣集》和《序曲》①中的哲学置于真正的历史语境中。

为什么我们要接受普通理论？为什么我们要认为有一个单独的官能被运用于观看、记忆以及想象之中，而为什么我们又会认为"想象力"是这一官能的恰当名称呢？我不能肯定。休谟曾说，我们赋予客体以同一性和延续性，尽管我们的感知具有瞬间性和碎片性的特征。因此，我们对世界的信仰是基于想象之上的，它填补了经验与经验之间参差不齐的缝隙。没有人真正相信这一点。只有先通过对恒定客体的辨

---

① 《抒情歌谣集》(Lyrical Ballads) 系英国浪漫主义诗人威廉·华兹华斯 (William Wordsworth) 和萨缪尔·柯勒律治 (Samuel Taylor Coleridge) 合作撰写的诗集，出版于 1798 年，这一诗集的出版具有划时代的意义，它标志着英国文学挥别新古典主义时期，步入了浪漫主义时期。《序曲》(The Prelude) 则是华兹华斯的长诗，也是他具有代表性的作品，发表于 1850 年。

别,人们才可能获取经验知识,而我们运用想象力来**建构**世界这一想法显然是荒谬的。

康德更隐晦一些。他认为,如果不事先将客体假定为持续的、同一的,就没有任何一种感知能够存在。而不是像休谟认为的那样,我们先有认知,然后再利用想象力将它们组织起来;相反,感知已经被编进所需要的统一中。我们获取经验,是"超验综合体"产生的结果,它使经验符合认知的概念。"综合体"中所使用的工具之一就是想象力。然而,想象力以神秘的方式运行。我们只能看到它运行所带来的产物;而过程则是"超验的",因而一直都是不为人知的。

康德的理论很有意思,但事实上几乎是无法理解的。根本不可能有什么"超验"过程,我们也无法理解一种运转永远无法被考察的"官能"到底是什么意思。事实上,"官能"这一概念也是不连贯的。它是一个哲学把戏,是试图在形而上学的意义上去理解整个哲学结构,并且试图将实际上是心灵哲学中的难题,转变为本体论问题。

沃诺克夫人似乎也准备承认这点。"官能"语言,她说,充其量只是个隐喻。然而,当这一语言被丢弃时,普通想象力理论还剩下什么?尽管沃诺克夫人的著作阐述清晰透彻,这点令人钦佩,但我们很难从中得出连贯的答案。她的讨论基本上是历史性的,而不是批评性的。而她所提出的那些批评,也并不总是具有说服力。

萨特拒绝普通想象力理论,因而遭到攻击。他这样描述想象力:它假定某一客体为不存在(用他影响颇大的一个词语来说,就是假定为"一个虚无")。然而,在记忆和感知中,这一客体被假定为真实。这确实是一个切合实际的特点吗?此外,萨特的描述难道不是准确地捕捉了那些通常被称为"想象力"的例子中所具有的困惑吗?沃诺克夫人反对记忆意象和虚构意象之间具有更多的相似性而非差别这一说法,因而,萨特的理论言过其实了。然而,讨论意象之间的"相似"之处,显然十分具有误导性。一个意象所具有的主要特征,即那个决定着意象作为脑力行为的本质特征,就是它与客体之间的关系。意象不是关注的客体,而是关注其他事物的模式。与其说它是具有属性的一个事物,不如说它是一种对客体属性进行设想的方式。

有关意象的重要问题涉及客体:它是把客体假定为真实的还是虚构的?而把客体假定为虚构的是什么意思?最后的这个问题是整个想象力哲学中的核心问题。如果要正确理解任何一种通常被描述为"想象"的行为,这是一个必须回答的问题。而仅仅只是专注于那些所有意象的共同特征,这个问题就永远无法得到回答。那么,我们为什么要试图同化感知和想象,既然这么做会让想象力理论中最重要的一个问题找不到答案?一旦我们抛弃"官能"这一行话,我看不出想象力的"普通"理论中还剩下些什么吸引力。

沃诺克夫人阐述了许多哲学,并且在著作中花了相当大的篇幅讨论所谓的现象学"方法"——实际上就是她自己似乎最认同的那个部分。没有人了解(或至少,没有人成功地表达)这种方法到底包含什么。它理应与内省区别开来,但沃诺克夫人似乎对此并不是十分确定。当她说到休谟的理论并不适合我们的想象经验时,她就成了现象学家吗?或者,那也只是个"经验"观察呢?如果某个人说**他的**意象**的确**是休谟描述的那样,那么,沃诺克夫人将如何回答?这里,正确的标准是什么?当萨特说虚构的意象假定客体为不存在时,他是一个现象学家吗?如果是,原因是什么?这是人们通过研究意象,或者用以描述意象的语言,或者表述意象的行为,而学习到的某种东西吗?现象学中没有任何行话能让我们回答这些问题。然而,在我们能回答这个问题之前,我们如何能了解意象是什么?

如果我使用现象学"方法",那么,在某种方式上,是由**我自己**,通过某种神秘的抽象过程,来决定我的思想状态的显著特征。典型的结果应是这样:当我看的时候,我被呈现于一种外表面前,而这一外表在感知的"意向行为"中,被附加上事物无法看见的深度、实质、稳固性以及阴暗面。

这一描述事物的方式,可以追溯到启蒙运动的想象力理论,它将事物描述为一种力量，而这种力量以某种方式在认知中起到"积极"作用，将客体的可见碎片聚合起来，而且以某种方式把它们与未被发现的、不可见的部分结合起来。沃诺克夫人就是如此理解的，而且她提供了许多现象学分析的有趣例子，将它们与康德理论中更偏重精神猜测的方面相比较。而康德的理论的合理性，并未因这些例子变得更多一些或者更少一些，这一事实让人不禁怀疑，现象学是否能够对此问题做出任何重要贡献。

除此之外，沃诺克夫人彻底忽略了一个事实，即现象学，不论它是什么，都无法向我们呈现感知的本质，而只能呈现自我意识的感知特性。在现象学分析中，"我"已经被假定。就是通过这一把戏，现象学隐喻才开始让我们信服。这样一来，我们可以人为地强迫行为和客体分离，然后又创造一个虚假过程将它们结合起来。现象学没有描述意识内容，它只是对意识内容进行了干预。

也存在着没有自我意识的感知。我的狗，不是一个政治动物（zoon politikon），他缺乏关于自我的知识和概念。然而，他在花园里见到我，听到我呼唤他，在他靠近我的时候嗅嗅我。他是在想象中整合不完整的经验信息吗？你愿意这样说的话，就这样说吧，但不要以为你在那儿所称的"想象力"跟"假定虚构"的能力是相同的，没有了后者，就很少会有道德体验，也不会产生对艺术的认知。我们一旦拒绝相信官能之说，以及现象学家们具有欺骗性的自我陶醉，重要的事实就不再是想象力与感知之间的相似性，而是两者之间无法逾越的鸿沟。只有一些动物具有想象力，但所有的动物都具有感知能力。如同萨特和维特根斯坦反复强调的那样，想象力之中的思想过程是积极的；它具有一种自由的特性，这种自由产生于客体已知的不真实。因此，想象力在我们的掌控之中。我能命令你去想象火星上有生命存在，但无法命令你去相信它、感知它或者记忆它。

这个事实具有至关重要的作用。因为它显示了，想象力是理性存在个体所特有的，是那些智力能力超越了对当下的固恋的生物体所特有的，而对当下的固恋不过是动物生存所具有的特点。假如人们仍然坚持认为，所有感知（不管是"超验的"，还是"意向的"，还是其他什么）都包含一个"综合"过程，那么人们必须要么坚持说，这样一个过程终究与想象力是不同的，要么坚持说，它们是相同的，那么，我的狗，他缺乏想象力，因而就无法看见。

8. 由虚构到真实

《火与日：柏拉图为什么要流放艺术家，1976年罗曼尼斯讲座》，艾丽丝·默多克，克拉伦登出版社，1977年。原载于《泰晤士文学增刊》，1977年11月25日。

艾丽丝·默多克的罗曼尼斯讲座①为柏拉图的思想提供了一个富有启迪性的介绍，虽然表面上看起来，这个介绍仅仅局限于讨论那个臭名昭著的诗歌禁令，却勾勒出了柏拉图体系的大体轮廓。默多克小姐并不是在争论，而是在思考；像她的小说那样，她的思考将牢靠的常识与敏捷的想象力结合起来。作为思考者，她思维混乱，但很严肃，而且很显然未受任何对未知的恐惧的影响。默多克小姐对柏拉图的思想特质，以及他所具有的从任何一个简单问题中提取出大胆的形而上学的答案这一无与伦比的才能，极为感兴趣。由于她坦诚地表达出自己的热忱，并用对文本的全面知识来加以支持，她的这本小书不仅会对学术研究有用，也一定会被一般大众所欣赏。毋庸置疑，无论是内容还是表述，在严格意义上说都不是正统的，但像柏拉图这样高境界的哲学家，不会因这种偏离传统而受累。甚至是最狭隘意义上的学术，也一定会

---

① 罗曼尼斯讲座（Romanes Lecture）是享有盛誉的免费公开讲座，每年在英国牛津的谢尔登剧院举行。它开始于1892年，名称来源于这一讲座的创始人生物学家乔治·罗曼尼斯，许多来自艺术界和科学界的知名人士都被邀请来演讲。

对默多克小姐的自信留下深刻印象,而正是基于此种自信,她能够看到柏拉图在不经意对艺术进行谴责时,所揭示的整个形式哲学。

从更广泛的方面来看这一问题确实有用。乍看起来,柏拉图将诗人和画家从理想国遣散的理由,不仅让人吃惊(做出这种行为的是哲学家中最伟大的诗人),而且也是幼稚的。诗人都是骗子这个说法有误:欺骗和虚构之间是有区别的,这个区别是一切有理性的人都能认识到的。诗歌以滑稽可笑之事为乐,戏剧表演无疑是有伤风化的,或者绘画所提供给我们的,仅仅是一个仿制品或是一种假象,因为远离它所表现的主题的现实,正如主题远离其**形式**一样,这些说法也都是不正确的。

在思考最后一点时,将绘画和摄影进行对比,是件很有意思的事情。肖盖先生的照片确实可能只是一个假象——因为它捕捉的只是一个转瞬即逝的外观,不包含这个人的任何部分,而且像所有照片一样,它主要专注于感伤的、不相干的情感。照片传达很多信息,但它所传达的信息是偶然的、短暂的。塞尚为肖盖先生所画的肖像则不是这样。肖像试图表现整个人物,他的性格以及他的重要性。它试图引起那些或许与肖盖先生素昧平生的人,那些对他没有任何个人兴趣或者也没有任何理由去了解他的存在的人们的共鸣。任何对肖盖先生外观转瞬即逝的表现,都无法像塞尚的肖像画那样传递给我们如此多的信息。肖像并不专注于对短暂事物的世俗欲望,没有对趣闻轶事的冥思,也没有怀旧式的幻想。它试图提供的,不是对某个特定的人或者某个特定时刻的知识与理解,而是对一个人整体上的知识与理解。这样的艺术,将自身从对任何昙花一现的事物的关注中解放出来;这样一来,它就与柏拉图的精神理想接近了。

大部分被误以为是艺术的东西,都不过是影子游戏,这点没错。但同样的,艺术已经具有而且现在仍然具有一个目的,那就是超越生命短暂的事物。正因为此,第一个对柏拉图道德上的极端拘谨主义进行指责的亚里士多德,认为诗歌比历史更具有普适性,更能实现柏拉图所要求的从当下的、偶然的、特殊的事物中解放出来。的确,诗歌或戏剧所表现的是特殊性,但它同样也表现了普遍性。此外,它与普遍性的事物有这种关联,正是因为它所表现的是某种虚构,亦即从现实偶然的运行方式中剥离出来的某一特殊事例,应被理解为一种客观、非个人的概念,而不是一种威胁或者允诺。虚构——真正的虚构——非但不是欺骗,反而是一种认知工具。只有在虚构变得机械时,才成为谎言。因为在那个时候,虚构所响应的不再是思维能力而是冲动。那时,虚构就只不过是幻想,而幻想与虚构不同,它总是与现实抗争。(这也是为什么柯勒律治认为有必要把幻想与想象区别开来。)

这些都不是默多克小姐的思考。不过,这些思考都让人联想起她在柏拉图对艺术的讨论与弗洛伊德对同一主题的零散评论之间建立起来的关联。虽然弗洛伊德是在"追求享乐"这一方面对艺术进行思考,但说他也把艺术看成是"沾沾自得的伪分析和伪启蒙",毫无疑问是错误的,正如默多克小姐似乎暗示的那样。弗洛伊德曾在一句名言里谈到,艺术家创造了一条道路,让幻想重新回到了现实。这想必是亚里士多德在答复柏拉图时内心的想法(这一答复里也包含了他的宣泄理论)。

幻想既简单,而且(当它成为所追求的唯一目标时)又具有毁灭性,因为它牵涉到要为切实存在的激情创造不真实的客体,而在真正的艺术中,激情和客体都是想象的。在人的内心蕴藏着一种向外扩张的力量,弗洛伊德称之为"力比多"(libido),柏拉图称之为"厄洛斯"(eros),对幻想的追求将这种力量引导偏离轨道,从而无法真正得以实现。当这种情况发生时,自我被剥夺了完善与活力的来源。因此,唤醒了幻想的艺术家就具有了道德责任,要摧毁幻想表面的魅力,要运用它来对抗自身的本质,目的是追求、俘获、理解什么是真实:这个就是问题,这个就是最艰难的任务①。

默多克小姐对所有这些都有所意识。但她表述这一点时缺少所需

---

① 原文为拉丁语,*hoc opus*,*hic labor est*。

要的清晰度和严密性。她是否真的愿意直截了当地提出自己的观点并为之辩护,这点并不清楚。令人吃惊的评论在文中会突然出现——比如,引导我们研究**先验**合成物的是美的吸引力,又比如,西方艺术已经"秘密地运用自己的权力,使它声称要服务的宗教变得僵化",而且也没有任何支撑。虽然任何哲学家都不会乐意接受的陈词滥调(艺术"熟知罪恶,而且易于美化罪恶"或者"自由艺术是自由社会的最本质方面")从思考的流动中浮现,带有一种不相称的、虚假的权威。或许,在一本意图成为(而且也成功地成为)简明扼要且又面面俱到的书里,这点是难以避免的。然而,读者或许会时不时地希望多一些论证,少一些武断,尤其是在一些段落里(这样的段落很多),这些武断的言论是默多克小姐本人的,还是柏拉图的,这一点并不明确。

她本人的观点——当我们能辨别出来时——是敏锐的,有启发性的,但这些观点又无法不证自明。方才提到的论点,即西方艺术往往使它声称要服务的宗教变得僵化,就是一个引人注目的论点。但果真如此吗?的确,但丁、米开朗基罗、弥尔顿以及巴赫,都在自己的作品中声称为基督教服务。然而,这些作品利用自己的影响力使基督教僵化了吗?很难了解默多克小姐这里所说的究竟是什么意思。毫无疑问,教会是病了,而且是病入膏肓。但是,那些造成这种病态的人们,对西方艺术的传统所知甚少(如同新礼拜仪式充分阐明的那样),而且也不具备学习《神曲》或者《圣马太受难曲》①的能力——这些作品已为世世代代的男人女人,而且不仅仅是受过教育的男人女人,提供了宗教情感的具体表达。毫无疑问,这些想法并没有驳斥默多克小姐的观点,她的观点比这些想法所暗示的要更为敏锐,而且也更关注西方艺术的历史趋势。但是,这仅仅表明要是表述更清楚一些,这将会是多么有趣的观点,同时也表明,其中所使用的艺术概念是多么近期的一个发明。确

---

① 指但丁的《神曲》(*The Devine Comedy*)和巴赫的作品《马太受难曲》(*St. Matthew Passion*)。

实，从某种意义上来说，默多克小姐使用的副标题非常具有误导性。柏拉图试图流放诗人和画家，而不是音乐家或者建筑师。对此作出截然区分，表明柏拉图对艺术的看法与我们大相径庭。这点也不足为奇，因为柏拉图，不像默多克小姐，从未读过黑格尔。

9. 伪绘画

《关于当代艺术：帕威尔讲座集 1968—1973》，伯纳德·史密斯编著，克拉伦登出版社，1975 年。原载于《泰晤士文学增刊》，1975 年 7 月 25 日。

关于当代艺术的帕威尔讲座，每年都在澳大利亚全国举行，目的是纪念立体派艺术家约翰·帕威尔，他的遗赠帮助建立了悉尼大学帕威尔美术学院。此次结集出版的最初六个讲座，由多个直接或间接参与当代艺术的德高望重的人撰写完成，但凡想要寻求对我们时代绘画和雕塑进行通俗易懂的描述的人，都会对此书感兴趣。没有一位艺术爱好者能完全意识不到当代绘画令人不满的状况。这些讲座的作者也间或承认，艺术爱好者的问题应该被陈述出来，即使这一问题不值得回答。如同克莱门特·格林伯格在本书开篇充满活力的讲座中所言：

> 即使本身不是或者不用表达真正令人惊叹或者原创的东西，艺术就能够具有令人惊讶的影响力，这点已经变得越来越显而易见。具有令人吃惊、叹为观止，抑或是令人心烦意乱这一特征本身已经被规约化了，成为不会出错的、良好鉴赏力的一部分。

不幸的是，他的评论在此戛然而止。当我们谈及重要问题，即一个现成的排便的装置，或者一个普通的、没有任何装饰的盒子，何以能具有艺术品的价值，格林伯格所给出的答案，是能想象到的答案中最缺乏创意的：当这个盒子有感情、充满想象力，它就是好的艺术；当这个盒子没有感情、缺乏想象力，它就是糟糕的艺术。然而，问题在于，一个普通的盒子如何、什么时候才能被感知或不被感知，充满想象力或者是缺乏想象力？

事实上，经历了印象主义、野兽派、立体派以及更为近期的改革之后，很少有评论家敢于在谈论任何一个当代的"流派"或者"运动"时，指出它名不副实，或者没有这一"流派"或"运动"，绘画的境况或许会比现在更好。一切一时兴起的、随意的产物，现在都必须认真对待，而且当一名艺术家如果要想进入消费者主导的博物馆和美术馆的领地，就必须具备特殊的自我宣传技巧，那么，是否该用什么审美标准去区分成功与不成功的艺术，这一点就并不总是十分清楚。当然，这些标准在书中也并不总是十分显眼。有时，就像在帕特里克·哈钦斯那篇关于当代现实主义的十分有趣的文章里，我们的确会发觉自己被引导着去理解正在讨论中的艺术作品。但是，即使在那里，尽管描述很生动，然而解决理解问题的方法，也不外乎是约定俗成的思想游戏（*jeu d'idées reçues*）。绘画与摄影之间的关系问题深奥难解；哈钦斯先生没有意识到这些困难的存在，这一点严重贬损了他对钱伯斯、丹比和科尔维尔等人作品的讨论。那些画家所具有的冷静的、敏锐的观察力，以及超人的感知力，被描述为现实主义不太恰当，恰恰是因为他们的摄影式的技术，从画布上移除了现实主义者的时间意识。

或许这本书里最有意思的，是理查德·沃尔海姆所写的一篇文章，他试图用哲学语言来描述当代绘画所面临的关键难题之一，即难以形成风格这一问题。沃尔海姆教授的观点是，现代艺术家被迫追求知名度的方式，显然不利于风格的形成。他谈到，这里所说的强制性力量指的是经济因素，这个外力施加的结果就是使当代绘画内容贫乏，并且限制了其表达力。这一观点是被试探性地提出的，它有重要的哲学依据，并且以非常独到的新颖方式进行阐述。倘若该作者对他的怀疑主义更为坚定一些,他的观点或许会被阐释得更为清楚;但这足以对这本书里以查尔斯·米切尔和唐纳德·布鲁克所代表的没那么理性的当代艺术批评风格提出严重异议。

米切尔先生的文章,带有一副虚伪的学院派作风,并且对奥尔登伯格、沃霍尔以及白痴马塞尔·杜尚盲目崇拜,是书里最令人不快的文章。贯穿这两篇文章以及它们意图批评的艺术中,最活跃的精神就是杜尚的精神。杜尚比其他任何现代艺术家都更坚决地使视觉体验隶属于文学观念,并且用枯燥无味的荒诞想法取代真正的想象。因为,尽管现代艺术有好坏之分,但大部分现代艺术都是追随风尚的一时之作,它把艺术标准鄙弃到历史的垃圾堆中,并且提出纯粹的个体体验是绝对独立自主的。把这种艺术变得体面起来的,正是杜尚或者是杜尚的代言人安德烈·布勒东①。这种艺术是要被接受的,而不是被评判的,而且生怕人们不了解**如何**去接受,它出现时就已经备齐了指南、节目评注以及人工合成的阵阵热烈掌声。事实上,一种特殊的语言已经发展起来,以便在批评之声还未能发出之前,就将其击退。在任何一个学术活动领域里——从现象学到控制论,冒充知识分子的人和假充内行的人这两股结合起来的力量,都被利用起来以提供必要的专业术语,并且一种独一无二的风格也已发展起来,制造了一种不容反驳的绝对权威感:

> 现在,我们能够区分……与本质上是事物的客体相关联的判断,和那些外在于实物存在的那些判断……如何放置变得非常关键,而此前在对艺术作品的某种特定属性进行确定时,如何放置也没有如此关键。同样的一根横梁,竖起来与横着就不一样了。

> 难怪,一些新的雕塑作品刻意避免部分的变化,也刻意避免使用多色彩等等,它们往往被认为是消极的,枯燥的,虚无

---

① 安德烈·布勒东(André Breton, 1896—1966),法国作家、诗人,超现实主义的创始人。

主义的。这些评判产生于将作品与立体派美学原则所建立的期待相对照,在立体派美学原则中,从作品中所要获取的一切,都严格地限定于具体客体的内部。而现在的情况就更为复杂,更为广泛。

以上引语出自罗伯特·莫里斯(布鲁克先生对此进行了引用),他本人的作品的确是消极的,枯燥的,虚无主义的。然而,事实是,像莫里斯这样的艺术家,并不十分反对使用这样的标签来描述他们的作品:他们的艺术是"文学"艺术,用作争论的话题,从一开始就陷入到一个由一知半解的概念织成的网中。这是一种脱离了视觉认知的真正历史的艺术,而它的新颖性没有从以往传统中汲取任何有用的价值,因而,在视觉意义上仍旧是无足轻重的。摧毁了众多当代艺术中的视觉完整性的,正是过度的、愚蠢的冗词赘语,以及有意识地对未被领会的"美学"概念的关切,它使本该是真正发展的时期变成了与空洞的新鲜事物的盲目调情。没有哪儿能比艺术学院极度的学院主义更能明显地体现这一点了,在这里,被达达主义扼杀的愚蠢笑话,以一本正经的姿态庄严复活,有时甚至被表现为对我们"资本主义"世界所具有的"结构"与"范畴"的"挑战"。

最后一篇文章更为传统一点,多少让人联想起海顿①的回忆录。这篇文章的作者帕特里克·海荣,借机向澳大利亚公众解释了自己具有的重大意义。他的论点得到不少独立舆论的支持,而且包含了至少八个从评论性文章中摘录的长篇引言(所有引言碰巧都是他本人所写)。文章风格亲切,直截了当,每二十五个单词里就有一个第一人称

---

① 海顿(Benjamin Haydon, 1786—1846),英国画家,擅长历史画。他一生为经济问题所困,曾有数次因债务问题被投入监狱,1846 年自杀。他曾主讲艺术的讲座,并且写了大量的日记。1839 年,在日记的基础上,海顿开始撰写自传。在自杀之前,他已完成了 1820 年之前的部分。1853 年,他的自传以三卷本出版,书名为《本杰明·罗伯特·海顿的一生》(*Life of Benjamin Robert Haydon, Historical Painter, from his Autobiography and Journals*)。

单数代词。这篇文章为了解创作过程提供了一些令人惊讶的洞见。例如,海荣先生这样描述他自己风格转变过程中的一个重要时刻:

> 我的 1956 年画展被归类为塔西派(tachist)。但在我的画作中,一笔一画,或者说斑点(taches),越来越采用垂直方向,每幅油画最后也因此只包含巨大的、互不关联的垂直笔画。在 1957 年早期,我想,我感到法国人所称的塔西派以及美国人所说的行动绘画中表面到处是鲜明的轮廓、千篇一律的松散以及太过呆板的涂鸦,有必要在画布的边缘地带稍微多加强一些严格控制,我让手臂把一些垂直笔画延伸,直到它们接触到画布顶端和底端的边缘……①

尽管艺术世界仍然对这一发现所产生的影响不知所措,但海荣先生采取了更为大胆的举措,他已将绘画进展到:

> 全部意象只包含这些长长的、垂直的笔画,这些笔画色彩各异,在图画布局上,所有笔画或多或少都是从顶端延伸至底端。就在同一个月,也就是 1957 年 3 月,我完成了后来被称

---

① 塔西主义(Tachisme),第二次世界大战之后出现于法国的绘画派别。塔西(tach)一词意为"斑点、脏点、污点、污渍",故又称为"斑污派"或"涂抹派"。它与美国的行动绘画较为接近,创作中任凭画笔的扫、滴、洒、泼等无意识的自动发挥,从而抛弃了立体主义的形体结构,直接在画中以直觉和偶发性因素创造感情。行动绘画(action-painting),20 世纪 40 年代中期出现于纽约的一种绘画形式,也称抽象表现主义(Abstract Expressionism)或塔西主义(Tachisme),20 世纪 50 年代风靡美国画坛并波及欧洲。行动绘画的名称来自美国批评家 H. 罗森伯格在 1952 年对这种风格的批评,它是无形式的、即兴的、动感的、有生命力的、技巧自由的艺术,是用来刺激观察力。画家作画时抛弃了一般的绘画工具,以枝条、泥铲和滴漏颜料、掺沙的碎玻璃等作涂抹,笔触快速有力,并以"满幅画"的新线条和节奏来寻求全新的画面,无焦点透视关系,可以说是以线条和色彩的偶然性的重叠和渗透来对传统绘画进行反抗。这种绘画艺术与绘画中一切传统形式相背离,追求一种画面和色彩的偶然效果。西方美术史论家认为中国画的泼墨方式与行动绘画相似,画面效果有接近中国书法艺术的趣味以及美感。行动绘画的创始人为波洛克(Jackson Pollock, 1912—1956),他作画时把画布钉在地上,围着画布像跳踢踏舞似的走动,用棍棒蘸上油漆,任其在画布上滴流。代表作有《波西弗依》(1943)、《集中》(1952)等。

为彩色线条画系列中的第一批。

令人惊讶的是,虽然在任何地方,这些画无疑都是首批线条画,海荣一开始并未意识到自己改变了现代绘画的整个进程。"被称为'彩色线条绘画'的东西在当时并不存在,甚至连这个概念也不存在。"

这一对创作过程的揭示,以及对布鲁克先生和米切尔先生的美学观点所提出的洞见,会让这本书成为任何一所艺术学院图书馆里受欢迎的一个新增收藏品。此外,该书采用非常小的字体印刷,页面是时髦的不对称设计,它所具有的能引起偏头痛的特质,也让它能与布里奇特·赖利①的最佳作品相比肩。

---

① 布里奇特·赖利(Bridget Riley, 1931—),英国画家,欧普艺术(Optical Art)的主要代表人物之一,代表作品为《瀑布第三号》(1967年),现存于英国国会罗曼美术馆。欧普艺术起源于20世纪60年代的欧美,指的是利用人类视觉上的错视绘制而成的绘画艺术,因此又被称为"视觉效应艺术"或者"光效应艺术"。它主要采用黑白或者彩色的几何图形的复杂排列、对比、交错和重叠等手法,造成各种形状和色彩的骚动,有节奏的或者变化不定的动感,给人以视觉错乱的印象。事实上,欧普艺术就是要通过绘画达到一种视知觉的运动感和闪烁感,使视神经在与画面图形的接触过程中产生令人眩晕的光效应现象与视幻效果。出于这一目的,欧普艺术作品摒弃了传统绘画中一切的自然再现,在作品中使用黑白或者强烈色彩的几何抽象,在纯粹色彩或几何形态中,以强烈的刺激来冲击人们的视觉,令视觉产生错视效果或者空间变形,赋予作品以波动和变化之感。虽然欧普艺术盛行的时间并不长,到20世纪70年代就开始走向衰落。但它变幻无穷的视觉印象,以及强烈的刺激性和新奇感,广泛渗透于欧美和日本的建筑装饰、都市规划、家具设计、娱乐玩具、橱窗布置、广告宣传、纺织品印染,以及芭蕾舞、电视观赏等等领域,在国际上产生了很大影响。

10. 音乐符号学

《音乐符号学导论》，J. J. 纳蒂埃著，巴黎，1978 年。原载于《剑桥评论》，1978 年 6 月 2 日。

潮流要求应该有一本关于音乐符号学的书，而且这本书应该是个大部头，内容晦涩难懂又内敛含蓄，而且如果有可能，应是用法语写就。纳蒂埃先生完成了这部著作，将自己的主题铺展在 448 页纸上，充满着犹疑和不确定。的确，他大量地并且大篇幅地引用符号学同僚的观点，我们可以很确定地只将书中大约 200 多页的内容归功于纳蒂埃先生本人；然而，即便是只写了其中的一页，也早已冒犯了读者的智力。原因在于，正如纳蒂埃在第一章第一句话里所坦白的那样，"符号学从来未曾存在过"，这一事实却一点也没有阻止他描述符号学的音乐基础。然而，让我们不妨暂且思考一下本书的标题。它所提供的不是**特定**音乐符号学的基础，而是**一种**音乐符号学的基础。这是否意味着，存在着不止一种符号学？或许两种？或者三种？一百种？无限多种？而只存在唯一**一种**物理学，这是否会让物理学比符号学更科学一点或更不科学一点，更丰富一点或者更贫瘠一些？答案是显而易见的，要是纳蒂埃先生和他的同僚们停下来思考一下该有多好。假如看起来似乎有不止一种符号学，那是因为现实中一种都不存在。正像纳蒂埃先生所说，这一科学无比鲁莽地从索绪尔语言学的死灰余烬中变戏法般地突然冒出来，实际上并不存在。

然而，谁曾说过符号学是一门科学呢？其一是它的创立者。在《普通语言学教程》一书中，索绪尔将符号学定义为"符号的一般科学"，并断言它有存在的"权利"。在 20 世纪 60 年代，发明符号学就成了符合潮流的趋势。1964 年，罗兰·巴特的《符号学原理》面世，他从索绪尔、雅各布森以及叶斯列夫（Hjelmslev）等人那里借用了语言学这门未成形的科学中所有不成熟的术语，并用一种带着欺骗性的傲慢来展示它们，这种傲慢时而看起来像是洞见。不那么机敏的冒充内行者小心侍候着他，并带着悲痛目睹他们的导师后来的古怪举动。正像是一个真正的时尚女装裁缝那样，巴特也意识到门徒训练的危险性。他很快丢弃了"科学的"伪装，编织了一张卖弄学问之网（围绕愉悦这一令人震惊的主题），并且慢慢淡出视野，只留下自己的一身行头。但是，这身行头也具有诱惑力，它多彩的伪装在捍卫无知时，已被洗劫一空。

"符号"一词有许多含义。我们会认为云预示着雨，与"*je m'ennuie*"表示我感到无聊的方式是一样的吗？当然不会。从科学的角度来说，这里并不是只存在**一种**事物，而是成千上万种。共同的部分，只不过是两者表面上很少的特征，它对我们来说很熟悉，就像我们对纽扣的功能很熟悉一样。符号的共同本质，是肤浅的；符号学假装它很深刻而已。因此，纳蒂埃在提出音乐是一个"符号"之后，能够接着说，"我们对音乐知之甚少"（45 页）。治疗纳蒂埃先生无知的良药，不在于他正在试图寻找良药的那个地方；他只需要合上书本，打开双耳。

认为我们可以将新兴的语言学科学所产生的一些体面概念，转移到对音乐的研究中，是错误的；更为错误的，像纳蒂埃所做的那样，是转移那门科学尚处婴儿时期的牙牙学语。当然，音乐是或者可能是一种语言这一观点，自卢梭以来已备受重视。已故的德瑞克·库克①带着英国人十足的纯真，表达了这一观点，而这种方式唯一的优点就是，它显示库克的理论是错误的。库克将音乐视为一种符码，一步步都与词典意义相符合。他忽视了语言的一个基本特征，而正是这一特征赋予

---

① 德瑞克·库克（Deryck Cooke, 1919—1976），英国音乐家及音乐理论家。

语言以普遍性、可学习性以及描述力——这就是语法特征。音乐片段所具有的意义，如库克所解释的那样，导向的是整体上的无意义。因此，他的"解密"从来都不具有说服力。库克所描述的不是意义，而是表述，而表述则不遵循任何规则，因而不受词典规则的支配（否则的话，我们每个人都能成为莫扎特）。

那么，符号学家希望为这一惨淡事业增加的是什么？恰恰正是语法特征，或者被称为"结构"（往往暗指列维-斯特劳斯①的人类学），或者被称为"句法"。例如，尼古拉斯·吕韦特②认为音乐是一个"符号学系统"，因为它"与语言或其他符号系统共享一些共同特征——比如，都有句法"。（《语言、音乐与诗歌》，巴黎，1972年）纳蒂埃似乎对吕韦特（我认为，他是音乐"符号学"的真正创立者）怀有怨恨，因此，他发出了晦涩难懂、含混不清的反对之声。然而，他接受了音乐"句法"这一概念，并认为它充分证明了符号学家所设定的前提，即音乐是"符号"这一前提。一旦被接受，句法概念就被每一种能够获得的技术术语装饰起来。音乐句法变成了一个"系统"，具有"纵聚合"结构和"横组合"结构。（巴特对菜单做了同样的分析，艾柯分析的则是建筑；我本人已经准备了对铁道列车的横组合结构进行分析。这些都意味着，在音乐领域里，就像在铁道列车系统一样，每一个项都会限制前面或者后面的项）。纳蒂埃间接提及了乔姆斯基的"生成"语法[纳蒂埃拒绝接受这一理论（53页），假借的理由是它没有区分言语理论与认知理论]。纳蒂埃借助一切可能增加"句法"描述复杂性的因素，借助一切"模型"（用他的话说），或者"标准"，为了做出对那个"中立层面"的描述，在这一层面上，音乐仅仅以纯粹的语法形式存在，清除了所有人为原因和人为影响。纳蒂

---

① 列维-斯特劳斯（Claude Lévi-Strauss，1908—2009），法国社会人类学家、哲学家，结构主义人类学创始人，法国结构主义人文学术思潮的主要创始人。

② 吕韦特（Nicholas Ruwet，1932—2001），语言学家、文学批评家、音乐分析家，生于比利时，师从列维-斯特劳斯、乔姆斯基（Noam Chomsky）以及雅各布森（Roman Jakobson）。

埃对逻辑术语显而易见的滥用——诸如"变量""标准""模型""元语言""集"——实际上是一种迷惑读者的手段，使其产生一种幻觉，认为这是一个深刻的、困难的研究，一种缓慢的分析"remontant de niveau en niveau"①。但既然这一分析的目的从来未被揭示，我们只能认为这些困难是纳蒂埃捏造的。即便是在书的结尾，他仍在提出一开始就应该已经解决的简单问题，诸如，方法问题、目标问题以及主题问题。符号学是"无趣的训练"(exercise aride)（417页）这一描述，在陈述四百多页里已经取得的实际成就时，已经得到了很好的证实："对同一作品的不同分析进行比较这一活动"，从中"只能产生关于不同的音乐符号学家或他们所属的流派所采用的标准的问题"（410页）。那么，我们所拥有的，就是更多有关"标准"的"问题"；"标准"是什么，它们是由什么构成的，或者它们的目的是什么，这些问题都从来未被阐明过。[但纳蒂埃的确试图（264页）将音乐"范式"定义为"标准的集合"，就像人们可能会将大象定义为一堆角，或者是把湖定义为一系列的游泳一样。]

我们也不应为这一混淆而感到惊讶。因为，吕韦特和纳蒂埃所称的音乐"句法"并非此等事物。我们用"句法"指的是，产生可被接受的句子的规则体系。句法结构的概念就是潜在**意义**的概念。没有一种句法系统不反过来依赖语义学系统，即一个从其各个部分的意义来获得整个句子意义的系统。在缺乏语义解释的情况下，谈论句法就是使用一个隐喻而且还是一个具有误导性的隐喻。它暗示一个并不存在的结构的在场。"纵聚合"和"横聚合"这些行话，没有增添任何东西，能够排除这一困难。提及音乐句法存在的全部意义，不外乎是音乐展现出线性发展（风格也是如此）。然而，句法的重要意义在别处，在于它所展示的语义内涵之中。塔斯基②（发明了"元语言"一词，被符号学家无知地

---

① 法语，意为"循序渐进"。
② 塔斯基（Alfred Tarski，1901—1983），波兰裔犹太逻辑学家和数学家，1939年移居美国，执教于加利福尼亚大学伯克利分校，主要研究领域包括模型论、元数学和代数逻辑。

滥用了)为这一点提供了理论基础。当然,就像弗雷格的著作一样,塔斯基的著作,以及由他的著作所催生的所有自然语言语法中颇具影响力的研究,都被纳蒂埃忽视了。而这样也是无可厚非的,因为,既然音乐不是一门语言,形式语义学就不适用。然而,纳蒂埃所借用的理论也就不适用。

当然,显而易见的是,音乐虽然在某些方面**像**语言,但在关键的语义方面与语言不同。(人们不会用像"正确""错误",或者"你在撒谎"这样的评论来对音乐的乐句进行反馈。)音乐不具有什么意义(除了它自身)。纳蒂埃简要地提到了表达(在音乐中,它与语言含义没有什么关系),但很明智地将它搁在一边。他也没有把音乐是一种图像艺术这一概念当一回事(148页)。这似乎也是错误的。或者说,它至少需要经过论证才能建立,而论证则不是纳蒂埃风格的构成部分。音乐,如同服装和建筑,或许会**模仿**世界的特征。然而,有必要区分模仿与再现,复制与描述。在任何情况下,除了这些简短的、未经论证的影射,纳蒂埃并没有试图提出音乐形式具有语义维度。他的分析仍旧是纲要式的,而分析的意图,不是作者的能力能够解释的,因而,也肯定不是我的能力能够解释的。

然而,我们是否应该简单地拒绝音乐与语言这一类比?在某一点上(399页),纳蒂埃断言,将语言"模式"转移到音乐上面并不是隐喻性的。在下一页里,他将音乐的语言学理论描述为"巨大的科学隐喻"。那么,显然,关于这一主题,纳蒂埃能告诉我们的东西甚少(或者很多,假如你接受这么一种观点,即一切皆产生于矛盾之中)。不过,他提到了这么一个事实,将大部分人的注意力吸引到那个语言类比之上,即音乐或许会被**误解**这一事实。那么,我们从音乐中理解的是什么?换句话说,除了音乐之外,我们所理解的有没有某种**其他**东西?(在语言中,除了句子之外,还有意义。)纳蒂埃(继莱伯维茨在《勋伯格及其流派》①之后)留意到了音乐认知这一概念。但是,他将其理解为一种解决问题

---

① 莱伯维茨(René Leibowitz, 1913—1972),法国作曲家、指挥家、音乐理论家。

的态度。他接着谈论一种分解活动(discrétisation),要求对"结构"进行"分析",并且涉及"模式""标准""符码"。但这显然是错误的。想想《佩利亚斯》①前奏曲中起首的几小节:

纳蒂埃苦苦思索这一片段的调性问题,同时为如何正确地描述发生于第 5 小节和第 6 小节之间的和弦而大伤脑筋。实际上,在此前发表的一篇文章中,纳蒂埃对比了不下于十种对这一片段的分析,指出每一种分析都是接近音乐句法的方式,因而,我们认为,也是对音乐句法进行解码迈出的一步。对纳蒂埃而言,问题在于 D 小调的调性(或者说 D 小调调式)始终贯穿前四个小节。那么,第 5 小节的第一个和弦的情况是怎样?大多数人会说——随你怎么描述,只要你正确地听就好。(曾经有一个学生让亚纳切克②描述某个和弦,他紧握双手,回答说,"一个像**这样**的和弦"。)然而,莱伯维茨(《摩登时代》,1971 年)确信这是主导的 G 调的第七个和弦,伴随着一个降半音的第五和弦;而某个范·阿普多恩先生则把它当成一个法式第六和弦的第二次转位。除

---

① 这里指的应该是德彪西的歌剧《佩雷亚斯与梅丽桑德》(*Pelléas et Melisande*)。

② 亚纳切克(Leos Janáček,1854—1928),捷克作曲家。

了它非常困难，以及我们明白了，即便是对最简单的音乐作品进行描述，也要使用多少不同的"标准"这两点之外，纳蒂埃先生对此问题没有明确的看法。那么，看起来，"我们对音乐知之甚少"。

然而，幸运的是，为了理解《佩利亚斯》的前奏曲，人们不是非得进行这些奇怪的探索。你如何描述那个令人怀疑的和弦并不重要——除了一点，就是一些描述提出了错误的倾听方式。（例如，莱伯维茨提出了胖子沃勒①的一个和音。德彪西从来没有像一个爵士音乐家那样，对第五调降半音；他只不过是使用了三全音音程。）对听觉来说，明显的是，"调式"片段与紧随其后的各个节之间情绪与基调之间的对照。这些小节之间的和声，实际上直接来源于全音音阶（而且低音乐器的摇摆三全音被用来否认主音感，就像在《齐格弗雷德》②的前奏曲的第二幕一样）。全音和声支撑着全音旋律（或许是用两个调子谱就的最伟大的旋律）；它赋予了旋律那种流浪的、辛酸的氛围，德彪西在整部歌剧中所利用的正是这种氛围。所有这些不用描述就能听到，任何一个对其误解的人，只要对全音音阶有所了解，都能正确地聆听这一篇章（比如，通过聆听《面纱》③）。这样一来，建立一个描述乐章的"标准"有何意义？通过建立"标准"这一活动，我们能学到什么？而我们对音乐的认知又如何被它改变？依据纳蒂埃的观点（104页），他的分析风格，并不是意图"加深音乐被音乐'使用者'（他指的是听众吗？）体验的方式，而是要建立**规则**……去描述音乐如何起作用"。然而，音乐的功能**恰恰是**我们的体验：这正是认知所在之处。那么，为什么要假定这一游戏存在着**规则**，并且，为什么假定规则是"句法"的规则，而这点无疑是需要证明的？事实是，这里除了一个巨大的非科学隐喻，什么也没有，而这一隐喻无论是对听音乐还是认知音乐，抑或是对音乐进行学术批评，都没有任何关系。

---

① 胖子沃勒（Fats Waller，1904—1943），原名托马斯·赖特·沃勒（Thomas Wright Waller），美国爵士乐大师、作曲家。
② 《齐格弗雷德》（Siegfried）系瓦格纳名作《尼伯龙根的指环》中的一部歌剧。
③ 《面纱》（Voiles），又译作《风帆》，是德彪西1909年谱写的钢琴独奏曲。

11. 哲学与文学

1978年首次发表于《社会与科学的哲学透视》，题为《哲学、文学与真理》。

"哲学"和"文学"这两个词汇现在被界定得十分狭隘。第一个词指的是对真理这一抽象概念的追求（无论是以盎格鲁—撒克逊的方式，即通过分析概念，或者是以欧洲大陆的方式，即通过对主体意识的理论研究）。第二个词指的是所有那些主要为了艺术创作目的而使用的语言。我们所使用的"文学"一词，不仅包括诗歌和戏剧，也包括小说、短篇故事、散文诗，在所有这些文学作品里，表达了**什么**，跟**如何**表达同样重要。那么，这些我们称之为"文学"的各类形式，有什么共同之处呢？"艺术"一词现在几乎已经不传达什么意义了。让我们用另一个词来取代它："想象力"，或者，如果你愿意的话，"创造性想象力"。那么，想象性文学与哲学之间的关联是什么？差别又在哪里？

哲学是对真理的追求。它追求的不是关于当下的真理，也不是关于偶然的、易逝的、多变的事物的真理，而是基本的、不变的真理。哲学探讨事物的本质，不是探讨它们是什么，而是探讨它们应该是什么。无论是通过概念分析、现象学研究、辩证推理，还是通过其他任何方式，哲学意图探讨的总是本质。它用以探讨的方法是论证，而它的终点则是真理。

那么，将诗歌与哲学区分开来的是什么呢？难道诗歌，或者实际上是所有想象性写作，不都是意图描述事物的本质吗？也许并非一直如此，但当它具有严肃性时，一直都是如此。我们必须对它们做出一些区分。哲学的方法是论证：哲学家提出理由，证明他所认为是正确的事物。在论证中，优先考虑的是有效性这一目标，而不是要优先满足语言的简洁、清晰或者风格等一系列要求。伟大的哲学或许可能是非常糟糕的散文。同样的，伟大的哲学家或许可能是伟大的文体学家，他们创作出的作品，除了包含通过哲学论证想要阐明的内容之外，而且语言也是出众的、优美的。比如柏拉图的作品，或者是斯宾诺莎的漠然又威严的《伦理学》。

想象性文学并不是以论述为方法展开，而且它所得出的"结论"也只是不明确的、微不足道的。非常重要的一点是，哲学家试图**阐明**自己的结论，而小说或者诗歌中的"结论"必须被"**推断出来**"。《阿伽门农》的"结论"是什么？某个批评家可能会告诉我们，但埃斯库罗斯本人并没有言及。或许，这是我们对哲学和文学进行区分的一个源头。在哲学中，真理是要**经过论证得出**；在文学中，真理只是被暗示。因此，真理或许只是文学追求的一个附属目标。如果有一个主要目标的话（这点也值得怀疑），这个目标似乎存在于对想象力体验的创作之中，而不是存在于思辨性思维的产生过程之中。小说、戏剧或者诗歌的内容不是基于沉思，而是基于经历。这种经历不是真实的，而是虚构的。（因此，我们不妨对柏拉图提出异议；诗歌**并非**一种精心制作的谎言）。

这一点暗示着进一步的区分。哲学是抽象的，关注的是最普遍形态上的真理。想象性文学是具体的，因为想象力是通过具体的意象来表现世界。当某个具有支配性的抽象概念开始控制作者的写作，当想要证明某个论点或者表达一种想法的欲望，超过了提供一种意象来表现这种欲望的能力时，想象性文学就出现了一个大错误。（以赫尔曼·黑塞①

---

① 赫尔曼·黑塞（Hermann Hesse，1877—1962），作家、诗人，出生于德国，1919年迁居瑞士，1923年入瑞士籍，1946年获得诺贝尔文学奖。主要小说作品有：《彼得·卡门青》《荒原狼》《东方之旅》《玻璃球游戏》等。

的作品为例：在这儿我们看到，思想超越了想象。艺术因此变得好说教、含糊、不真实，失去了一切与生活的具体关联。相反，在《神曲》里，举例来说，最令人费解的抽象概念，都被转变成了意象，用来象征压倒一切的直观性以及权力。）

当我们说想象力（与智力不同）是具体的时候，我们到底是什么意思？部分问题出在这儿：在想象力之中，被表现的事物也被实现了。也就是说，想象性文学不仅仅传达一种思想（"从前……"）。思想是通过某种经历来传达的，就像某幅画所表现的思想一样。如同黑格尔所说，在艺术中，我们获取观念的感官**具象**。这意味着，在文学中（或者至少是在成功的文学中），思想和经验是极为复杂地结合在一起的。因此，举例来说，科幻小说如果要成为想象性文学，必须成功地把科学转变为虚构；如果科幻小说只是意味着由科学的新奇事物所点缀的小说，那么，它作为一种文学类型是引不起什么兴趣的。另外一个结果是，文学也许会描述不可能的情况，但只要它能提供一些与这些不可能性相对应的生动意象，就仍然能够成功。在这个意义上，一个深刻的哲学谎言，或许能够在诗歌中得到成功表述——《奥德赛》一开头把雅典娜变成了孟提斯（Mentes），而《指环》中把法夫纳变成了一条龙。因此，亚里士多德在《诗学》里说道，在戏剧表现里面，"不可能的可能情况"是种谬误，而"可能的不可能情况"则不是。（这一评论也许会招来形式逻辑学家的不满，但是，当被准确解释时，它在谨严的读者看来就是显而易见的常识。）

然而，这样一来，我们现在就遇到了一个难题。有一类诗歌所表现的，几乎全部都是抽象概念，比如乔治·赫伯特和约翰·多恩的玄学派诗歌，或者是歌德和荷尔德林的哲学思考。不过，有一种观点认为，即便是在这类诗中，主要的指导力量仍是想象力，而不是基于充分理由之上的论证，并且它的迹象亦存在于内容与形式、思想与经验部分的不可分离性之中。因此，一首诗的思想可以通过刻意的模棱两可的语言来表述；而这样的表述是无法构成一个**论点**的。我们不妨来看一下T.S.

艾略特的《四个四重奏》中一开头高度抽象的几行诗：

> 现在的时间和过去的时间
>
> 或许都存在于将来的时间
>
> 而将来的时间又包含于过去的时间。①

这与哲学陈述有类似之处，但这不是哲学。这是披着抽象表述语言外衣的诗歌。试想一下，我们能否把这几行诗的全部内容转换成其他词句。我们发现自己做不到。比如，注意并感受到第二行中的"present"一词所包含的模糊性十分重要。过去的时间存在于未来，因而，两者都继续存在，并且也都变成了（现在）正存在的一部分；此外，这是一个馈赠，是一个礼物，这只有未来能给予，并且过去时间的"出现"（**作为**过去的时间），只有在我们自己出现在未来时间时，才会出现。然而，未来不会存在于过去，只是被包含于其中：未来是不成熟的、不完全的，但仍然足够完整，能被"包含"进去。这里出现进一步的含混：只有在将来时间被过去时间所限制的条件下，将来时间才能被包含于过去时间之中。在这种情况下，将来时间本身无法包含过去时间不允许它包含的任何东西。这样一来，隐藏在这些诗行之中的，不仅仅是抽象的时间形而上学，而且有对连续性的体验，这种体验只能被近似地转换成抽象语言。体验是对词语选择及词语在文本中的位置的"回响"，这种回响必须在阅读行为中加以捕捉与体会。（"我的话就这样回响/在你头脑中"。）试想一下，假如我们在保留词语的字面意义的情况下，改变词语的顺序，并用一个新词来取代（比如用"可能"置换"或许"），会发生什么。比如，这么一句表述"现在的时间和过去的时间可能都存在于将来的时间"。这儿，我们发现，虽然**哲学**思想没有改变，但对时间连续性以及对深奥莫测的时间同一性（现在、过去和未来）的**感觉**已经消失了，同样地，对时间运动的独特性的感觉（在"或许"一词中体现出来，影射现在"发生"

---

① 英文原文为：Time present and time past/Are both perhaps present in time future/And time future contained in time past.

的一切,在"可能"一词中消失了,后者只是把体验投进了不确定性之中)。

以上例子是关于诗歌的,虽然诗歌已经尽可能地接近抽象思想,但也仍然只能是作为由具体经验"凝结"而成的特定词语的声音、意义、次序而被理解。艾略特展现出来的对时间本质的理解,虽然是**基于**某一个哲学,但它只是在一个想象的体验中被**揭示**。诗歌邀请我们去分享它对时间的体验,而只有那些有过那种体验的"经历"的读者,才能读懂这首诗歌。艾略特本人谈到,玄学派诗歌提供的不是思想,而是与思想相对应的情感。他这番话里所指的思想,无非是由思考者所**经历**并且展现出来的思想。

但这些还是不能让人满意。因为我们知道,哲学可能会通过诗歌**表达**自己,这样的话,哲学和诗歌岂不就成了一回事了吗? 或许,迄今为止,最受欢迎的哲学作品依然是波伊提乌所写的《慰藉》①,它部分是论证,部分是诗歌。是诗歌首先装饰了思想,让这部作品变得具有说服力。从柏拉图的对话,到卢克莱修的《物性论》②,再到萨特和赫尔曼·黑塞的"哲学"小说,存在一个不间断的传统,即通过想象性文学的形式,对抽象论证进行阐明和补充。哲学与文学之间存在一致性,而且它们之间的交汇之处是一个复杂的领域,这一事实不应该消除另一主张所具有的影响力,即:这一模棱两可、处于赤道的中间区域也具有极端差异的特点。但是这也给我们施加了艰巨的任务,来探索这个赤道地带。我们所发现的是一个"象征之林",诗歌和哲学共同合作,创造一条自觉思考之路。

---

① 波伊提乌(Anicius Manlius Severinus Boethius),古罗马晚期的政治家、哲学家,约公元 524 年因在东哥特王国任执政官期间涉及叛变案件被处死。著有《哲学的慰藉》(*Consolations of Philosophy*)。

② 卢克莱修(Titus Lucretius Carus,约公元前 99 年—约公元前 55 年),罗马共和国末期的诗人和哲学家,以哲理长诗《物性论》(*De Rerum Ntura*)著称于世。《物性论》共六卷,每卷千余行。他提倡唯物论、无神论,擅长用生动的比喻来表达抽象的概念。

现在,正如我们所看到的那样,在一种意义上,哲学是抽象的,是要被论证的,而诗歌则是具体的,是叙述的,这一差别源于哲学最重要的一个目标,即传达什么是真实的。与此同时,在同等重要的意义上,诗歌也力图追求真理,而且也因为其表现的真理而获得欣赏,如同它会因为谎言而被谴责一样。(再回顾一下艾略特的三行诗。)那么,我们是否非要区分出各种真理,比如哲学真理与诗歌真理? 很少有艾略特、萨特或者波伊提乌的读者,想要抛弃他们著作中所包含的"思想",而只评价其思想之外的部分,仿佛它只是一次对想象力的运用,没有什么要被评价或者被否定的论点。这些作家试图表达某种东西,而且不论用其他词语表述这种东西如何困难,它是某种很重要的东西,是需要被信仰的东西,或者这个东西本身就与信仰非常类似。当然,没有人期望我们会相信小说家笔下人物是**真实的**,但是就小说而言,我们仍然能够辨别出真假。那么,文学中的真理**到底**是什么呢? 我们为什么要重视它呢? 为什么想象力会在传达这个真理时起到作用?

人们做过各种不同的尝试,要区分哲学真理和文学真理。其中有些人(比如克罗齐①)依赖于陈述和表达之间的差别,主张文学作品的真理并不是所陈述事实的真理,而是对作者思想状况的真实表达的真理:"真理"意味着真实——被表述经历的真实性。因此,真理已经变成了一种真诚,在某个非常特殊的意义上,将真诚与克罗齐所称的"表达的完整性"关联起来。如果说想象力是传达这一文学"真理"的必要工具,这是因为要被传达的不是事实,而是经历(或者,如克罗齐所说的,是"直觉")。反过来,这要求我们对个人言辞和用语所产生的反响进行十分复杂的考虑,因为作者的精神状态是通过语言来表达或者"实现"的;实际上,除非有可供利用的语言,否则无论是作者还是其他任何人都没有机会完全接近包含在语言中的经历。

---

① 克罗齐(Benedetto Croce, 1866—1952),意大利唯心主义哲学家,他的著作涉及多个主题,包括哲学、历史、美学等。

这种观点认为,文学的本质在于它是富有感情的表述。在表现主义影响下,小说和戏剧甚至都开始被看作对某一"经历"的探索,或者是迫使这些探索发生的情感。既然在每一个文学领域的真理都已经变成了真诚的问题,就有必要综合分析"真诚"一词,以便控制这些情况,同时也为了保存真理这个概念最基本的一个方面——真理是公共的,是公开易接近的,而从来不是单独哪个人的私有财产。因此,我们必须要表明,读者如何能是作者真诚性的最佳评判人。(批评还有其他可能的产生方式吗?)这个提议并没有什么荒谬之处。真诚这个概念十分复杂,所有那些与不真诚相伴而生的表现——夸张、灵感、感伤——都表明了真诚与风格之间的关联,这或许让这么一种说法显得正确,即一个人并不总是他自身情感真诚性的最佳评判人。(王尔德曾经写道,在最为重要的问题中,要紧的是风格而不是真诚:这是名义上的区别。)实际上,理查兹和里维斯①等作者的整个批评体系,都是建立在一个表现主义假设之上,即真实最终是一个风格问题。在对真诚的分析中,这些评论家都反对笛卡尔哲学与经验主义哲学的正统理论,这一理论假定真诚只是一个内部与外部一致性的问题,仿佛内心生活本身能够自成整体,尽管如此仍无法被成功地表述出来。相反——我们在当代批评中会反复见到这种观点——内心生活是由其外部表述所构成的,因此,任何表述上的错误,必定会伴随着相应的意识上的偏差。对人类思想而言,任何东西都能够在阐述详尽的典型人类行为中被揭示出来,而语言、文学、传统、公认的惯例习俗以及诸如此类的其他事物的重要意义在于,它们决定着我们意识的特质,而不仅仅是意识的附属产物。

尽管如此,将真理简化为真实,给我们带来的必定是文学中一个苍白无力的真理概念。我们重视莎士比亚,并非因为他真实地表达了自己的观点,而是因为他表现了人性的真实。这与忠实于事实类似。如

---

① 理查兹(I. A. Richards, 1893—1979),英国文学评论家、语言学家,语义学发展的先驱,也是将科学方法引入文学批评的先锋,著有《文学批评原理》(1924)、《实用批评》(1929)等。

果我们愿意,我们可以认为詹姆斯·乔伊斯的《尤利西斯》包含了对马克思主义资产阶级个体心理学的反驳。原因在于,正是在对布鲁姆意识的探讨上所表现出来的具体性,挑战了马克思主义者想要强加于其上的描述。这里,文学做了政治科学的工作,而且比任何政治科学家做得都要好。

因为这种例子的存在,评论者们(如韦恩·C. 布斯在《小说修辞学》①中)做出了另一种区分,即讲述(telling)与显示(showing)。这是拓展表现主义的陈述与表达之间的二元对立的一种方式。说什么事情发生了是一回事,展现它的发生过程是另外一回事。在后一种情况下,人们通过经验获取认知:当事物被显示的时候,引领我们发现其真相的是经验。现在我们可以把这一区别应用到文学领域,并且说在创作小说与运用想象力来展现它之间,存在类似差别。在第二种情况下,读者可以在想象中重新体验被描述的经历;而他**如何**重新体验,则完全在作者的掌控之中。

这一区别与想象力在创造性认知中所起到的作用密切关联。那么,它对我们要解决的问题有什么帮助呢? 或许看起来,意象中重要的——能**打动**我们的东西——不是它的真实性,而是它的生命力。只要这个意象"打动了我们",它就成功了。提及意象的真实性,似乎是要混淆想象与错觉,或者,是以表现主义者的方式,再一次谈论意象对构想出意象的感情而言所具有的忠实性。

很重要的一点是,要看到某个意象或许既特别生动,但又是"不可译的",因此,要看出意象的真实性这一问题是如何出现的,似乎十分困难。我们把布勒东的四季当作"一个被我们切下四分之一块的苹果"这一意象。四季真的如此吗? 像的少,不像的多;实际情况是,它不会是

---

① 韦恩·C. 布斯(Wayne Clayson Booth,1921—2005),美国著名的文学评论家,《小说修辞学》(*The Rhetoric of Fiction*,1961)是他最重要的著作,该书被学术界称为小说理论的里程碑,被译成包括阿拉伯语在内的7种语言。书中提出了叙事学理论颇具影响力的观念和术语,如"隐含的作者""可靠的叙述者""不可靠的叙述者"等。

两者之中的任何一个。在这个意象的中心部分，实质上是荒唐的，这使我们无法去评判。然而，它既生动又贴切。如果我们能够谈及恰当性，那么，看起来，我们**的确**是在权衡着，猜测着，或者感受着意象与现实之间的某种关联。这难道不是对意象真实性的判断吗？这里存在一个悖论：因为没有一种方式能用于比较意象与现实，而同时我们又感觉到，它们之间的确存在着某种关联。这一关联不在思想之中，而在体验之中，当体验消失时，关联也就随之不见。意象与现实之间的联系，无法以论证的方式加以阐明，而它的内容仍旧被局限于感觉形式。

让我们再回到哲学真理与文学真理之间最重要的差别这一问题上。现在，这一点已经更加清楚了，在掌握了后者时，人们是在**经历**着什么。哲学可以在被理解之后，然后搁置一旁；它可以被转化、存储、放置到我们日复一日获取的知识的碎片堆中。但是，我们对文学真理的了解，是与某个具体的想象性的经历分不开的，它也许需要被不断更新。我们或许会希望它能反复地**展现**给我们，或是通过阅读、观看，或是通过在我们的想象中重温那些文字。正是这种对经历的依赖，才能解释文学真理"取之不竭"的本质。

在这里，我们可以有效地引入更多一些区别。首先，我们可以区分经历的强烈程度与深度。有些意象会让我们感到极度不安，比如暴力、死亡、性冲突等意象。另外有一些意象让我们感到愉快，而且似乎是以不属于我们的语言来感染着我们，然而谈及的是属于我们但我们一度认为曾经失去的东西；那些东西能渗透到灵魂深处，并在那里存留下来，不受干扰亦不令人困扰。第一种类型的意象可以被自由地互换。但是这样的意象不会增加我们的认知，只是让我们铭记它们特有的感官力量。它们所具有的强烈程度，似乎也暗示着它们的肤浅。但是，电影中"令人震惊的"意象，虽然在这个意义上来说，是强烈的、肤浅的，但实际上比最深刻的、最有价值的文学想象的产物更加真实。而事实上，正是由于它们绝对的**逼真性**——它们对事物显现方式的绝对忠实——才使这些意象得以发挥其魅力。因此，想象性文学中的真理与逼真不是一回事，正如同蜡像作品不是现实主义雕塑的范例一样。在想象力能达到自身真理的彼岸之前，必须经由虚构的世界。复制品或者仿制品的制造，满足的是一种不同的欲望，对虚幻的欲望，在电影艺术中，这导致了感伤电影的大行其道，而这往往披着想象性戏剧的伪装。在想象性作品中，恰恰是当意象真实得毫不夸张，真实得令人震惊（或太过于专注）的情况下，反而传达不出什么意义了，这虽然奇怪，却是事实。为什么会这样呢？

作为总结，让我们再做最后两个区分，即想象与幻想、消费与认知之间的区分。当弗洛伊德写道，艺术家的作品就是要创造一条从幻想通往现实的道路时，他暗示了一个深刻的真理。想象的世界不是一个虚幻的世界，或者一个日常欲望的替代品。它要起到最大的作用，必须依赖于我们能同时意识到这么一个事实，即我们不是自己所阅读的或者所看到的事物的一部分。艺术把我们领上了一个旅途，但这不是一个幻想之旅——幻想之旅是在枯燥乏味的再现中，重复我们所希望发生的令人着迷的生活场景——而是一个想象之旅，在这一旅途中，经验被思想引导，却又总是超越思想，它与现实分道扬镳，却在突然的一瞥中，再次揭示现实的真面目。想象让我们惊讶。但这种惊讶是一种新的认知，为了提供这种认知，想象力必须总是努力摆脱幻想要弄的肤浅把戏。

第二个区别或许会让这一点更清楚一些。在许多争相被贴上现在已是毫无意义的"艺术"这一标签的工艺品中，有些是专为消费而设计的——用完之后就扔掉。（大部分电影都是这样，因此只能被观赏一遍。事实上，有多少电影爱好者，甚至能想象一遍一遍反复观看他们喜欢的电影杰作，就像普通的音乐爱好者会一遍一遍反复倾听合唱交响曲一样呢？）还有另外一些艺术品无法被消费，因为他们不具有可消费内容：唯一可以被消费的内容就是幻想，幻想在展现时候就已经得到满足了，并且必须等待对重新开始幻想这一欲望的重燃。想象性作品的内容只能在沉思中获得，而沉思与感官的愉悦不同，并不消费其客体。

其目的在于反思那些从困扰消费艺术的世界里的"物品崇拜"下解放出来的经验。正是在沉思之中，艺术真理才会被展现。

我们已经看到，要界定文学"真理"是何等困难；那个真理距离意在获取哲学思考的真理是多么近或者多么远。然而，我们可以相信而且必须相信，两者都具有真实性，并且各具特点。原因在于，在任何一部具有文学想象力的作品中，如果没有后者，就不会有艺术；而如果没有前者，就没有价值。

作家与语境

12. 格雷厄姆·格林

《密使》《权力与荣耀》与《问题的核心》，在《格雷厄姆·格林作品集》中重新出版，海尼曼和博德利—黑德出版社，1971年。原载于《旁观者》，1971年5月15日。

海尼曼和博德利—黑德两家出版社，目前正在将格雷厄姆·格林的作品结集出版，而作为其中一部分的这三部小说，在质量上是良莠不齐的。《问题的核心》是格林最具野心的作品，但重读之下，猛然让人觉得是三者中最不成功的作品。我们会很好奇，这种印象在多大程度上是由于格林试图描述相对较为复杂的人类关系模式所造成的。因为，非常奇怪的一个事实是，格林对人与人之间的关系从来不太感兴趣。他笔下的英雄们似乎都沉浸于无情的自负之中，在自负中，他们能够自言自语，却从不与人交流。假如他们看起来很脆弱，那并不是因为他们遭到周围世界的伤害。没有什么能比他们自己本身的弱点更能伤害他们。就像《问题的核心》中的斯科比少校，他们就是为这种感觉所困，而建立人际关系的企图，反而只是加强了这种控制。表面上看来，这是一种宗教态度，包含一种对全人类苦难负责的基督式精神。但是，因为无法在个体接触中有任何具体表现，这种态度只能让人感觉是病态的。正因为斯科比作为一个人不那么合情合理，他的宗教体验也就不具有说服力。最后我们得知，除了上帝之外，斯科比谁也不爱，但是，我们无法准确评估这种爱的价值，就像我们无法准确评估他对妻子的感情一样。敢在斯科比带着不可饶恕的罪进入教派这点上大做文章,这种大胆已成了格林的特点,虽然在上下文中,这一特殊的困境只能让我们感到十分荒唐。

在描写被追捕者的孤独这一方面,格林无疑是最为拿手的。他笔下人物充满焦虑的内向性格因为孤寂而具有了合理性。也正因如此,《权力与荣耀》比《问题的核心》更高一筹。小说中写得最好的部分,描写的是一种自觉的、难以平复的孤独,这种孤独在现代英国小说中很难找到与之匹敌者。当逃亡中的牧师爬过重重小山时,他遇到了一个印第安妇女和她被谋杀的孩子,这一场景的令人心酸之处因主人公丧失了与人打交道的能力而得以增强,所产生的效果却出人意料地生动形象、令人动容。然而,小说中对更为普通的经历的描述却没那么可信。像斯科比一样,格林以轻率浅薄的残暴笔触来描写船长和费洛斯夫人,而对已婚牧师何塞神父的描写,就像是为修道院小修女所写的道德故事那样隐晦。小说中最令人信服的一个关系——即牧师和犹大—梅斯蒂索混血儿①之间的关系,却不能称其为"关系",它只不过是建立于相互不信任基础上的臣服义务。

在所有小说中,格林都显示出了他在结构方面的才能。我们经常称他是一位才华横溢的**说书人**,就像我们如此称呼康拉德那样。与康拉德一样,他也对具有异国情调的环境情有独钟,把笔下主人公彻头彻尾的欧洲自我意识设置于其中。但与康拉德不同的是,格林无法在异域环境与小说主题之间建立真正的关联:结果就产生了一种精心设计的,但在一定程度上又显得多余的舞台布景。在《权力与荣耀》中,拉丁美洲和宗教迫害这一背景,仅仅是用来制造一部惊险小说所需要的令人屏息的紧张感。拉丁美洲之于格林就如同牙买加之于伊恩·弗莱

---

① Mestizo 具体意思因地域而有所不同,在使用西班牙语的美洲国家指的是西班牙人和美洲印第安人的混血儿,而在非洲和亚洲则指欧洲人和黑人或者马来人等的混血儿,在菲律宾则特指华人等和菲律宾人的混血儿。(参见陆谷孙:《英汉大辞典》,1209)本文指的是第一种情况。

明,尽管格林的小说包含了一种对经验的间接评估,这点在通常的惊险小说中是找不到的。印第安人被动的沉默,西班牙人的懒惰主义以及革命虚无主义,在书中都只是零散提及。它们与人物及其感情之间的关系是肤浅的,也营造不了什么诗意价值。没有出现对背景描述的真实画面,而备受赞美的"形象生动",只不过是一个谎言,完全是残酷的暴力风格的一个副产品。

当然,这点与康拉德颇为不同,后者讲述一个令人激动的故事的能力,是他对人物和感情理解的不可分割的一部分。比如,在《诺斯特罗莫》中,如果书中没有提供关于他所处环境的详细信息的话,古德的行为和态度可能会十分令人费解。我们可以不把格林仅与康拉德作比较,相反,我们可以把他与其他曾严肃地描写过拉丁美洲这一写作背景的英国作家相比较。马尔科姆·劳里的《在火山下》,甚至是 D. H. 劳伦斯的《羽蛇》,这两位作家传达出了这样一种感觉,即他们观察并且记录了一种产生于地域感的独一无二的、可传播的经验。人们或许会批评他们的作品(我想,很少有人认为劳伦斯的这部作品是成功的),但我们不得不说,他们试图**观察**墨西哥这一背景,并且仅仅是从观察中创造出戏剧性。像康拉德一样,他们选择的那些人物与环境之间具有丰富且意味深长的关系。

格林往往从有限的、预先设定好的人类态度范畴中选择人物。他们要么害怕生活而且知道自己害怕生活(这种情况下,他们往往担当主要角色);要么他们害怕生活而且对此毫不知情(这种情况下,他们的作用就是阐释人类欲望的无意义)。有时,他们具有一种轻信的、孩子似的纯真,这是最为有害的天赋了:只有在格林惯常所称的"消遣"小说中,纯真之人才得以逃过一场令人恐惧的大毁灭(也并不总是如此——《密使》中的目击证人艾尔丝就是证明)。第一种类型的人物中通常为男性,诸如斯科比、道德败坏的牧师、夸里和《密使》中的 D。第二种类型的人物往往是女性——费洛斯夫人、斯科比夫人和《布莱顿硬糖》中的艾达。格林最不成功之处,或许就在于他在塑造女性形象方面所做的尝试。他笔下的女性人物往往要么缺乏思想,楚楚可怜且纤细娇弱(就像《沉静的美国人》中的红);要么就是孤立无助、寂寥空虚的中产阶级人士,就像斯科比夫人一样,往往被描写得既粗糙又冷酷无情。

许多评论家都对天主教在格林早期作品中所具有的意义很感兴趣。在没有任何严格意义上的个人冲突来推进他的人物发展的情况下,格林依靠心灵冲突来赋予他们生命力,这其实一点也不奇怪。或许,正是这种对宗教怀疑和宗教确定性持之以恒的关注,才真正引起了人们对他的作品产生最严肃的兴趣。从某种意义上讲,格林的主人公们是被他们信仰的天主教拯救了,因为它被当作道德和个人存在的替代品。而另一方面,天主教信仰也绝不会使格林的人物具有个性。这些人物都具有相似的观念和相似的疑虑。或许,这个结果是不可避免的,但当小说中的人物只有在宗教里才能拥有个人生活时,这的确是个败笔。斯科比的宗教几乎是纯理论的:人们的确能够从严肃的、高尚的关于上帝和道德的思想层面上去思考他的宗教信仰,但是这些思想出现在小说中完全是空洞的、脱离实体的。宗教有点像话题,时不时地重复出现,以便产生一种强烈的感情,但这种强烈不是普通的惊险小说所能产生的。最终,格林的人物只能沉迷在他们不体面的经历和绝对的罗马天主教思想信条之间形成的绝然对比之中。

在格林的"严肃"小说中,我们很少发现生动的细节描写。仅有的细节,也是从老套的效果大全中随意挑选的:秃鹫、蛇、炎热、汗水、疟疾、粪便等等。只有在《权力与荣耀》中的几处,才有一种形象呈现出来,散发出真正的活力,这就是当牧师走回那个印第安孩子的尸体旁边,捡起孩子母亲放在他身旁的那颗糖。大部分描述是枯燥的、实事求是的,因为格林时常表现出对语言不太感兴趣的样子,尽管他试图使用比喻来为他的文体增加点色彩,这些比喻也通常就像它们所置换的那些词语一样乏味、单调:"炎热像敌人一样站在房间里""寂寥坐下来就像不需要说话的伴侣一样""他旋转了一圈,点燃了脸上的笑容,就像点燃打火机一样""雨垂直落下,带着某种缓慢而有节奏的力度,仿佛它在把钉子敲进棺材盖上一样""一张张脸孔像蔬菜一样生长起来"等等。

在把这些早期小说同较为近期的作品相比较时,我们才突然发现格林的写作发生了多么巨大的转变。妙趣横生而又不乏细腻的《随姑母旅行》似乎与《权力与荣耀》以及《问题的核心》之间毫无瓜葛,而后两者只能被称为写得很糟糕的作品,尽管两者在结构上有可圈可点之处。假如我们要去寻找这两种写作风格之间的衔接之处,或许可以从一些过去常常被称为"消遣作品"的书中找到蛛丝马迹,比如《密使》。在这里,我们能找到一些《随姑母旅行》中恰到好处的琐碎,这种语言表述与更为"严肃的"作品中所使用的充满火药味的语言显得格格不入。如果在这些小说中,我们要选择一本重读,《密使》当然会是我们的不二选择。

用于印刷这些书的纸张价格不菲,很有吸引力,布面装帧也很精美,博德利—黑德出版社还没认为福特·马多克斯·福特、杰克·伦敦或者是亨利·詹姆斯也可以享受这一特权。这种慷慨的待遇,显示了人们对格林的兴趣正在广泛流行起来。而这种兴趣,大部分都似乎指向他作品中暗含的古怪的道德观点以及异端邪说,虽然这些实际上只不过是文学方法的旁支而已。所谓的摩尼教,不过是对一种有关人性的夸张观点的映射。当这种夸张特质减弱时,早期作品中真正有影响力的瞬间才得以彰显出来,格林的严肃意图则是无可置疑的。然而,我们无法逃避一个事实,那就是,作为语言大师,而不仅仅是结构大师,格林比不上另外一位经常跟他一起被括号括起来的次要作家——伊夫林·沃。

13. 詹姆斯·乔伊斯

《詹姆斯·乔伊斯》,约翰·格罗斯著,方塔纳现代大师系列,1971年。原载于《旁观者》,1971年3月6日。

比起英国的许多评论家,英国的普通读者反而更容易与乔伊斯达成和解。乔伊斯的作品充满嘲弄,却无一处讥讽;它们有人物却无戏剧性场面;有哀伤,却没有真正意义上的痛苦。这些作品是以令人困惑的多样风格写就,其中布满象征、意象和晦涩难解的修辞手法;但同时,如若想要从中提取任何明确的道德目的,却似乎不太可能。总之,这些作品对学者来说是种喜悦,而对评论家来说则是异常现象。因此,当我们得知,正是为了挫败批评期待,乔伊斯才破坏了其小说的艺术特质,并且得知他的作品中密密麻麻布满了含混,以至于我们没有办法知道如何去阅读这些作品时,我们丝毫不会感到惊讶。在这部文字令人赞赏、研究彰显智慧的著作中,格罗斯先生对上述观点在很大程度上表示赞同,但仍坚持认为乔伊斯的文体和技巧方面的古怪特点,与对小说中的人物和情节方面的传统阅读是不矛盾的。

格罗斯在处理他的主题时毫不胆怯,直面乔伊斯学者们竭力避免的许多根本问题。然而,他在对这些问题进行明确讨论时,却多处曲解了乔伊斯本人的意图。举例来说,《尤利西斯》的读者面临以下困境:要么,布鲁姆是个名副其实的主人公,那么,整本书的唯一任务就是展现他白天的冒险;在这种情况下,小说结构上的象征性意义何在?或者,结构本身是关注点,在这种情况下,小说就缺少了中心。格罗斯采用了对布鲁姆有利的观点——他如乔伊斯所设计的那样成了一个"好人",逆来顺受但不怀恶意,他不是一个现代普通人,而是"平凡的、毫无艺术修养的人"的一个十足代表。(在格罗斯看来,这点使《尤利西斯》成了现代小说中最具民主特征的小说之一——一个极为怪异、不合逻辑的推论。)因此,格罗斯对《尤利西斯》中所包含的荷马因素,以及精心设计的象征主义模式(乔伊斯本人曾向最早对他的作品进行阐释的评论家之一斯图尔特·吉尔伯特透露过此点)流露出不耐烦,十分显眼的是,这种象征主义模式在对这部作品进行的普通阅读中,仍旧没有涉及。格罗斯认为,整部作品的成功,应从布鲁姆这一故事层面上进行评判,因此没有延伸到神话领域;他认为乔伊斯使用的寓言过于理智、做作;并且认为,使用纯粹的技术手段不可能将史诗结构强加于一个现代世俗之人的日常冒险活动之上,他的经历拒绝接受这一史诗结构。

更多的麻烦在于偶然附带的象征性,而不是与《荷马史诗》一样的平行结构。布鲁姆夫人不仅仅充当佩内洛普①的角色,而且,依据吉尔伯特的观点,她又代表着肉体、大地,甚至代表万物之地母该亚(Gaea-Tellus)。对此,格罗斯反驳道,她不过是一个脾气暴躁、邋遢懒散的荡妇。

这种观点过于极端,虽然在面对乔伊斯学术研究的过度行为时,人们对此观点多少会有些同感。但我们必须提醒自己,《荷马史诗》的平行结构在对《尤利西斯》所具有的影响力方面作出了多少贡献啊。若认为这种平行只是一种通过把布鲁姆的经历与某种更为英勇的普遍行为模式联系起来,从而为其经历进行辩护的笨拙尝试,这就不对了。因为实际上这里所强调的是一个对比,而且用以强调这种对比的手段就是反讽。如果评论家们没有看到这一点,那是因为,对乔伊斯来说,反讽包含接受它所讽刺的对象,而不是拒绝它。就附带的象征而言,也没有

---

① 佩内洛普(Penelope)系《荷马史诗》中奥德赛(Odysseus)忠实的妻子。

什么突兀之处,而且它仅作为艺术家的备忘纲要(aide-mémoire)而出现这一点,也就无可非议了。人体器官的序列,艺术、技巧与色彩的序列,以及对文学模仿的奇怪尝试(比如在"海上女妖"这一部分所使用的经典赋格曲),都不过是线性变化的部分而已,而线性变化对松散的结构而言是必不可少的。如果说这些方面提出了一个难题,那么这个难题就是试图用戏剧语言之外的语言来解释心理小说。然而,当一天的经历被描述成"散文写成的喜剧史诗",那么,一切真正的戏剧冲突都被削弱了。在《尤利西斯》中,没有什么能经受住考验:不需要进行道德选择,也没有巨大的逆境去面对。当布鲁姆和斯蒂芬最终见面时,"伊萨卡岛"的虚构叙述者想方设法,通过一系列辛辣犀利的问与答,来破坏两者之间可能会发生什么相互交流的感觉。可能发生的戏剧冲突被故意压制下去(在这次会面中所建立的关系,必定是感伤的或者是司空见惯的),而且假如布鲁姆的经历突然突破了日常发生的事件范围之外,那么就会形成一种极端的不均衡。然而,格罗斯以他独有的对乔伊斯反讽的忽略,认为在布鲁姆和斯蒂芬之间可能发生了什么事情,而且认为某种事情的确以一种神秘的方式发生了。

当然,斯蒂芬的出现,从布鲁姆身上引发出了一种重要的情感,这点的确不假。与斯蒂芬在一起,布鲁姆感觉到了对父亲责任的渴望。他把自己视为一个个体,抵抗着纯动物生活的涌流,继承了某种意识,又把它传给下一代。但斯蒂芬并非这种感觉的客体,这种感觉在他们见面之前就存在了,并且,这也完全是布鲁姆的典型特征。实际上,莫利·布鲁姆的独白应是依据这一经验来理解。莫利存在于道德知识领域之外,沉迷于肉欲之中,冷淡地反映出朴真生活下的无意识暗流。她怨恨布鲁姆在个人选择和社会竞争领域内游动,但又与他形成互补。当她在丈夫旁边睡着,她的思想最终一步步地倾向于游移不定地接受他。

或许乔伊斯提到如此多的女性原型有些过度。但是莫利的感情对于她的性别来说具有典型性,正如布鲁姆的感情对于他的性别来说具有典型性一样。她与布鲁姆完全对立，经历着女性的微观世界，如同布鲁姆在以完整且异常微小的方式经历着作为男性这一事实一样。乔伊斯对象征的使用水到渠成，并不要求我们屈服于"莫利崇拜"（Milliolatry），如同格罗斯带着嘲弄的语气所称呼的那样。该著作本身对这些象征符号进行了解释，但象征符号无法解释著作本身。

《芬尼根的守灵夜》的评论者们时常会轻易遗忘一点。格罗斯认为，如果乔伊斯最难的著作被深埋于一堆研究之下，如果在《芬尼根的守灵夜》中象征已经不再是不言自明的，那么，应该为此负责的是他本人。格罗斯声称，在理解这部书中起到关键作用的对各种著作、政治事件和神话的指涉都太过于私密，因此，任何试图理解它们的努力都是无效的。许多人都会发现格罗斯的观点很具有说服力——这些提出的观点也彰显了他的独特魄力和智慧。但是，它们仍是片面的，同时也没有提出其他方法来解读《芬尼根的守灵夜》。

格罗斯声称，"无论它在引发好奇心方面具有多大的价值，作为乔伊斯所设想要达到标准的一件艺术品，《守灵夜》的成功或者失败，是由它的核心神话所决定的……"但这一核心神话是什么呢？如此众多的神话被编织到了这部著作的结构中，把其中任何一个看作核心神话都是非常困难的。像大多数评论者一样，格罗斯也认为，这本书的内容应该从历史的循环观和犹太教神秘哲学的愚蠢咒语方面去解释，而后者显然支配着乔伊斯，决定了各个事件发生之特殊顺序。所能得出的结论似乎就是，这部小说无法建立在某个具体的神话之上——它的内容仅仅是某个神话的**形式**，各种神话和人物在这一形式中可以随意消失不见。当然，在某种意义上，人物和事件**的确**存在（多亏了坎贝尔和罗宾逊才华横溢的著作《万能钥匙》，我们才能够对其中很多人物和事件有相当大的把握）。然而，每一个人物都使另一个人物变得模糊，并且每个事件背后又隐藏着另一个不那么具体的事件；在更进一步的仔细观察下，小说里出现的任何事物无不分解成无穷无尽、由事实和寓言构成的各个层次。它呈现给读者的每一个确定性，都成了更大疑惑的代言人。

这种非比寻常的小说表现方式,无法依赖于一个它本应进行演绎的神话。因为什么也没有上演。神话以一种陌生的而且从根本上来说是反戏剧的方式,进入了乔伊斯的思想。在《芬尼根的守灵夜》中,神话并非通过人物具体表现出来。相反,人性融入寓言中,寓言融入神话中,神话融入象征中,而象征本身最终让步于意识和睡眠之间赤裸裸的斗争中。因此,小说中不可能出现戏剧冲突。在《芬尼根的守灵夜》中,如果说"处于对立面的事物能够得到调和",那么,这种调和也仅仅是出于这一原因,而绝非因为有任何的信条被写进了作品的意象中。用这样的信条作为结构原则这种想法(强制规定着上千个闪①和肖恩的行动),实在是很具有误导性,因为它并没有告诉我们如何去阅读这本小说。它是正确的吗?是错误的吗?它是在这儿被展现了吗?抑或是在这儿?格罗斯持保留态度,主要是由那些坚持认为我们应该依据特定的结构原则和主题——对立物之间的截然对立、历史的循环、部分必须依赖于整体(神秘主义的所有陈词滥调都出现在这儿)等等来解读《芬尼根的守灵夜》的学者们(诸如詹姆斯·阿瑟顿和克莱夫·哈特等人)造成的。

我们不可能把《芬尼根的守灵夜》解读成是对上述信条的戏剧表现,如同《指环》②是对叔本华意志哲学的部分戏剧化一样。用史诗或者戏剧的术语去解释,所产生的似乎不过是无意义的卖弄学问而已。实际上,全书的大部分读起来就像是对现代乔伊斯研究者的戏仿一样,他们不屈不挠地在字迹潦草的手稿碎片中搜寻着伊厄威克罪行的秘密。如同那只把安娜·李维亚的信从麦堆中啄出来的母鸡一样,格罗

---

① 闪(Shem)系《圣经》中诺亚的长子,被认为是闪米特人的祖先。
② 在此处应指德国音乐家、剧作家理查德·瓦格纳(Wilhelm Richard Wagner, 1813—1883)所创作的歌剧《尼伯龙根的指环》(*Der Ring des Nibelungen*, 1874)。20世纪50年代初,瓦格纳深受德国哲学家阿图尔·叔本华(Arthur Schopenhauer, 1788—1860)思想的影响,先后完成了《特里斯丹和绮瑟》《纽伦堡的工匠歌手》和《尼伯龙根的指环》。

斯着手把乔伊斯的小说从一大堆评注中挖掘出来。但是，像那只母鸡一样，他也只是留下了一个抓痕累累、字迹难辨的重写本。《芬尼根的守灵夜》里没有一个中心神话，也没有戏剧意义。我们不再对伊厄威克这个**人物**感兴趣，就像我们不再对艾略特《荒原》中的费舍尔王感兴趣一样。乔伊斯提供给他的追随者许多无价值的、令人困惑的线索，因此，假如他的这部名著中的抒情特质仍未被发现的话，那么，他本人很可能要为此负责。但他的确曾经试图向尤金·约拉斯传达这么一条信息：他这本书里真正的主人公们，只能被描绘成"时间、河流和山脉"。

我们感到，在乔伊斯和普通读者之间进行的斗争中，格罗斯太过急切地站在了后者一边。我们也意识到，近来的传记批评，尤其是艾尔曼的传记所带来的影响。艾尔曼的著作在内容上十分完善，这点虽令人钦佩，但在许多方面，它只能作为传记写作的反面教材。这一学术成就没有用于支持对乔伊斯作品的任何一种见解，而这部作品看起来则像是其他兴趣的附带产物。举例来说，我们有可能认同格罗斯把《都柏林人》看作一部讽刺作品的做法，只要我们承认乔伊斯这部分生活中未被吸收的苦涩经历（如同艾尔曼描写的那样），比他在写这部书时自始至终所使用的嘲讽口吻更重要。

在《青年艺术家的肖像》中，斯蒂芬·德迪勒斯发表了一个被广为引用的见解："艺术家，像造物主上帝一样，或停留在他的手工制品之内，或尾随其后，或游离其外，或超越其上，优雅地退出视线，无处可见，而且修着他的指甲，显得漠不关心。"这与福楼拜在《通信》中表达的观点相呼应，并清晰显示，福楼拜式的客观性仍是乔伊斯想要追求的目标之一。现在，格罗斯从幻想方面理解这部作品（这一点艾尔曼已经明明白白地告诉我们了），因此，他不得不否认任何客观性的存在。然而，如果小说中真的**不存在**客观性，那么，说服我们接受这一点的，应该是对《青年艺术家的肖像》的解读，而不是对与此无关的传记资料的了解。困惑表现在多个方面。在讨论完《青年艺术家的肖像》之后，格罗斯总结道，虽然书的前三分之二部分获得了完全成功，但当斯蒂芬步入青春期,且性格开始显现成熟特点时,小说突然变得具有争议性。原因在于,斯蒂芬仍旧是整部小说不可置疑的主人公,而且也没有任何迹象提醒我们不要以他自身的这种价值去接受他。但是,我们几乎无法这样做——他是一个"二流的美学家",缺乏创作性,傲慢自大,而且十分令人反感。那么,我们是要把最后几个部分看成一种讽刺吗?这几乎不可能,格罗斯认为,因为以如此细致的方式,来打发一个如此不起眼的受害者是非常奇怪的现象。

把斯蒂芬看成受害者本身就有点荒谬,更别提把他看成一个"不起眼的"受害者了。难道他比大卫·科波菲尔抑或是凯勒浪漫故事里的"绿"亨利更"不起眼"吗?奇怪的是,格罗斯竟然无视乔伊斯煞费苦心所描绘的敏感、坚定以及社会隔绝。这些当然都在小说中,而且小说中也有讽刺;但是这种讽刺是福楼拜式的,是"无动于衷"('n'enleve rien au pathetique)式的。乔伊斯采用的是福楼拜没有写出来的原则:决不使用那种会让你显得比你试图表达的感情更为优越的语言——让感情自己**显现**。尤其是,不要用成年生活理智的、道德的思想结构来描绘青春期的经历。对乔伊斯来说,只有一种可能性:斯蒂芬非比寻常的精神生活,必须在它自己傲慢的、几近完美的语言特征中显现出来。这部小说的成功之处,在于其灵活性——正是这点促使乔伊斯放弃他在《英雄斯蒂芬》中使用的英雄辞令,而更为紧密地遵循《情感教育》的写作方式。斯蒂芬的语言既产生疏离感又能打动人心;正是这种属于青少年的、稚嫩的理智主义,才具有严谨性和坚定性,而这些都是发自内心的信仰才具有的特征。错误的想法认为,由于这部小说的**素材**是自传性的,因而它的语言就必定是作者本人的语言。然而,这语言并不是乔伊斯的,如同布鲁姆的**内心独白**不是乔伊斯本人的语言一样,或者是像对《尤利西斯》里的戈蒂·麦克道威尔的经历进行描述时所使用的那种描述生病女孩的浪漫故事的语言也不是乔伊斯本人的语言一样。

14. 西尔维亚·普拉斯

《冬树》《渡湖》,西尔维亚·普拉斯著,费伯—费伯出版社,1971年。原载于《旁观者》,1971年12月18日。

以诗人的性格去评价其诗作往往收效甚微,但西尔维亚·普拉斯硬是要把如此多的注意力都集中在她本人身上,以至于我们很难从其他方面去分析她的作品。她几乎出现在每一行诗中,渴望引起注意。她与虚无的交流,近乎召唤亡魂的巫术,或许是她在《冬树》中光明正大提及《闭嘴的勇气》的理由,但这显然不是她主要态度的最好写照:

> 紧闭嘴的勇气,管它炮火纷飞!
> 安静的粉色直线,一只虫,在晒太阳。
> 黑色唱片在它背后,愤怒的唱片,
> 是天空的愤怒,它布满纹路的大脑。
> 唱片旋转,它们渴望被聆听——
>
> 尽管它们装满私生子的描述。
> 私生子,习俗,离弃,双面。
> 指针沿着凹槽运行,
> 两个黑暗的峡谷之间的银色野兽,
> 一个外科医生,现在是一个纹身者,

> 一次又一次纹着同样蓝色的抱怨,
> 蛇,婴儿,乳头
> 在美人鱼和两条腿的梦中女孩身上。
> 外科医生很安静,他不说话。
> 他见过太多死亡,他双手沾满死亡。

为什么她要用耐心的外科医生这一人物来表达自己承受的痛苦?这似乎是某种欺骗,是一种想要掩盖她情感上所具有的强迫性特征的尝试。

然而,假如西尔维亚·普拉斯呈现的是死亡意象的话,那么,这种呈现也毫无吸引人的语言特点。她的诗句粗暴冷酷,而且她在诗中发出的声音,用的就是她本人怨恨的、具有毁灭性的声音。与哈特·克莱恩①不同,她没有悲伤的主人公来当替身;她对死亡的热爱,没有产生任何流畅的象征,只是创造了一连串意象,聚结成直白、令人厌恶的感情基调。她作品的基调,基本没有脱离她在名作《爸爸》中所设定的基调。《爸爸》于六年前发表在诗集《艾丽尔》(Ariel)中,这首诗是对她所热爱的父亲所进行的狂热的驱魔仪式,她对他的死怀有深切的怨恨:

> 你不能那么做,再不能那么做,
> 黑鞋子,
> 我在里面生活,像只脚一样
> 三十个年头,虚弱而苍白,
> 不敢呼吸,也不敢打喷嚏。
>
> 爸爸,我早该将你杀死。
> 我还没来得及,你已死去——
> 大理石般沉重,满袋子的上帝,
> 幽灵似的雕像,一个灰色脚趾头

---

① 哈特·克莱恩(Hart Crane,1899—1932),又译哈特·克兰,美国诗人,他的诗中充满了对童年的痛苦记忆,代表作有长诗《桥》。

像旧金山的海豹那样大

头在捉摸不定的大西洋里
在蓝色上倾倒豆绿色
在美丽的瑙塞特的水域里。
我曾时常祈求你重生。
Ach, du ... ①

  这首诗的语言完全体现了她以后作品的典型特征。在《艾丽尔》及其新近出版的姊妹篇《冬树》中，我们发现贯穿始终的是相同的紧张节奏，相同的令人吃惊的意象，连对诗的控制也一样完美（"不敢呼吸，也不敢打喷嚏……"）。她后来的风格中最优秀的特征之一，即对多重隐喻的使用，在这里表现得最为显著。一开始，诗人是一只脚，虚弱而苍白，被困在她对父亲感情的黑色鞋子里。然而，在我们还没有来得及吸收这一代表着痛苦的屈从的意象时，另一个新的方面又被呈现出来：诗人不敢呼吸，也不敢打喷嚏；因此，她一定是躲藏在愤懑的外壳下，害怕被惩罚。但我们旋即又发现应受惩罚的并不是她，而是她已经死亡的父亲，而她不得不第二次将他杀死。她父亲的亡灵被重新召唤出来，不再是一只黑色的鞋子，而是"大理石般沉重，装满上帝的袋子"。于是，我们还没有来得及理解这些意象的时候，父亲又以"幽灵般的雕像"的面目出现。当这些比喻连贯起来，我们看到了与《唐·乔万尼》②中的意大利骑士相类似的某种东西，曾被杀死，但现在像上帝一样，既是鬼魂也是雕像。在第三节末尾，当诗人在最后两行诗里，伤心欲绝地对着雕像说话时，它已经显现出巨人的样子，似乎把自己的影子投射到"捉摸不定"的海面之下。这一连串奇特的意象没有削弱最终效果：相反，

---

 ① 德语，意为"啊，亲爱的……"
 ② 《唐·乔万尼》(*Don Giovanni*)，又名《唐·璜》，莫扎特的一部歌剧，首演于1787年。

这一语言是如此准确,每一个单词都进一步增加了召唤魂灵的精妙之处。

在同一首诗的后半部分,西尔维亚·普拉斯似乎把自己对德国父亲的怨恨,与犹太人对德意志民族的怨恨等同起来,而且,乍看之下,这似乎是另外一个怪诞的自我扩张,是试图借用客观存在的苦难的凭据,来证实主观上的不满情绪。但缜密的语言没有泄露任何有关诗人感情的谎言;仅仅强调的是这些感情上所具有的强迫性特征:"我的吉普赛祖先和我离奇的运气/再加上我的塔罗牌,我的塔罗牌/我也许有一点犹太血统。"诗人看起来几乎在其中扮演了一个角色,而其表演之好已足以使她的情绪变得独立起来,也变得可以接受了。

这一显著特点成了西尔维亚·普拉斯此后所有作品的典型特征,而《冬树》更是包含了此方面许多优秀的例子。虽然这部诗集主要囊括了与《艾丽尔》同批创作出来的诗歌,但它绝非此前遗珠之作的汇集;西尔维亚·普拉斯后来在诗歌风格上所取得的非凡成就,在每一行诗中都显露无疑。这部诗集以广播剧《三个女人》结束,它与现在收录于《渡湖》中的诗歌属于同一个过渡时期。虽然这些诗都表现出新的倾向,开始更为自由地使用语言节奏,意象更为大胆地并置起来,但它们像早期作品一样,在创作上小心翼翼,让人联想起艾略特,而且沿袭沉思风格。《渡湖》包含了很多优美的诗歌片段,而《三个女人》引人注目的特征,在于它相对来说是无私地试图要唤起三个不同人物的心境,是把早期和后期风格以一种有趣的方式综合起来创作而成的。

诗集中有许多更接近诗人所熟悉的情感领域的片段,都采用了后来作品中出现的意象和节奏:

> 我原本有机会。我已经尝试,再尝试。
> 我已把生命缝入体内,像弥足珍贵的器官一样,
> 我小心翼翼地行走,如履薄冰,如同某种稀有物。

但这里的诗句,元音缓慢而有节奏,仍旧是能工巧匠的作品。我们从中

感受到一种刻意追求效果的努力，一种中规中矩又稍带虚饰的灵感，这与《艾丽尔》中的诗歌以及《冬树》后半部分中诗歌的简洁明了大相径庭。

要描述西尔维亚·普拉斯最后诗作中的独特品质实非易事。这些诗的独创性并不是简简单单基调上创新的才能，也不在于她的语言才华和语言的精准，尽管从某种意义上说，相较于其他方面而言，西尔维亚·普拉斯的描写才能更为出众。或许，最令人惊讶的是，她的作品中完全找不到歇斯底里的影子。这是由于西尔维亚·普拉斯的诗歌从来都不是沉思性的；除了她本人的看法外，这些诗对其他观点都加以排斥。她的智慧不是表现在判断之际，而是体现于揭示真相时闪电般的清晰性。这些诗歌展现出对事物的突然一瞥，而就是这样的一瞥捕捉了瞬间的强烈感情。她的伟大成就在于，她发展出了与这种诗歌表达的不可靠模式相吻合的一种风格：多重隐喻，快速节奏，对口头语的掌握，非同寻常的语言，以及直接果断的方式。

在后期的诗歌中，我们找不到任何想要**表达**什么的企图。各种意象只是以具象的方式进入到这些诗歌中，而不具有象征含义。而且，无论诗人可能在多大程度上从久远的、意想不到的来源（海洋深处的虚构生活、现代历史中发生的真实的和虚构的灾难）借用了感情能量，这种借用从不暗含任何理性目的。我们总有些忍不住要把这些诗阐释为弗洛伊德式的寓言故事，或者是复杂的符号，从而重新赋予它们一些普遍性特征。然而，虽然《艾丽尔》和《冬树》中的诗歌也吸引我们这样去解读，但同时也向我们展示，这样的解读是多么无意义。这些诗歌之所以打动我们，并不是因为它们正好与无意识的愿望相符合，亦不是因为它们具有堪与其势不可挡的瞬间影响力相匹敌的任何象征性的力量。诗中的一切都是客观的、具体的、有意识的；我们能够感觉到自己被西尔维亚·普拉斯无法摆脱的情感所打动，但丝毫不感到我们需要分担这些情感。

15. 安德烈·布勒东与超现实主义

《超现实主义与绘画》，安德烈·布勒东著，麦克唐纳德出版社，1972年；《回忆录》，乔治·德·基里科著，彼得·欧文出版社，1972年。原载于《旁观者》，1972年12月16日。

超现实主义的**目标**，根据安德烈·布勒东这个最善于表达的超现实主义辩护者的说法，是要"用所指物来阻止符号的控制"。布勒东相信，现代人已经身不由己地陷入一个充满不确定性、具有压迫性的客体的世界，这些客体在为平庸思想和唯物主义欲望所用时，被去人性化了。而他认为，艺术能够把人从这种异化的状态下解救出来，这种解救不是通过"模仿"（即对已经存在的事物的复制），而是通过改革来实现。我们必须改变客体惯常存在的形态，将它们改造成符号；因为世界必须首先变成主观性的，然后才能变得可见。堆积起来的实用主义物质的废墟必须被消解，而解决之道就在于人的意识。

在这些概念里，传统浪漫主义对想象力的看法，已经被弗洛伊德和马克思的观点所熏染，它们代表着超现实主义严肃的部分。布勒东反抗的不仅仅是庸俗的价值观，还有他所认为的颓废派诗歌和绘画所具有的令人心醉神迷的失败主义，而颓废派诗歌和绘画仅对印象感兴趣，从而允许物质性的东西来主导这个世界。对布勒东而言，超现实主义是对物质主义思想进行直接的、严肃的挑战。它代表着一种表达肯定和接受的诗歌，与象征主义诗歌不同，它的视野不是朝向过去，而是面向未来。

现在的这本文集包括《超现实主义与绘画》(1928)的译文,即布勒东最著名的关于艺术的作品之一,另外还有当这部文集的法文版付梓之际,布勒东当时(1965)想要保留的所有艺术批评作品。现在这部文集翻译精良(译者为西蒙・沃森・泰勒)并配有精美插图,复制了文本中提及的几乎每一幅绘画作品。对这本书唯一的一个严肃批评,就是它太长了。也正是在阅读布勒东的长篇大论时,布勒东批评的弱点——以及超现实主义作为整体的弱点——才最为明显。尽管布勒东在写作上才华出众,使用戏仿的天赋令人惊讶,但我们很快就开始希望书里有些更实在一点的内容,某种能真正地表明为什么他朋友们的作品是如此精妙,而其他人的作品是如此糟糕的内容。他那些奇特的描写时常令人赏心悦目,但布勒东的溢美之词是否能够帮助人们去欣赏维克多・布罗纳(无疑是最平庸的超现实主义者之一)①的画作,实在令人怀疑:

> 一切都在扩张,又重新落定,变得更大。这是无比奇妙的瞬间,这位几何学者,半闭着眼睛,沿着特洛伊的城墙行走,而且在哪只眼睛都没有意识到的情况下,与海伦擦肩而过。在空空的手中,恒星已将它们的运行轨道从天空中解救出来。火焰和树叶重新塑造了心脏的形状,孜孜以求的割圆曲线(quadratix)轻抚着丁香花的曲线。

105

假如有任何迹象表明此作者具有判断能力,我们可以阅读四百页这种诗意表达而不感到厌倦。然而,一个批评家对毕加索和达利、琼・米罗和马塞尔・杜尚给予同等程度的赞扬,就不可避免地会招致某种怀疑。我们寻找支持这种奇怪评价的理由,但是布勒东不屑于提供。他对机智的悖论青睐有加,而不喜欢真正的思想。对他而言,原创性和惊喜已

---

① 维克多・布罗纳(Victor Brauner,1903—1966),罗马尼亚雕塑家、画家。

经变成极具价值的品质,而运用规范的能力,以及与此相关的连贯思考的能力,都最终被搁置一边。超现实主义将自己描述为全新的运动,但无法说出它到底新在什么方面。在这里,自我意识的存在不受传统意识的限制,因此,我们不得不怀疑布勒东所描述的这些艺术家和作品,是否真的具有他所赋予的那种重要意义。

公道地说,布勒东试图使读者相信有一套标准存在。比如,《超现实主义与绘画》中包含了对德·基里柯(de Chirico)的一长段抨击,他一抛弃自己早年的"形而上学的"绘画,就遭到了超现实主义流派的排斥。① 但从谴责的强烈程度以及表述上所使用的完全抽象的语言来看,我们感觉到,布勒东选择攻击对象时多少有些随意,是受到外在利益关系的刺激。德·基里柯的观点自然也是如此。"所有伟大人物都热切渴望公正,"他写道,"而比起他们所有人,我更是如此。"幸运的是,大部分伟大人物,都不会幼稚到相信通过写回忆录就可以获得公正。我们可以钦佩德·基里柯坚持自己温和的、过时的观点的勇气,然而,虽然他一再声称自己宽宏大量,但我们在读完此书后,仍然感觉到这个作者气量狭小。布勒东或许没有德·基里柯那样固执,当然也不像基里柯那样严肃,但是他深谙世故,能够避免陷入一切纯粹的个人妄想症。创立一个流派,不仅使他对敌人的需要有了一个目标,而且能满足他进行口诛笔伐的欲望。

然而,人们或许仍然想知道,布勒东在此方面到底取得了多大的成功。作为一名诗人和散文家,他理应受到尊重,虽然超现实主义的诗歌表现了某种真实的东西——事实上多多少少是某种传统的东西,但现

---

① 德·基里柯(Giorgio de Chirico,1888—1978),意大利画家,是"形而上"画派(Metaphysical Painting)的开创者。受叔本华和尼采的唯心主义以及弗洛伊德精神分析的影响,形而上画派着力表现社会的病态和对科技进步的质疑,力图揭示表象之下的象征意义,强调内在情绪与抒情性。基里柯将残缺的石膏像、橡皮手套、儿童玩具、体育用品等无生命物体作为人类社会的象征,造成一种神秘怪诞、非现实的空间氛围,这对后来的超现实主义产生了重大影响。但是,他在1919年之后放弃了这种梦幻的世界,转向学院派风格。

在超现实主义绘画只能让我们感到不真实，不诚恳。早在布勒东发表宣言之前，悖论诗歌在法国便已为人熟知。然而，悖论能否被转化为同样成功的绘画令人怀疑——当然不是指达利、唐吉、马塞尔·杜尚等人所进行的转化。表现一个事物就是要表现它所具有的可能性：流动的手表或者是一张带有愤怒的狗头的桌子，并不存在逻辑谬误。超现实主义肖像中所谓的"矛盾的"部分，实际上不过是快乐地存在于单一空间中的寻常不过的实体。它们依旧是不活跃的，无生气的，并且无法把它们作为个体所缺乏的生命力和意义相互借用。在这种意义上，超现实主义者没有取得隐喻在视觉上的对应物；它只不过是把互不关联的碎片串联起来。另一方面，在语言使用上，很可能存在着真正的荒谬。当布勒东（在《白发的旋转体》中）将四季描述为"像被我们切分成四分之一块的苹果的内核一样闪亮"，他呈现出来的是一种无法画出来的意象（尽管它当然可以配上插图）。这就是真正的隐喻，它把不相容的概念并置起来，颇为成功地创造了某种生机勃勃的东西。这种对隐喻令人吃惊的运用，在绘画领域里真正对应的，不是达利或杜尚的绘画作品，而是遭到布勒东极为强烈谴责的立体主义。在立体主义绘画中，我们找到了试图推翻通常意义上的空间范畴，而且，它由此把在现实中必须被分开的事物，带入了一种视觉关联之中——脸，头的侧影，一个花瓶和它自己的内部。布勒东认为，达利和毕加索所进行的是相似的冒险行为，这是十分荒谬的。毕加索的幻想，比起超现实主义中怪诞的并置所能捕获的一切事物，都更为细致，更为深刻。超现实主义本身实际上是无生气的，正如这本集子以令人敬佩的方式所展示的那样。它的产品没有视觉美感，而其效果则有赖于文学阐释、符号或者一个滑稽的想法（麦克斯·恩斯特①的《花园、飞机、陷阱》以及布勒东的《变成了猫的女人》就是例子）。或许，最令人震惊的例子，就是杜尚的《被光棍们

---

① 麦克斯·恩斯特（Max Ernst，1891—1976），德国画家、雕塑家，是达达主义和超现实主义艺术运动的主要代表人物之一。

扒光了衣服的新娘》；布勒东诙谐的评论（收在现有文集中），的确是有节制的荒谬言辞的杰作，除此之外，巨大玻璃杯的出现，像是一个愚蠢突兀的三维涂鸦，没有任何视觉特点。思想属于所言，而非所见。

甚至在文学中，超现实主义能否具有被人们赋予的创新性，仍值得怀疑。的确，超现实主义的意象比波德莱尔或者魏尔伦①都更令人诧异，但这一令人诧异的特征来自什么？从逻辑的视角出发，波德莱尔这些诗行

> 看，运河上
> 那些沉睡的船
> 灵魂躁动不安

对逻辑的违反不比阿波利奈尔或是勒韦迪的大部分诗歌少。② 假如它让我们觉得完全是自然而然，那必定是因为意象是准确的。《邀游》③所具有的令人窒息的效果是语言，而波德莱尔的简洁、创新，到了布勒东相似的诗歌里就变成了一种即兴创作，所产生的效果远不及波德莱尔：

> 听说远处的海滩是黑色的
> 熔岩被海水舔食
> 海滩在伟大的雪熏过的山峰脚下展开
> 在加纳利这片荒芜之地的第二个太阳之下……

这段诗当然也优美，但可以肯定的是，我们无法认为它出自与象征主义

---

① 魏尔伦（Paul Verlaine，1844—1896），被称为法国象征派诗歌的"诗王"，在法国诗歌史上占有重要地位，主要诗作有《忧郁诗篇》《智慧集》《爱心集》《好歌集》等。

② 纪尧姆·阿波利奈尔（Guillaume Apollinaire，1880—1918），法国诗人，诗集有《动物小唱》（1911）、《醇酒集》（1913）以及《美好的文字》等。皮埃尔·勒韦迪（Pierre Reverdy，1889—1960），法国诗人，超现实主义诗歌的先驱之一，曾与阿波利奈尔一起参加过立体派运动，代表作品有《散文诗》（1915）、《椭圆形天窗》（1916）、《屋顶上的石板》（1918）、《青天的碎片》（1924）、《大部分时间》（1945）、《劳动力》（1945）等等。

③ 《邀游》出自波德莱尔诗集《恶之花》。以上的引文即出自《邀游》。

传统完全决裂的诗人之手。诗歌语言,证明了布勒东狂热的未来主义只是谎言。事实是,现代法国文学的伟大作品都已经被书写——虽然不是如超现实主义者盲目地认为的那样,是由洛特雷阿蒙①所书写的——而且超现实主义诗歌,充其量只是对此前时代的温文尔雅所进行的一次新鲜的、纵情的回归。

---

① 洛特雷阿蒙(Comte de Lautréamont,1846—1870),法国诗人,患有深度语言谵妄症,作品数量不多,但具有罕见的复杂性和极端性,被超现实主义者奉为先驱。代表作品有长篇散文诗《马尔多罗之歌》。

16. 日本体验

《三岛》,约翰·奈森著,哈密什·汉密尔顿出版社,1975年;《三岛由纪夫的生与死》,亨利·斯科特·斯托克斯著,皮特·欧文出版社,1975年;《高尚的失败者:日本历史上的悲剧英雄》,伊万·莫里斯著,塞克—瓦博格出版社,1977年;《墙内世界:前现代时代的日本文学,1600—1867》,唐纳德·肯尼著,塞克—瓦博格出版社,1977年。原载于《泰晤士文学增刊》,1975年4月11日、1976年1月16日、1977年4月15日。

一

平冈公威(即世界闻名的"三岛由纪夫")依照古老的**切腹**(seppuku)习俗切腹自杀已经十年了,而在他死后,那些已成为描述他整个人生特点的暴行和丑闻,却依然持续不断。因此,丝毫不足为奇的是,三岛的传记作者们会把解释这一最终的夸张行为,作为他们的主要任务。虽然异议已经渐渐消失,但是没人会对三岛自杀这一事实(至少十个其他知名日本作家在这一世纪自杀),或者是他实施自杀的惊人方式真正感到震惊。对三岛来说,艺术比生命更重要,而当他最终将注意力转移到生活这档子事之时,他是带着平心静气的戏剧感,来为自己的最终退场布置好舞台。

三岛生来体弱,成长过程中是个神经官能症患者,生活中性情古怪,昼伏夜出,每天总是奋力写作到凌晨时分。二十六岁时,他已完成了许多部小说,包括《假面的告白》《爱的饥渴》,以及《禁色》的第一卷,并创作了大量短篇故事。他极端勤奋地写作,而当他显然写作过度的时候,会把每一个瞬间的想象冲动都上升为文学,他也费力斟酌写作风格、结构和内容,这种方式在我们自己近来的小说创作方面是无法与之相比的。

通过勤奋学习,三岛不仅扎根于日本古典文学之中——他显然能够非常娴熟地模仿古典文学的风格——而且也扎根于法国颓废文学中。对19世纪法国文学风格所引起的联想,更多地体现在翻译中,而非日本古典主义之中,但或许三岛的散文最醒目的特征,是它所具有的沉思特质。三岛的写作也是思考,在他最好的作品中,每一句话——无论是叙事还是对话——都被用来表达一个想法:要说出思考终止之处、描述开始之时,是不可能的。在这一意义上,有人或许会说,三岛与让·热内①很相似,但他比热内高明的地方在于,他有能力将这一重要的学术风格与栩栩如生的戏剧感结合起来。热内的人物在自恋迷雾中显得半遮面纱;对热内而言,普遍使用"我"的第一人称叙事,不仅仅是一个手段,相反,它恰恰是其思想的实质所在。相较之下,在三岛作品中,尽管表面看起来是自恋,但存在着一种对人物所具有的浓厚的、强烈的兴趣,这种兴趣完全超越了自我的界限。

不能说三岛笔下的人物不过是表现了他本人的各个方面而已,我

---

① 让·热内(Jean Genet,1910—1986),法国小说家、剧作家、诗人、政治活动家。热内一生不容于社会,生父不详,生母是个职业娼妓,他在10个月大的时候被遗弃,少年时出入感化院、临时托管家庭、监狱和军队,1937年开始写作,作品主要包括小说《繁花圣母》《窃贼日记》《玫瑰奇迹》等,以及剧作《严密监视》《女仆》《阳台》《黑鬼》《屏风》等。

们这样说福楼拜的时候也不过只是说出了一些真相而已,而这样说普鲁斯特的时候,说出的真相就更少了。相反,他对戏剧性场景的选择时常令人惊讶至极,人们几乎无法理解那个引导他实现这些场景的想象力所创造的丰功伟绩。在当今欧洲,的确很少有作家能够创造《宴后》中令人感动的佳寿(Kazu)、《春雪》中的清颢(Kiyoaki),或者是四部曲中精力充沛的本田(Honda),看起来他似乎极为充分又非常敏感地反映了资产阶级生活的事实,几乎可以被当做托马斯·曼笔下的一个人物。

的确,三岛的人物刻画良莠不齐,他对女性人物的刻画时常比对男性人物的刻画更为成功;然而,在其最佳状态下,三岛能够带着远见和道德严肃性呈现独特的场景,这些值得被奉为经典。只是到了生命终点,当他对日本文化根源的迷恋使他走向了一种与其文学直觉相悖的自觉的东方主义时,三岛的文风才屈服于他稚嫩的自我展示,他也因此屡屡遭到指责。如果一个小说家不仅坚持将转世当成事实,而且当成是可以观察到的事实,为了表达某种纯粹的抽象观点,一次又一次地使他的主要主人公复活,那么,对他而言,死亡就不可能具有悲剧意义。因此,在四部曲的许多地方,三岛的悲剧方式似乎都只不过起到了一种装饰性作用,这点也就不足为奇了。

可惜的是,无论是亨利·斯科特·斯托克斯在《三岛由纪夫的生与死》中,还是约翰·奈森在《三岛由纪夫》中,都没有显示出多少对文学的兴趣。斯科特·斯托克斯先生确实在书中用一个部分专门讨论三岛的创作,但它只包含了站不住脚且又十分冗长乏味的总结。奈森先生似乎对文学就更不感兴趣了。所以,他在书中讨论《爱国主义》这个故事以及三岛对死亡的热爱所产生的其他具有轰动性的产物,就在所难免了。与斯科特·斯托克斯先生相似,他也在很大程度上依赖《假面的告白》里所提供的对三岛早年岁月进行解读的深刻见解。但这一兴趣就此戛然而止,而在许多人看来是三岛生活的粗俗表现癖的部分,被描述得仿佛他的文学忏悔也无法将其救赎;结果,作家一样东西也没留下,除了一个古怪可笑的举动,而对这个人而言,戏剧性就是他的全部。

三岛的生命,像他坦率承认的那样,就在于上演自青少年时期就一直令他着迷的幻想,是对死亡、痛苦以及坚忍决心的尚武幻想。传记作家不可能对这种表现癖和病态的自恋之间的古怪结合无动于衷,而且,因为三岛生活在公众瞩目之下,并尽力不去隐藏自己生活的各个方面,除了那个让人羡慕的一小部分——他的婚姻——在婚姻中,他竭力表现出一种不稳定的正常状态,这些都让这种结合更容易激起兴趣。因此,奈森先生采用了一种传统的方式去解读三岛,将其创作、爱国主义、对武士道精神的热爱、对各种形式的美的忠诚,以及他最后的自杀,看成一个单一的情欲冲动的几个方面,就不难理解了。作为结果,这本书不加渲染,言辞审慎,并对三岛思想的独特特点留下了一些印象。但不论是奈森先生,还是斯科特·斯托克斯先生,都似乎对三岛没有什么同情之心。他的思想只是在轶事中揭示出来,而且两位对这些思想的讲述,就仿佛没有一个严肃的人会真的相信它们一样。

斯科特·斯托克斯先生对三岛最后行为的阐释,确实是一部目光短浅的平庸之作,它之所以没让人感到震惊,只是因为许多页的庸俗新闻报道已经让人对此做好了准备。他的猜测是:森田,三岛私人武装里那个健壮的、年轻的第二指挥,实际上是三岛的情人,而两人同时自杀,实际上只是情人之间的约定,是曾经在日本风靡一时的一种约定。斯科特·斯托克斯先生是《泰晤士报》驻日本的记者,而且,据他所说,也是三岛的朋友(而按照奈森先生的描述,三岛没有能力建立真正的朋友关系)。如果你对逸闻趣事感兴趣,他的书可能比奈森先生的书更有用一点点。如果对斯科特·斯托克斯先生本人感兴趣,也或许有作用,因为叙述实际上具有高度的自我中心性。奈森先生提供了一种让人更少痛苦的方式去了解相关细节,以及对三岛活动的解释,至少能被称为某种朴实的常识。他的书很短,文笔也不错,而且切中要害,鉴于现在很少有文学传记具有这些特征,这些优点更值得被尊重。

这两部传记中呈现的三岛，都是一个具有受虐倾向的花花公子形象，他生活于一个在很大程度上无法被任何自然情感所救赎的幻想世界里。这一形象无疑反映了事实。然而，在自己的写作中，三岛激烈地反对幻想的"腐蚀性"影响，而且，他设想自己的最终自杀，是一个能够使他重新回到行动世界的一个举动。

虽然三岛憎恨他所看到的现代日本的陈腐与堕落，虽然他承认自己的现实感已同所有传统价值观一起被消解了，但他无法放弃这样一个希望，即他的肉体至少能被转变成一种积极的力量，即使他的精神拒绝追随。因此，他把一种特殊的任务强加于自己的肉体之上。在一个没有武士的世界里，肉体要扮演武士的理想。但一个武士需要对手，当下所具有的即刻性以及客观世界的完整感，三岛认为，只有在决斗的瞬间才能降临。在寻找对手的过程中，三岛尝试了许多虚构的敌手——政治左派、知识界、文学本身——但他发现这些都已经被幻想过分侵蚀，无法充当有效的斗士。最终，似乎只有他自己的身体才具备充足的现实，值得一斗。"我对死亡，"他写道，"怀有一种浪漫的冲动，但与此同时，我需要一个严格意义上的古典身体作为其工具。"通过举重和传统武术，三岛创造了他所认为的合适的身体，一个既可以作为最终决战的主体又可以作为最终决斗的客体的身体。

然而，他的行为需要一种戏剧性意义，而对三岛来说，戏剧是一种公共事件。他为自杀所做的准备，采用了半政治、半宗教的形式，展现他对传统日本的认同。三岛的言行代表了天皇崇拜，叫嚷着要捍卫传统文明的价值观；他甚至组建了一支私人武装，在某种假想的紧急时刻，专门负责保卫天皇。他就是以这种方式坚持不懈地在死亡事业——既是他自己本人的死亡，也是有关死亡的概念——中作战并改变信仰，因为他希望恢复国民的死亡意识，他认为这种意识是文化的必要前提之一。

这种复杂的观点，在自由正统派看来极为震惊，当然没有赢得许多皈依者。但是，比起对一个道德观念的戏剧呈现，转变信仰并不是三岛目的的重要部分。如果观者要理解最终的结局（dénouement），精英主义和军国主义的理想必须存在于他的思想中。从一开始，三岛的最后"行动"就具有明确的文学意义。

谴责三岛行为的，并不仅仅是当权的自由派。一位日本古典学家向戈尔·维达尔①抱怨："如此粗俗。切腹必须依照严格的、高雅的仪式，**私下进行**，而不是在一个将军的办公室里，而且还有十几个目击证人在场。但当然，三岛已经被完全西化了。"三岛的"英雄主义"并非他所希望的那样纯洁，而且，也没有表现出他最终摆脱了对幻觉的终生依恋。但是，他意图用这一行为所表明的许多意义都是真实的。没有一种死亡哲学，就不可能有真正的文明，而任何纯粹的自由道德，也不可能容纳一个人对自我毁灭的想法在他身上所激起的那些情感。三岛的面具当然没有隐藏一个英雄，但是，面具被拿掉之后所呈现的，既不是一个傻子，也不是一个疯子。

二

"在一个人所能提供的来证明自己渺小的证据中，没有比不相信伟人这条更可悲了。"——卡莱尔②如此说道。他认为社会是建立在英雄崇拜的基础之上的。假如他的观点正确，那么，看起来我们可以通过分析英雄来实现对一个外国民族精神的全面认知，就像我们能通过研究实际行为来实现这一目的一样。了解英雄，就是要了解一种独特的人类行为的理想；就是要洞悉公认的可能性，从某种程度上说，就是道德空间，在这一空间中，社会成员实现自己的抱负。有关英雄所具有的文化意义的某些观点在伊万·莫里斯的新书中有所暗示，该书以关联松

---

① 戈尔·维达尔（Gore Vidal，1925—2012），美国小说家、评论家、剧作家。
② 卡莱尔（Thomas Carlyle，1795—1881），英国历史学家和散文作家，主要著作有《法国革命》《论英雄、英雄崇拜和历史上的英雄事迹》以及《过去与现在》。

散的章节顺序,详细叙述了日本"失败的英雄"的故事——依据莫里斯的观点,这一阶层已在日本大众意识中确立为所有道德高尚之人的类型。莫里斯认为,与西方英雄不同,日本英雄具有某种失败的才能,而他之所以备受尊崇和热爱,也恰恰是因为他能带着一种对目的的坚定诚意和对自己决心所带来的实质性后果所持有的深刻鄙夷来面对失败。

在西方思想和文学中(如果我们接受莫里斯教授在此问题上的观点),英雄概念与成功行动的观念息息相关:西方英雄要么直接获得成功,要么通过牺牲自己,使其他人有可能获得成功。如果他被打败,那么,他不是被必然性而是被偶然性打败,而他的事业在他倒下时则继续获得胜利,正像是罗兰的事业在查理曼的报复中获胜一样。日本英雄,在承认失败时,甘心拥抱死亡,他这样做的目的不是推动自己的事业发展。而且,也不是像基督徒殉难者那样,"见证"那些通过牺牲行为而变得更具说服力的真理。事实上,将英雄的最后行动描述为"牺牲"是完全错误的:**除了自身之外**,英雄不为其他任何事物献出生命。他的生命是由一种内在的必然性、一种无法继续下去的感觉而终结,而如果有一个英雄一直为之战斗的"事业",他死亡的目的不是要有助于这个事业的完成,而是要让它显现。正因如此,当失败降临到他们的国家之时,上次大战中的神风队战士认为毁灭自己是恰当的行为,以便展现他们观念的"纯洁"以及与将他们束缚起来的忠诚所具有的强制性。他们的行为绝非产生于任何一种"盘算",而且,也只是在一种模糊的意义上,他们才是试图通过自己的行为"效忠"天皇。即使是基督教领导人天草四郎(Amakusa Shiro)的死亡,也是不在意成功与否,而他之所以广受欢迎,也归因于某种令人辛酸的无效行动,正是这种无效行动,标志着他是本民族的真正一员。

莫里斯教授展示了勇士王子和儒学革命者的肖像,也展示了忠诚的家臣和追求权势者的肖像,并且试图展现,只有在失败背景下,他们每个人才获得了自己的英雄地位。物哀(mono no aware)——最终会死的生物的哀伤——正是英雄要去揭示的任务,因此,失败是他获得道德意义的必要手段。然而,虽然失败是必须的,但并不是足够的。日本英雄还存在另外一个或许是更有趣的方面:他必须拥有正确死亡的能力,一种既是道德教育的符号又是精神魅力的展现的能力。虽然基督徒殉道者渴望死亡,但并不会促成它发生,日本英雄会促使死亡发生,尽管他并不渴望死亡。**切腹**行为唤醒了所有身体对肉体伤害的本能反感,象征着对生存的基本渴望与胜利的死亡意志之间的这种冲突。

部分就是为了对使这一行为可理解的观点进行解释和辩护,伊万·莫里斯才写了这本书。它是献给公开维护自杀的价值并且也实施了自杀行为的三岛,假如日本的贵族理想在太平洋战争这一灾难中更加完整地保存下来的话,这种情况原本不会引起任何震惊或反对。

如莫里斯的叙述所清楚显示的那样,促使三岛自杀的思想遵循了一种古老的模式。通常,日本英雄与自己的时代格格不入,精神上是传统主义者,忠于天皇,时常是一位急于引导自己的同胞意识到他们的道德弱点的学者和文人。假如,三岛没有成功变成悲剧,这或许是因为他所想要取得的成功界定错误,而且离任何可能的现实太遥远,因此他的"失败",一旦降临,就具有某些刻意的、事先设计好的方面。成为一个失败并不容易,它需要技巧和判断,以及那种高尚的观念,它是取得完全成功的人无法企及的。

在这个煞费苦心重建失败的日本英雄的生活和价值观的过程中,莫里斯教授帮了三岛的忙。他也创作了一部充满趣味的、学术性的著作,那些对日本文化真正感兴趣的人,都会饶有兴致地阅读这本书。如果说这本书有缺陷的话,那么,这个缺陷就是作者太过于关注叙述,而没有充分重视思想。更具有哲学性的处理方式,或许能更明确地将日本英雄与西方英雄区分开来。事实上,两者之间的比较还不完全。此外,莫里斯只考虑日本**真实**的英雄;要是发现有对文学英雄,以及我们在流行戏剧和近松(Chikamatsu)的传奇剧(举例来说)中所发现的有关失败概念的一些讨论,将会很有趣。

这些推测，可能会让莫里斯教授对一些动机进行更加令人信服的刻画。只强调一些目的的"真诚"（makoto），仿佛这一个方面就能提供对其思想状态的描述，无疑是不够的。将自己切腹，仅仅是为了展示自己既不是一个冒名顶替者，也不是一个骗子，这是不必要的。

当武士研究学者大道寺友山（Daidoji Shigesuke）（莫里斯教授常常提到他有关武士道的书）写道"一个人死亡的方法能够确证他的整个一生"时，他当然意在推荐正确的死亡方法，这种方法不是作为诚意的证明，而是作为一个证据，证明一个人将一种真正的价值附加于死亡和痛苦之上，既不夸大也不低估它们所具有的重要性。实际上，人们在武士道的道德体系中，发现了某种类似尼采试图推荐作为所有真正（即异端）道德基础的"适时死亡"（timely death）的概念。尼采认为，一个具有纯粹意志的人，一个完全与自己活动的弹力相符合，而不是与其相冲突的人，必须承认存在着一个死亡的恰当时间，在此之后，生命就不过是一种妥协。正是基于这种概念，查米恩（Chairmian）临终时回答了凯撒的仆人对她的批评，声称她的行为十分得当，"配得上埃及国王后裔的称号"（普鲁塔克①）。亚里士多德赞成勇气与追求荣誉之间存在必要关联，甚至是基督教英雄罗兰也表达了荷马式的对死亡的青睐，而不赞同忍辱偷生。塔西佗②这样描写日耳曼部落：在战争中战败但幸存下来的男人常常会吊死自己，以终结他们遭受的耻辱，而且，我们从自己的**莫尔登**之战中也了解到，基督教并没有熄灭我们祖先死亡的果断意志，当荣誉和忠诚之契约需要他们这样做的时候。

诚然，现代功利主义正统派发现很难接受这一观念。功利主义者试图用"利益"与"危害"、"愉快"与"厌恶"、"需求"与"损害"等诸如此类

---

① 普鲁塔克（Plutarch, 46-120 A.D），罗马传记文学家、散文家，柏拉图学派的知识分子，用希腊语写作，著作丰硕，著作有《希腊罗马名人传》《掌故清谈录》。

② 塔西佗（Tacitus，约55-120A.D），古罗马最伟大的历史学家，其著作《日耳曼尼亚志》（全名为《论日耳曼人的起源、分布地区和风俗习惯》）发表于公元98年，是现存的有关古代日耳曼人的社会组织、经济生活、风俗习惯以及宗教信仰的最早的、也是最详细和最完备的记载文献，具有极高的史料价值。

的概念来建立人类利益的观念。在这一观念下,要看到死亡如何不会是发生于一个人身上最糟糕的事情这一点,似乎很困难。所有伟大文明所共有的观念,即某种其他东西——比如,羞辱,或者侮辱——可能实际上比死亡**更糟糕**,这一点也变得无法理解。而实际上,现代欧洲人对日本的英雄行为的概念所感到的困惑,与他们对自己文明的整个历史中所必定感受到的困惑并无二致。

这样一来,如果我们要完全了解日本英雄所具有的独特特点,除了莫里斯如此完整地进行阐述的失败这一特殊才能外,我们应该更充分地描述西方英雄的动机,并且描述自杀是一种犯罪这一基督教观念,所造成的这种动机的变化——实际上,如果我们是但丁的追随者,自杀甚至是比谋杀更恶劣的罪行。将自杀**行为**变成犯罪,到底是什么思想状态被禁止了?真正地杀死自己和只是将自己置于(像罗兰一样)一种人们知道自己必然会死的境况中,这两者之间的区别是什么?区别很微妙,但尽管如此,仍能表达出两种对待死亡十分不同的态度,以及对人是否对毁灭自己的肉身承担责任的两种不同观点。依据这些反思,我们不得不承认,莫里斯教授的书里提出了许多问题,但并没有给出答案,无论单个的传记如何令人钦佩,这本书无疑只能是其学术主题的开篇。

三

在德川幕府统治时期(1600—1868),日本故意与外部世界隔绝——这就是唐纳德·肯尼所著的有关这一时期文学史的标题《墙内世界》的由来。这种自给自足的实验有几个原因,其中主要原因就是西方贸易与宗教所带来的破坏性影响。的确,基督教没有真正颠覆大众道德标准,但确实引入了一种做法,即以十字架钉死这种刑罚,这种做法受到本地道德主义者满腔热忱的欢迎。然而,人们感受到别的威胁确实是真实的，在三个世纪的大部分时间里，港口都被关闭。这提供了一种解释——虽然不是一个十分令人信服的解释——德川文学对西方的了解比平安时代古典文学（比如《源氏物语》和《枕边禁书》等）或者能剧，或最近的小说家的作品，对西方的了解要少这一事实。但不管是什么样的解释，原因都不在于文学本身所具有的优点。

德川时期见证了俳句的兴起和完善——它是所有诗歌形式中最具日本特色的形式——以及木偶戏和歌舞伎的创立。如果该时期诗人和学者所具有的自觉的历史主义，在我们看来似乎是乏味无聊的，那或许是因为我们没有习得那种生存的艺术，日本人就是通过这种艺术，在两千年历史的沉浮中保存了一个伟大文化的生命。有一种有点粗糙的马克思主义观——虽然还不至于粗糙到在新左派批评家中没有拥护者的地步——把高雅文化看做"上层建筑"的一部分，它根据某种经济"基础"的因果关系起伏。总是很难知道如何去反驳这些理论，但日本文化无疑提供了一个反例。在日本发展的严肃传统，在相对的独立自主中保存了自身，获得了鲜明的个性和延续性，尽管经济和社会条件变化多端，它们在各种条件下茁壮发展，并且甚至是在极端贫困的时期也能够完整地保存下来。当然，一个文化之所以能够幸存下来，是因为它赋予经验以意义，而且只要语言仍旧有生命，而且只要这种语言的使用者们认可某种历史身份，文化就能起到这种作用。实际上，经济变化对文化带来的威胁，少于某种野蛮"新语言"的发明，所有的历史感都被它清除了。

此种文化观点得到了肯尼教授所记录事实的支持。他对德川文学的熟悉程度，毫无疑问不亚于任何一位西方学者。此外（对外行来说，这是一个很重要的特征），肯尼教授拥有一定程度的批评才智，没有它，文学就只能是盲目的。在前言中，他表达了一种期望，期望他的书能吸引更大的读者群，而不仅仅是一小撮日本学者，对后者而言，日文中就存在着足够的历史。他的描述细节充分、鲜活生动，非专业人士从中不仅能发现肯尼教授意图实现的兴趣和享受，而且也发现了值得深思的问题，超越了东方学术界对这些问题思考的狭隘局限。他的写作清晰易懂,满怀热忱,而且唤醒了一种对所讨论作品所产生的抽象的愉悦。的确,这一时期的文学很多没有被翻译,但肯尼教授本人做了许多工作来弥补这一点;现在我们不仅有可能愉快地读芭蕉(Bashō)和近松(Chikamatsu),而且还能理解塑造他们的某种传统。

德川幕府时代,见证了一种自觉的对所有传统机构的僵化。然而,尽管如此,它仍是一个文学革新的时代。古典文学、只在宫廷表演的能剧以及《源氏物语》,被赋予了一种类似宗教的重要意义,围绕它,一个神秘的而且大部分是不相关的学术体系已然兴起,要求入门者要具有最严格的自律。在这种尊崇背景下,文学实验获得了一种鲜在西方获得的重要意义——比如,这一尊崇最终使俳句诗人芭蕉被奉为神话;出现了大量的规约,所有这些规约,如果人们想要理解,抑或是要有意背离的话,都要对艺术怀有极度奉献精神,是它们使一种纯表达艺术得以形成,即一种能捕捉稍纵即逝的瞬间并赋予其真实形式的艺术。芭蕉的一个俳谐(haikai),在十七个音节里可能包含对完全崭新的、当下的、普遍的生命的揭示;交流行为因为四处遭遇的限制反而会更加热切。正是因为这些被公认的规约的存在——限制在十七个音节之内,必须提及季节和地点,某些象征符号的常规意义,将俳谐作为某一相关联的顺序的开始来进行阅读的可能性,等等——许多内容可以不用说就能传达出来。这样就产生了一种简洁和直接的特征,而在我们的文学里则无法找到可与之相对应的特征。

以上这些必定会提出这样的问题,即那些非日本研究者的人在多大程度上可以理解这种文学。不妨举肯尼教授所提到的其中一个例子,即茂赖(Shigeyori)的一首俳谐如下:

  yaa shibaraku

  hana ni taishite

  kane tsuku koto

  喂你,稍等片刻

在你敲寺钟之前

在樱花丛中

对那些不了解能剧《三井寺》(*Miidera*)中某些台词以及那些不熟悉题为《新古今和歌集》的经典诗集的人来说,这首诗歌产生不了什么效果。在第一部作品中,一个疯女人,要敲响寺钟,被一个僧侣阻止,他说道:"喂你,稍等片刻!你一个疯女人,敲钟欲何为?"(在原文中,一段话包含了第一行和第三行诗的内容)《新古今和歌集》包含了第二行中暗指的一首诗,描写当寺钟被敲响的时刻,樱花在夜晚飘落。读者必须体验这两个典故的结合,并因此将寺钟听成一种癫狂,将难以平息的懊悔灌注于自然的流动中。对那些没有领会这些典故的读者而言,这首诗读起来与其他任何一首俳谐没有什么不同。

事实上,这一时期伟大的俳句诗人,比如芭蕉和芜村(Buson)都是博学之人,他们追求中国君子(或 bunjin)的理想,发展了具有丰富典故的形式,不仅引用日本古典作品,而且引用影响了他们的中国著作。他们的艺术是暗示的、指涉的,时常依赖诸如字的汉语意义等深奥晦涩的细节——换言之,依赖于一种纯粹视觉的效果,就像"复活节翅膀"的形状一样。然而,他们的诗不做作,没有学究之气,他们的诗歌清新、直接。俳句艺术取决于将任何事物都看得理所当然,即使是最优秀的日本学者也可能没有了解一首诗的本质含义。不妨看一下芜村这首俳句: *otuechi no / fūtu narishi wo / koromagae*。它的意思似乎是:"他们应该被杀死,但变成夫妻,现在更衣。"然而,依据肯尼教授所引用的一个日本评论者所说的,它真正的意思如下:

> 一个年轻男人和女人,因为他们的非法关系,本应被他们的主人处死,但因为女主人的仁慈求情,被宽恕了,并一起私奔。他们以夫妻名义秘密住在一条后街上破旧不堪的小屋子里。他们逃离了在大户人家服侍的被压迫生活,他们将它看成一个噩梦。他们脱下在离开大户人家时仍穿着的带衬里的衣

服,换上无衬里的因反复洗而褪色的夏季和服。他们突然感觉轻松,对新生活充满喜悦。当淡淡微风吹拂时,他们相视而笑。

毫无疑问,芜村会认为我们英语诗人冗长絮叨;而芜村的诗,对英语读者来说,也必定会显得具有一种令人无法容忍的隐晦,无论他对日本历史和文化有多么熟悉。

而有些人则希望至少这一时期的散文创作能够在翻译中幸免,并能让西方读者理解。因为德川时期见证了许多故事和小说的产生,包括井原西鹤所写的一本真正的"散文体喜剧史诗"——《好色男人的生活》。但这类小说很难持续吸引已经习惯了巴尔扎克、托尔斯泰以及亨利·詹姆斯的那些读者的兴趣。井原西鹤的主人公所经历的性爱冒险被串联起来,相互之间没有多少发展或对冲突的化解。直至现代时期,日本文学实际上也没有产生任何能让我们喜欢的那种探索类型的小说。尽管受塞万提斯和勒·萨热(Le Sage)的巨大影响,我们所了解的这类小说根源于理查森和卢梭:它在于呈现单个人物及困境,并且在根本上是在道德层面上对该困境进行探索。西方小说关注的是个体生活的特点,关注追求个人幸福,并且最重要的是,关注对意识的探索。就日本散文对此种探索的涵盖程度而言,它出现于井原西鹤与奇迹(Kiseki)以流浪汉冒险为主题的传奇小说中的比例,远不如游记中的大(最知名的就是芭蕉的《通往北方的窄路》),其中散文部分与它要陪衬的诗歌一样,都是由引用所具有的精准性和复杂性构成的。而此处,对意识的探索,已经远离了个体的范畴。它再一次依赖于要获取一种普遍的、客观的表述努力。这些感情不属于个体诗人,而是属于一片风景,一个民族,而且属于某种将两者结合起来的四处弥漫的宗教哀伤。

这种普遍的哀伤——"物哀"之感——不仅是德川文学唯一持久的特征,而且在芭蕉和芜村的诗歌以及伴随着木偶戏的诗歌叙事中,表现得最为淋漓尽致。虽然日本戏剧包含真正的人物和戏剧场景,但戏剧的存在不是因为其戏剧发展(它时常是由规约控制),而是由于它们打动人的诗歌时刻,在这些时刻,木偶的动作以及叙事诗歌都经受最大的考验。其中最优秀的,当数近松戏剧里的 *michiyuki*(游记)。在这些片段里,人们再一次发现从那些纯粹个体抽象出来的同样概念,同样的对脆弱和心酸本身的热爱,它们是俳句与和歌(waka)最引人注目的特征。因此,人们只会感到遗憾,相比肯尼教授对木偶戏和歌舞伎令人赞赏的描述,他对诗歌形式的意义的讨论太过于简略。他提到了**不易流行**(*fueki ryūkō*)这一理念(显然与芭蕉和其弟子去来相关),即变化中的永恒这个理念。一首俳句应该立刻记录所观察到的瞬间,并揭示永恒的事物,就像芭蕉最知名的那首诗:

> furuike ya
> kawazu tobikomu
> mizu no oto

> 闲寄古池旁
> 青蛙跃入水中央
> 扑通一声响

突如其来的混乱,揭示了隐藏在所认知的事物中某种一成不变的东西。在这一关联中,肯尼在讨论芭蕉的另一个杰作时,提到了艾略特的"时间之内和时间之外的时刻"(moment in and out of time)。但那一刻所具有的真正意义是什么,我们又如何能够判断一首诗成功地记录了那一时刻。T. S. 艾略特对"时间之内和时间之外的时刻"在拓展开来的诗歌中进行探索,这种探索既是私人的,也是道德的。这种探索在俳句狭窄的范围内,是不可能进行的。西方读者因此需要一个严肃的、独立的批评框架,并在此意义上来解读诗歌。

肯尼教授的批评并不总是能够满足这一需求。常常,他只能说,诗人确实观察到,比如一朵水仙花或一只蝴蝶,然后接着描述对能唤起感情的声音和韵律的使用,以及文本中隐含的学者的回忆。但除了这些对技巧的讨论,他的批评沉思具有零星的、隐秘的特征。他的用词具有联想性、召唤性,但不具有阐释意义。虽然这也不妨碍肯尼教授时常做出有趣的批评判断,但它的确使一般读者更难领会他所讨论作品的完整含义。东方主义者倾向于保护他们所研究的著作,使其不受西方批评界分析方法的精确性伤害。结果,像俳句这样的艺术,在门外汉看来,往往像是对再现的宝贵研究,与茶道和"听香"(埃兹拉·庞德在能剧前言中的描述)一样,适合被简单当作一种纯粹的装饰,与一个严肃的人的感情无关。

显而易见,这是对日本文学(而且在这一点上,也是对茶道)的一种错误观点。日本文学从来没有像其评论者所暗示的那样,与生活隔离。比如,近松的《情死曾根崎》产生的影响力,可以与歌德的《维特》相提并论,而且木偶戏中对责任和感情之间关系的严肃讨论,也正是因为对永恒经历的描写而成为可能,在这些经历中可以见到有两种力量在起作用。事实上,对"时间之内和时间之外时刻"的追求并不仅仅是唯美主义,而哀婉崇拜也不仅仅是对生命的否定。这些概念与特定的道德和社会秩序相关联,这个秩序在对其进行表述的文学中,与在我们自己19世纪小说中资产阶级对自我决心的热爱一样活跃。对日本诗人而言,永恒的瞬间不是通过审美上的隔离,而是通过道德知识被认知的。这些难以捉摸的概念中所隐含的,是一种对英雄品德的模仿,以及一种真实的、积极的道德秩序感。

或许,批评肯尼教授没能创作出一种能对这些问题进行讨论的文学哲学,是不公平的。但这恰恰是这本书的优点——阐述清晰易懂,诚实面对价值问题——引导读者去期待比他所能提供的某种更具批评性,而且更具有真正历史意义的东西。举例而言,肯尼教授对构成如此众多的德川文学基础的佛教和神道教只进行了粗略的讨论,这点很奇怪。在本书的末尾,非专业读者面对的仍旧是他开始时提出的问题:如何能够共享日本诗人的体验?而这一问题随着肯尼叙述的展开而变得更加重要,读者发现,日本诗歌最重要的特征就是对体验的表述,而思想和反思则要么隐含于体验之中,要么完全不相关。

17. 但丁的重要性

《神曲》,C. H. 西森译,卡卡奈特出版社,1980年;肯尼斯·麦肯齐译,弗里欧社,1979年;乔治·赫尔姆斯译,牛津大学出版社,1980年。原文载于《泰晤士文学增刊》,1980年9月26日。

毫不夸张地说,《四个四重奏》受但丁影响的程度,丝毫不亚于艾略特母语里的任何一位作家。这一点也不稀奇;相反,《四重奏》所具有的但丁式特质,反而是它所取得的成就中必不可少的元素。现代诗歌起源于人们试图抛弃诗歌用语,并且用"不幸福意识"(unhappy unconsciousness)所特有的语言来对其进行书写。虽然这种语言让人感到不安、尴尬,但当它开始承载思想之重时,它就取得了成果,这些思想往往会超越这种语言的不确定性,并且对其进行权衡。创作出能够忠实反映出共同经验所产生的回响的一种语言风格,但同时也具有足够的尊严去传达这种道德概念,这就是一种文体成就。这一成就是但丁的,也是艾略特的。

当艾略特形成自己的风格后,他觉得有必要与弥尔顿(或许是唯一一位曾经是隐秘的意大利人但又不是隐秘的天主教徒的伟大诗人)撇清关系。他所提出的理由(获得里维斯的认可,而且也获得整个时代的批评家和作家的认可)非常奇怪,而且从某些方面说,是不择手段的。但这一举动背后所隐藏的动机显而易见。把但丁与弥尔顿分开很有必要，首先是作为诗人，其次是作为思想家。两者之间表面上的相似，被他们在19世纪的仰慕者们频频援引，指向了两者在政治和神学方面所担负的义务。但弥尔顿式的风格是高尚的、庄严的，不适合无信仰的诗歌。相比之下，但丁将日常语言与高尚情操结合起来；他从不掩饰自己个人的不幸福，或者是对他产生诱惑力的想象。这指出了一种适宜于表达形而上学的、哀伤的诗歌风格模式。但丁诗歌的秩序似乎代表着一种风格上的、同时也是精神上的成就。诗人仿佛通过净化有罪的语言达到了幸福。因此，他充当了一种尝试的模式，即通过将秩序赋予语言来建立不信仰经历的秩序。——艾略特、史蒂文斯和庞德分别对此进行了尝试。

弥尔顿与但丁在风格上的区别无需评价。但两者之间还存在着一种观念上的区别，这能够部分解释风格差异。弥尔顿所具有的力量更像是一种肌肉型的，而不是智力上的；他的语言由口语提炼而来，似乎要创造而不是去记录它的主题，就像上帝的语言那样。它朝无垠的空间发送出一种观念，它不受必死命运所关注之事的阻碍，顺畅前行。弥尔顿的天堂是人性的，但不包含人类生活的偶然事件：它的悲怆和美丽站立在徧狭的情感领域之外。而相反的是，但丁的诗歌海阔天空，涵盖了人类全部的经验，而且也远远没有抽象到脱离某一特定地方和特定时间的地步。但这并不意味着但丁的普遍性不如弥尔顿。相反，恰恰是因为这一观念源于最短暂的事物并且为其腾出空间，他的普遍性具有更高级的秩序。但丁对属于任何时代不感兴趣，只除了属于他自己的时代之外，而且他希望完全了解他的时代，并依据他所见证的永恒不变的真理，来描述一个极为具体的历史状况。因此，他试图用一种仍旧随着抽象思考的逻辑而展开的语言来保留自己主题的特殊性。

风格的独特性，正是从这一观念的特殊性之中产生。正如他依据自己所出生城市的精神荒原来看待人类的堕落那样，他也把托马斯主义哲学的抽象概念转换成一种对自己个人朝圣之旅的评注。这种碎片式体验与救赎理想的调和，给艾略特带来了灵感。在早期论文中，艾略特赞扬但丁将哲学变成想象的能力。但这种赞扬掩盖了他本人期望将想象变成哲学真理的意图，这一意图在《四个四重奏》中部分地得以实现。

但丁仿佛已成为英国文学的一个经典部分，这一发现不足为奇。C. H. 西森将其翻译成口语化的自由体就是这种经典化的证明，而且它提供了去反思精致风格（bello stile）①在当代所具有的意义的机会。（西森对我所提到的但丁的一些方面感兴趣，这可以从一个事实中窥见一斑，即这一词组是故意误译的。）它变成了"the exact style"，意在暗示但丁的现代性。与美不同，精确性在无信仰者看来是一个优点。

西森的译文与肯尼斯·麦肯齐的译文（由弗里欧社出版）不期而遇。后者使用乏味的五步格，属于 19 世纪，而前者则做出了大胆的、而且在许多方面（尽管已经有劳伦斯·比尼恩和查尔斯·辛格尔顿的优秀版本在前）都是史无前例的尝试，将但丁与他的合法继承者们结合起来。在思考这些译文时，必须谨记，盎格鲁—撒克逊对但丁的兴趣，远远早于艾略特式的对品味的革命。《神曲》在上个世纪被翻译了无数次，而且被译成一种现有的诗歌风格，从凯瑞带有司各特用语的无韵诗，到朗费罗商业式的流畅风格。英格兰但丁学术研究的兴盛得益于我们一位伟大的首相（格莱斯顿），而随之产生的这些译本则使牛津大学但丁协会得以建立，它激励爱德华·摩尔写出了严谨的《但丁研究》，并使坦普尔经典丛书版本的《神曲》得以出版，使接下来的几代人都对此文本及其阐释颇为熟悉。这一版本，与多萝西·塞耶斯（Dorothy Sayers）令人无法忍受的企鹅版本一起，确保了英语读者尽力去读原文。它简洁、具有学术性的注释，大多来自默默耕耘的 P. H. 威克斯蒂德牧师，是他把易卜生引介给英国读者，并且在《资本论》书评中驳斥了劳动价值理论。这个版本的出现，是证明爱德华时期教育阶级所具有

---

① 对应的英文译文应该是"fine style"，下文提到的"the exact style"实际上是变成了"精确风格"。

的文化和开明思想的证据,并且展示了对但丁神学和政治的一种认知,而如果写得不够详尽,它就无法对这种认识加以改进。如果不是因为意大利语文本有些(有时则是非常严重的)错漏,又因为其过于简练的学术研究对没有受过良好教育的现代读者而言是无法忍受的,这必定会是人人都偏爱的《神曲》版本。

因此,依我看,接触但丁的最佳方式就是通过这个坦普尔经典版本。从其中所学到的知识,比从任何简短介绍中所学习到的要多,而乔治·霍姆斯为《历史上的大师》系列所精工细作的卷本,并不值得推荐,无法作为另一种选择。以脚注之外的某种形式写但丁导言,远非易事。介绍什么呢?诗歌?人生?批评?政治纲领?所有这些本身都非常值得注意,而一篇导言文本必须从其中进行选择,这就不足为奇了。然而,将特权给予神学似乎看起来是理所应当的,而这点恰恰是霍姆斯先生似乎最不确定的领域。

他以为亚里士多德不信仰上帝,而实际上,正是亚里士多德关于上帝的形而上学的观点部分地启发了阿奎那的哲学,因此也启发了但丁的神学。霍姆斯喜欢从以比阿特丽斯这一人物为化身的宫廷式爱情的概念开始,从那里接着讨论但丁在流放岁月里所学习的新柏拉图宇宙学。换言之,他强调的但丁的方面,是最能将他与前文艺复兴时期诗歌所普遍接受的观点联系起来的方面,因此,对他风格上的和有远见的成就,没有留下十分生动的印象。他为我们详尽地介绍比阿特丽斯的现实这一问题,承认当时无论这一最重要的虚构是否也是真实的,它对理解一首诗而言都几乎不起什么作用。他提到了卡瓦尔坎蒂①的影响,对《一个女人的命令》(*Donna mi Prega*)进行了如下总结:"爱情不过是一种强大的情感,有一种自然规律可以解释它;它并不让你接触真或者

---

① 卡瓦尔坎蒂(Guido Cavalcanti, c. 1255—1300),意大利诗人,是中世纪诗歌最重要的运动清新体(*Dolce Stil Nuovo*)的创立者之一,与同为该运动核心人物的但丁交往甚笃。《一个女人的命令》(*Donna me Prega*, *A Woman's Orders*)是其最富哲理的诗歌之一。

善,实际上恰恰相反。"("我不会希望,"卡瓦尔坎蒂写道,"一个怀有卑鄙之心的人会理解我的意思。"然而,我们敢冒昧地说,他的意思并非如此。)

霍姆斯主张,宗教上的虔诚和情欲上的热情的混合(以及它们在比阿特丽斯这一人物上相结合的表现)使但丁在中世纪诗人中独树一帜。但这看起来不合情理。的确,两种融为一体,是新柏拉图灵魂学说的本质所在,而且,它以这种或那种形式出现在几乎所有的宫廷爱情的文学中,不是吗?它似乎存在于普罗旺斯(Provençale)的作品中,存在于格兰德桑(Grandson)与查尔斯·德·奥林斯(Charles d'Orleans)的作品中,存在于乔叟的作品中。中世纪英语作品《珍珠》用子女之爱代替性爱,是一个特例,它表达了同样的世俗渴望和超自然渴望的融合,霍姆斯赞扬但丁的就是这一点。

然而,不可否认的是,霍姆斯强调爱情在但丁哲学中的核心地位,这一点无可厚非,而且如果我们要评估任何一个特定译文的优点,理解这一爱情学说就很重要。是爱情移动太阳和其他恒星;是爱情牵引着灵魂走向上帝,通过一道智慧之光,充满爱意(*luce intellectual*,*pien d'amore*);是性爱首先使人的灵魂遭受自由的痛苦之折磨,而正是爱的存在或缺失,将被赐福之人或者被诅咒之人区分开来。一个事物如何能够具有如此大的影响?但丁的独到之处就在于,他将这一问题戏剧化,并且用非比寻常的满腹思想和满腔感情将答案装饰于其中。

但丁背后隐藏的大师就是亚里士多德,他曾说,上帝转动世界就像被爱的人使其爱人转动一样。如果但丁的观点具有一种意义的话,那么这种意义就包含在这句话中。与波埃修斯(Boethius)一样,但丁对现实的暂时方面和永恒方面进行区分:在时间之中、时间之外,都能看到同样的东西;随着视角改变的,是事物的面貌,而不是事物的本质。在时间方面,人类自由似乎受制于命运。在永恒方面,人类自由只受制于上帝的意志。自由,作为人类的神圣原则,构成了我们的本质。但上帝是因爱而变,因此爱的使用亦是自由的。**感觉上**,爱是不自由的;在现世，至少它看起来总是会带给我们痛苦。站在形而上学的恰当高度来看，这一强制力不过是幻想出来的。幻觉产生于这样一个事实：陷入爱情时，人是用整个灵魂做选择，而不是用灵魂的某一具有欲望的部分做选择。因此，他是在强迫自己。沿着正确的轨道行进而没有堕落的爱，追求的是另一个人的自由，而这种自由在于个性，在于使另一个人成为他自己的本质。不渴望另一个人的本质而是其一般性的爱情，不是爱而是欲望；它表达的不是自由，而是主体被奴役的状态，正如它追求的不是自由，而是对所爱之人的奴役一样。

爱的神秘产生于下列方式。对理性思维来说，个体是不可知的（*individuum est ineffabile*，经院哲学的警句说道）；它只能及时地被感官所感知。个体性只能以感觉形式被呈现，而且只有当它以此种方式被理解时，才能引出爱情的选择。因此，爱的初次冲动是肉体的，而且是以人的身体——或者更确切地说，是人的脸——为客体。正是比阿特丽斯的微笑在天堂中引领但丁前行，并且向他揭示了她代表着大写的爱的光辉。因此，爱指向上帝，但其耽于感官的开端则包含了一种诱惑。（没有这一诱惑，它就无法自由，就像亚当如果没有办法反抗上帝的话，就无法自由地热爱上帝一样。）假如一个人，如但丁，沉迷于肉体欲望中，那么，他的意志会被从爱情客体上带入歧途；他必须因此经历炼狱中描述的（在《四个四重奏》中被唤起）"净化之火"。当他获得了爱的奖赏与圆满，那么，他所遇到的就不再是一个个体而是一个普遍特质。在这一普遍特质中，个体性的因素仍旧被保留：它仍旧留在比阿特丽斯的微笑之中，不是任何人的微笑，而是她的微笑，即便是当她完全融于神圣之光中。

但丁对这一教条所进行的改变中最令人瞩目的一个，在于他的政治哲学。皮卡达（Piccarda）是那些拥有的祝福——即作为对目的犹豫不定的世俗意志的满足——距离爱的源泉最远的人之一。她用一句知名的话描述了自己的满足感：*la sua voluntale é nostra pace*；"他的意志是我们的和平"。这句话里包含了一种缩写，它表明但丁的思想完全浸透于他的语言风格之中。我们的和平是上帝的旨意,而这是让我们感到宽慰和愉快的事情(这种共鸣在凯瑞的译文"他的意志就是我们的宁静"中并不存在)。不仅如此,他的意志和我们的和平不是两件事,而是一件。在顺从中,我们发现满足,因为顺从是我们自由的最高表达,因而能把我们带到离上帝最近的距离。违抗就是希望不和谐存在,并将灵魂与爱分开。地狱里实施的各种惩罚被描述得淋漓尽致,以至于将它们暂时掩盖的是惩罚本身,而不是世俗之欲的面纱,而这些受刑者就是犯了邪淫之罪。

紧接着皮卡达所说的那句警句中所包含的活跃思想,就是但丁的政治观。教堂,作为上帝意志在尘世的代表,呼唤我们自由地接受束缚,并因此承认它的权威不是通过暴政而是通过爱将我们捆绑在一起。教堂与其成员之间的关系必须是,就像爱的契约一样,自由的关系。但同样的,这种自由是一种占据了全部灵魂的自由。因此,人们必须能及时地感觉到它的不可避免性。教堂不能用武力强迫自己被接受,除非它要否定自己权威的原则。

那么,必须要将教堂权威与世俗君主们的权力区分开来。君主的权力是正当的,只是在它自由地将自己与教堂的精神权威结盟这一意义上;否则,它就是被滥用的权力,否定了权力主体的自由。结果就是,权力和权威必须是可分的(目的是更好地结合);另一个结果是,权力必须掌握在君主手中,而对教堂而言,只要有权威就足够了。为了能够获取君主身份,罗马教堂违背了自己的使命。君主之间的和谐并非来自教会,而是来自世俗权力,因此,帝国必须从教堂分离出去。从这一政治观的高度,但丁审视了他所处的世界,看到了同样的政治安排中的不足,就像他感到自己个人生活中的不足一样:两者中都存在的是相同的与上帝意志的疏离。

那么,对但丁而言,爱既是人类的永恒之源,亦是人类的历史本质。这就是《神曲》的普遍意义。那些领会不到此意义的人,被感动的不是《天堂》中的庄严景象,而是《炼狱》中那些辛酸的经历——里米尼的弗朗西斯卡(Francesca da Rimini)，乌戈利诺伯爵(Count Ugolino)，布鲁奈托·拉蒂尼(Brunetto Latini)——在浪漫主义精神看来，它代表着但丁的最高成就。西森完全忠实于原文，这使他的译文与指向一种现代主义的任何浪漫主义解读都不沾边，这种现代主义在表现基本观点方面几乎是令人沮丧的。原因是，在西森表现出来的钦佩背后，人们感受到的是令人不安的无信仰的存在。诗歌的含义被安排在结尾而不是一开始，让但丁以此种方式呈现于现代读者面前，已经是一个巨大成就了。

西森扭转了几个世纪以来对但丁的误读：但他矫枉过正，使用的韵律是不加修饰的，冷冰冰的，而且时常故意拒绝任何一种修辞手法，这一点缺少说服力。我们无法不佩服这个结果，但也无法不希望结果不是这样。

但丁所使用的韵律与他的思想不可分割：《神曲》所具有的"远见"性的意义，部分就在于此。译者所面对的是把韵律形式和思想结合起来的任务，这样一来，一方的欢快移动与另一方的辩论之间的和谐就得以维持。如果没有思想与韵律之间的这种和谐，或者说透明度，远见就消逝于黑暗中。西森的翻译将这一问题移入关注焦点，如同他将但丁对当代诗歌的全部意义移入关注焦点一样。毫无疑问，西森理解并且深切地赞同《天堂》中的信条。他也的确极为清晰地阐述了这些信条。西森本人是一位颇具盛名的宪法理论家，并且是我们这个时代最具哲学性的诗人之一，他很快地接受了但丁的思维过程，将其翻译成易于响应抽象概念的松散韵律。因此，最美妙的时刻不是发生在《炼狱》，而是在其他两篇(*cantiche*)中。比如，下面是致圣女的伟大赞美诗的开头，也是整首诗的结尾：

> 童真之母，汝子之女，
> 谦卑高尚，无人能及，
> 永恒天意，莫若如此，
> 汝使人性，如此高贵，

造物之主,愿为所造。
汝之子宫,爱又重燃,
凭其之暖,催生此花,
和平永恒,花朵盛开。①

这些诗行表现了一种庄重以及一种对信仰的尊重,这与但丁很接近。而不论是出现怎样的笨拙译文也就由此得到解释。"the maker of it himself/Did not scorn to have himself made by it"这句就是一例。英文显得笨拙生硬,但它在意义上有正当理由。希望盎格鲁—撒克逊语法能够涵盖"il su Fattore/non disdegno di farsi sua fattura"这样浓缩的句法是不可能的,然而,它们所要表达的思想是相同的——或者几乎是相同的。"To have himself made by it"与原文一样呼吸着相同的自由空气,"to make himself made by it"虽然更真实,但无法成立。西森的妥协让我们能够感受到但丁的内涵意义,即只有上帝这一原动力在这一神秘中是活跃的。

但丁语言里的声音、感觉或韵律,没有一样背离意义,或是背离原汁原味的意大利语,而每一个共鸣都将读者进一步带入一个用语言无法表达清楚的神秘性的核心。我们无法指责西森只是到了意义的门口,在这里意义开始自我显现,甚至很少有译者走到了这么远。肯尼思·麦肯锡的版本使用了无韵诗的枯燥变体,提供了具有启发性的对比,而让这一变体变得合情合理的就是凯瑞:

啊,圣母,你儿子的女儿,
本性谦卑,但被抬高于万物之上,
你是永恒天意所定的目标,

---

① 此段译文的英文原文为:Virgin mother, daughter of your son, /Humble and exalted beyond any creature/The settled end of the eternal plan, /You are she who made human nature/so noble, that the maker of it himself/Did not scorn to have himself made by it. /In your womb was lit again that love/By whose warmth, in the eternal peace, /This flower has germinated as it is.

你使人性如此高贵

造物之主愿为它的创造物。

爱情在你的子宫中重新点燃,

在这温暖之下

这朵玫瑰在永恒和平中绽放。①

乍一看,这一译文流动得更加自然顺畅(虽然 100 行之后效果就开始令人乏味),但感觉失去了。暂且不论"predestined"所具有的显而易见的暗含意义(西森译为"settled",原文为"*fisso*",但那个英语单词能传达出的意义显而易见),人们只要想到"creature"一词的暗含意义就能明白了。对现代说英语的使用者来说,不可能会使用那个词来表达但丁所表述的单一力量这一感觉。况且,上帝也不设计;他没有轻视;而那朵"绽放"于麦肯锡译文里的玫瑰,实际上萌芽于但丁的和平中。

西森带着几乎近在手边的理论压力写作,而且在有些过于僵硬的导言中,他直接揭示了其中一些压力。但丁也是如此;他对母语诗歌的辩护以及他在文学上的自我批评,都显示出他与任何一位现代诗人一样,对展现自己与时俱进的特性十分感兴趣。通过维护口语化语言,并通过艾略特对这一维护所具有的重大意义的认可,但丁在西森等诗人眼中的意义,无异于维吉尔在但丁眼中的意义。他提供了一个生动的诗歌语言的榜样。

然而,清新体(dolce stil nuovo)的成就不仅仅在于它的表述清晰明了:它还赋予了口头语以尊严与深刻性。如果这一尝试的目标是真理,那么,它的手段就是韵律。正是仅仅通过韵律手段而非对原文的忠实,才得以重新抓住但丁的远见,即便是这一尝试的第一步就是像西森那

---

① 本段译文的英文原文是:O Virgin Mother, daughter of your Son, /Lowly and yet above all creatures raised, /Predestined goal of the eternal plan, /You did ennoble human nature so/That he who made it deigned Himself to be /Its creature. It was in your womb that Love/Was kindled once again, beneath the warmth/This rose has opened in eternal peace.

样,用适宜于个人所属的地方和所处时代的语言进行写作。

那么,韵脚又有什么重要性呢?西森认为,对三行体(terzarima)进行模仿是不可能的,理由是,他从未想象到在自己的任何尝试中使用这一韵律形式。"这,"他补充道,

> 似乎是一个站不住脚的理由,但事实上是个合情合理的理由,任何人都能理解这一点,当他已经认识到一位译者必须用对他来说是得心应手的方式,运用他时代的语言和属于语言现有发展的那种韵律以及他本人的技巧来进行创作。真正的任务就是当人以最有效的方式说话时,他能把但丁要表现的内容传达出来。

西森也认为,意大利语和英语之间的普遍差异,使对三行体的模仿看起来就像是一个小丑跟着一名芭蕾舞者跳舞,他这么说也有几分道理。他引用凯瑞和朗费罗作为证据,证明人们可以在不使用韵律的情况下翻译但丁。然而,他保留了三拍子结构(tercet structure)。因此,他必然要面对一个问题:人们可以在多大的程度上抛弃但丁的韵律,而同时又能保留他表达的意义?

如果西森避免使用韵脚,那并不是因为这对他来说显得做作。他本人的一首长诗(《非肉身化》)(*The Discarnation*)就是用具有拜伦式复杂性的押韵格式写成的。他也不可能没有留意到韵脚在表达《神曲》中的内容时所具有的重要作用。

如果你想要找凯瑞无韵诗中的成功片段的话,你很可能会挑选《地狱》中的生动瞬间,以及《炼狱》的开头和结尾,这里使用的意象不仅庞大而且具有冒险精神,与大胆的处理方式相契合。但丁诗歌中,韵脚之网继续编织、继续编织:正是这股力量驱动着每个篇章,使其走向完结;而使每一首歌停止的正是叠句。它既有助于表达擅入地狱这一令人沮丧的场景,也同样有助于灵魂的自由上升。

将《天堂》译成无韵诗,就是使信仰体系被遮蔽,而遮蔽它的就是否

定信仰存在的格律。当译者想要保留《地狱》作为开篇的地位,并将《天堂》恢复到其应有的位置,他们几乎无一例外地使用韵词作为意义单元。1892 年,G. L. 沙德维尔(Shadwell),奥里尔学院的院长,开始翻译第二部里的两篇,他使用了四行一节的形式。因此,《天堂》第二歌中的第 142 至 148 行("*per la natura lieta onde deriva/La virtù misto ...* ")①被译为:

> 由于它的来源是欢快的自然
> 这股混合之力将万物点燃
> 正如见到喜悦的景象
> 瞳仁瞬间闪耀出光亮
> 星与星之间的差别从这里产生:
> 这才是原因所在,而非密和疏,
> 这也是明亮和晦暗
> 本质的原因所在。②

温和轻快的调子几乎掩盖不了一个事实:在这种用法上,韵律摧毁的意义比它恢复的意义要多。三行体的形式消失了——而随之消失的是三位一体的象征主义。这些诗行被缩短成一路小跑,人们无法进一步想象但丁的沉思活动中的任何方面。最重要的是,译文现在发展成(或组合成)一系列互不关联的诗节。我们得到的不是相互交织的一根链条,而是一堆环状物。诗行不是由韵脚而是由一系列思想连接起来;这样一来,韵词就不再具有任何功能。

针对 G. L. 比克斯特(Bickester)在其 1932 年译文中所称的"英语三重韵"(English triple rhyme),我们也可以提出同样的异议:被外部

---

① 这句意大利语的大致意思是:欢快的自然是它的源泉/这混合而成的能力……
② 此段译文的英文原文是:By the glad nature whence it came/This mingling doth the mass enflame/As in our gladdened sight/The pupil flashes bright. /This is the cause, not dense and rare, /Which difference makes' twixt star and star:/This the kind source whence come/The brightness and the gloom.

押韵的诗行包围起来的三行连续的诗节。约翰·席亚迪(John Ciardi)在一个更强有力的现代版本中也使用了这种押韵格式,所产生的效果依然是:它破坏的关联比建立的关联要多。我们更难赞同对这样一种诗节的使用,即第一行不押韵再加上一个对句(couplet)——在 P. 班内曼(Bannerman)1850 年灾难性的译本中就使用了这种诗节。如果译者一定要使用押韵,那么,他必须使用三行体(terza rima)。西森反对这一做法,不仅是因为它显得不自然(虽然,与德莱登强加于维吉尔以及蒲柏强加于荷马之上的英雄体双行格不同,它的确**是**不自然的),而且是因为三行体强加了一种明显的韵律结构。然而,无论西森的译文具有什么样的结构,我不认为它可以用韵律一词来描述。

三行体是但丁的发明。西森并非唯一一个认为它需要大量的意大利语(而非英语)来提供元音韵脚以及弱韵结尾的人。薄伽丘成功地将形式与其承载的宗教意义分离开来,但仍然使用其链线特性来传达一个观念所具有的普遍说服力。乔叟在《向夫人诉苦》(*Compleint to His Lady*)中将三行体引入英语中,但在他自己的爱情畅想中,他更青睐英语本身的形式(就像《百鸟会议》中毫不关联的诗节一样)。西森认为雪莱在《生命的凯旋》(*Triumph of Life*)中对三行体的使用总体上是成功的。我很难认同:十个音节的诗行似乎持续不停地被韵律格式打断。在但丁的更加口语化的十一个音节的韵律中,每一行的力量都能传递到下一行,使得诗行与诗行之间产生十分有效的相互关联,部分原因也正在于此。一般而言,三行体似乎拒绝适应英语诗歌的韵律格式。

然而,当但丁翻译热在全英格兰的乡村牧师住宅里突然爆发时,三行体变成了该领域几乎每一个蹩脚诗人的共同财产。雪莱和拜伦引领了这一潮流,翻译了一些片段。下面是拜伦(他天真地以为自己——见《〈但丁的预言〉序》——是使用这一形式的第一位英国作家)翻译的一个著名片段:

> 而只有一点将我们彻底征服
> 当我们读到她渴望已久的微笑

> 被忠贞的爱人百般亲吻
> 他与我从此如影随形
> 吻我的嘴唇,浑身颤抖:
> 可恶的书与写书的人!
> 那天我们再也没翻到下一页。①

1843年,在声称是"第一次试图把但丁以他自己选择的三行体呈现给英国读者"的活动中,坎伯兰郡的斯克尔顿(Skelton)牧师将这段翻译得更加生硬:

> 而一个时刻就足以使我们崩溃:
> 当我们读到那一吻,明亮的微笑,
> 如此真爱,令人垂涎,
> 他莫想再从我身边离开,
> 吻我的嘴唇,浑身颤抖
> 这首诗和它的作者,
> 将我们的誓言打破——
> 那天我们无法读下去。②

不难发现弥尔顿的影响,在"he, from my side who ne'er may disunite":但丁的现代崇拜者们所憎恶的,也正是这种句法上的扭曲变形。几年之后,我们有了 C. B. 凯莱(Cayley)下面的译文:

> 当我们的故事中所渴望的微笑

---

① 此段译文的英文原文是:But one point only wholly us o'vthrew/When we read the long sigh'd for smile of her/To be thus kiss'd by such devoted lover, /He who from me can be divided ne'er/kiss'd my mouth, trembling in the act all over: / Accursed was the book and he who wrote! /That day no further leaf did we uncover.

② 此段译文的英文原文是:But one sole moment wrought for our undoing: / When of the kiss we read, from smile so bright, /So coveted, that such true-love bore, /He, from my side who ne'er may disunite, /Kissed me upon the mouth, trembling all o'er/The broker of our vows, it was the lay, /And he who wrote—that day we read no more.

>被如此伟大又深情的爱人亲吻
>
>这个男人,永不离开我身旁
>
>颤抖着亲吻我的嘴唇,
>
>这本书,作者,所干的是助恶者的勾当,
>
>那个晚上我们无法继续阅读。①

131 这些版本中,我们找不到任何哪怕是细微的迹象,来暗示弗朗西斯卡记忆的急迫性,或者暗示但丁所找到的对其进行描述的词语完全是浑然天成。三行体充当了每一行的休止符,挤压着它前一行的句法。凯瑞译文所具有的流畅和简明,是前几个版本望尘莫及的(出版于1814年,开始于1805—1806年):

>……但在某一时刻
>
>只有我们两人。当读到那个微笑,
>
>那个企盼的微笑,被深爱之人
>
>亲吻得如痴如狂,接着,他立刻
>
>颤抖着亲吻我的双唇,
>
>永不会与我分离。
>
>书和作者同是
>
>爱的供给者。那天我们无法再翻动
>
>更多的书页……②

这种比较有助于论证西森的观点,即三行体有可能在英国作家身

---

① 此段译文的英文原文是:For when the smile desired in our tales/Was kissed by such a great and loving one/This man, who never from my side can fail/Kissed me all quivering my mouth upon, /The book, the author, Pander's trade applying, /That evening we could read no further on.

② 此段译文的英文原文是:... But at one point/Alone we fell. When of that smile we read, /The wished smile, so rapturously kiss'd/By one so deep in love, then he, who ne'er/From me shall separate, at once my lips/All trembling kiss'd. The book and writer both/Were love's purveyors. In its leaves that day/We read no more ...

上施加更多限制，而他的语言将无法承载。这些比较也引发了一种观察，它能阐释种种更为细致的意义，而这是任何想要忠实于但丁哲学的译者必须传达的。在所有这些翻译中，甚至拜伦的翻译，并不以忠实特点而引人注意，反而是对爱的哲学显示出一种有意识的或者是无意识的尊重。弗朗西斯卡记起阅读被兰斯洛（Lancelot）企盼和亲吻的吉妮维尔（Guinevere）的微笑。微妙的转变中，她接着记起了那一吻，不是亲吻她微笑，而是亲吻她的嘴唇；她也记起当保罗（Paolo）亲吻她时浑身颤抖："la bocca mi baciò tutto tremante"①。这一转变有许多暗含意义。另一个人的微笑是他灵魂的化身，是对自由的宣布：它是神圣的信号。

动物不微笑，它们最多是做鬼脸。如弥尔顿所说："笑来源于理性／畜生绝不会有，笑是爱的食粮……"②通过吉妮维尔，弗朗西斯卡意识到她自己的微笑，因为她意识到促使她（错误地）去爱的恰恰是选择的自由。然后，突然地，她的微笑，在接受亲吻时，变成了一张嘴唇，而且线条则随着对保罗所表现出的激情的回忆以及她失去的自由而颤抖，很重要的一点是，她认为颤抖的是保罗：我们感受到了那股彻底颠覆弗朗西斯卡自我形象的可怕力量。在寥寥几个合乎常情的词语中，她的欲望以及解释这种欲望的哲学被一同传达了出来。

很奇怪地发现，西森误译了这一点："他与我永不分离，／亲吻我的嘴唇，我们都在颤抖。"人们对此做出的反应往往是非常不耐烦的，理由是西森毕竟不受韵脚制约，并在处理形式时给自己留了极大的灵活性，以至于他对采纳哪一种形式都不满意。同样令人惊奇的是，如此精通《天堂》思想的一位译者，居然在表现先前两部诗篇中所预示的那些缜密方式方面，显得漫不经心。这仅是一个小例子，而且出于公正，必须说西森为数不多的几个对但丁主题的错误表现大部分集中在这部

---

① 这句意大利语的大意为"浑身颤抖着亲吻我的嘴唇"。
② 语出弥尔顿的《失乐园》。

分——即《地狱》——这里他的精神最不愿意逗留。但它把我们引向了一个重要问题:当西森改变或者强调一个意义时,他到底遵守的是韵律哪些方面的限制?他肯定会说,如果他丢掉了韵脚的限制,这主要是为了对另一种性质的限制做出有效反应。

因而,现代英语中对但丁风格的最佳模仿(《小吉丁》中布鲁奈托·拉蒂尼片段)也摒弃了押韵,并且通过强韵结尾和弱韵结尾的相互交织,重新创造了链线效果:

> 你自己的也是这样,祈求别人宽恕它们吧,
> 就像我们祈求你宽恕善与恶一样。上季的果子
> 已经吃过,喂饱了的野兽也一定会把空桶踢开。
> 因为去年的话属于去年的语言
> 而来年的话还在等待另一种语调。①

如果说但丁的精神出现在这些诗行中,其原因不是在于它与三行体表面上的相似。这里的用词具有艾略特在但丁中所看到的,但在弥尔顿中无法找到的特征:"细微的改动,虽然它让一个直白的表述仍旧是直白的表述,总是对日常语言所进行的最大的,而从来不是最小的改变。"在我看来,艾略特的诗行里体现出的原则,正是西森在寻找的那种原则:他否定每一个朝向抑扬格韵文的运动,除了要保留原文的三行体结构,还有什么其他原因?艾略特很多时候都在西森脑子里浮现,这一点在他自己偶尔的回忆中也表现出来("chi'I'non avrei mai creduto che morte tanta n'avesse disfatta",翻译过来就是"这么多我从没想过/死亡可以毁灭这么多",对"这么多"的重复不是来自但丁,而是源于《荒原》)。

艾略特诗歌原则中有一个元素直接来自但丁,即对十一音节诗行的使用。西森很正确地指出,但丁对自己使用的方法十分随意,而且感

---

① 《小吉丁》(Little Gidding)系 T. S. 艾略特诗歌《四个四重奏》里的一部分,此处的译文借鉴了汤永宽译本。

觉自己有理由不受约束。(毕竟,他说,甚至是多萝西·塞耶斯有时也会拉长到十二个音节。实际上,一度在《炼狱》第 17 章第 121 行中,塞耶斯小姐使用了十七个音节。)但他的自由与但丁的(或者艾略特的)自由完全不同。这不是缩减或延长一个被接受的音调单元的问题,而是让一个诗行依据自身内在的运动完成它的冲击力:

如同鸠鸽为欲望所召唤
振起稳稳的翅膀穿过天空回到爱巢
它们的意志如此;

就这样,他们离开了蒂朵的一群,
穿过恶毒之气向我们飞来,
我深情的呼喊如此有力。①

这是处于最佳状态的西森:清晰,庄重,并牢牢掌握了英语韵律。(如果人们抱怨,nest 应该为"sweet"—"dolce nido"—这仅仅是因为译文本身注定要从字面意义来判断。)但十一个音节的诗行韵律只是偶然的,这里没有我们在艾略特诗歌中发现的那种韵律被限制的感觉。因此,人们禁不住会问,为什么西森如此决绝地坚持要分成三行体,这样做多多少少是在忠实地追随着原文(这样当三行体退出舞台时,人们会将之归因为疏忽失察)。在艾略特的诗歌里,三行体由韵律和准押韵(assonance)结合起来,同时,措辞又从他们中穿过、交叉,产生了"稍微改变了的"直白陈述的效果,带着我们在但丁中发现的形而上学的高度尊严。这种有秩序的灵活性很难维持,这点在华莱士·史蒂文斯所遭受的伟大的但又不断重复的失败中显而易见:

---

① 此段译文的英文原文是:And just as doves called home to their desire/With stretched and steady wings, back to the nest, /Come through the air because they want to do so; /So, separating fromt the flock where Dido was, /They came towards us throught the malignant air, /So strong was the affection of my cry.

这首诗即源于此:我们所生活的地方
并非我们的故土,而且我们也并非自己
即便有欢庆的日子也依然艰难。①

两个完美的但丁式十一音节诗行,突然被一个特有的夸张所抑制,它自动开始进入一个五步抑扬格,这与诗歌的韵律相背离。

要批评西森没有在多达数千行之多的诗歌中,坚持使用华莱士·史蒂文斯几乎不能维持三行的方法,是不公平的。然而,艾略特的模仿还具有另外一个特征,假如照搬过来,必定能克服西森所做的许多划分中表面上看起来的那种任意性。在艾略特每一诗行中,都有一个喘息空间,一个稍微变化的停顿,就像但丁诗歌中的那样。这种停顿迫使每一行诗要么完成它之前那行诗的韵律,要么开始其后诗行里的韵律:

其二,对人类愚行/自知表示愤怒的
　　软弱无力,/对那不再引人发笑的一切
　　发出笑声/受到的伤害。
最后,重演一切带来的/撕裂心肺的痛苦
　　你一生的所作所为;/羞愧
　　在败露动机之后,/意识到
种种恶行/与施加于他人的伤害
　　你曾经认为那是在/践行美德。②

这种停顿是但丁悬链效果的一个不可分割的部分。它也是将"直白陈述"变成诗歌的最有效的方式之一。

看看这个在开篇中对罗马教堂的简短描述:

　　Ed una lupa, /che di tutte brame

---

① 此段译文的英文原文是:From this the poem springs: that we live in a place/That is not our own and, much more, not ourselves/And hard it is in spite of blazoned days.
② 诗出艾略特《四个四重奏》中的《小吉丁》。

> Sembiava carca/nella sua magrezza
> E molte gente/fé'già viver grame.

如果照字面意思直接翻译过来，就是像下面这样：

> 还有一只母狼，她的消瘦
> 似乎更突显了她无边的欲望
> 她已使多少人陷入生活的悲伤。①

但丁诗歌的所有三个特征都被保留下来：十一音节韵律，弱韵结尾，以及稍微的停顿。西森有意避开这些。他也赋予意义以一种新的变化：

> 还有一只母狼，她的消瘦更显得
> 除了极度的食欲她别无所有，
> 而她已使许多人生活在痛苦中。②

在读了十个左右这样的三行体之后，我开始希望诗句中出现某种犹豫，某种能阻止每一行诗将自身耗尽的东西。是我没能领会西森诗文中的某种其他的、更为微妙的韵律，还是我认为但丁的方法能以更为传统的方式被回忆这一观点是正确的？无论是哪一种情况，我无法逃避这样一种印象，即这一译本中，许多页都更接近于散文而不是诗歌，并且三行体的划分产生了一种任意性，而这正是但丁尽最大努力争取建立秩序之处。（麦肯锡对停顿表达出的敬意也不过如此，但他使用的韵律极度枯燥，所记录的意象又过于模糊，因而，他的译文无法与西森的译文相提并论。）

---

① 此段译文的英文原文为：And a she-wolf, who with every craving/Seemed to me over-burdened in her lean-ness/And many has she caused to live in sorrow.

② 此段译文的英文原文为：And a she-wolf, who seemed, in her thin-ness, /To have nothing but excessive appetites, /And she has already made miserable.

TLS 最近刊载的一首诗中，唐纳德·戴维①（向西莫斯·希尼致意）写道：

> 我以为西森
> 你懂得，是吧？直白的但丁，直白得如同木板
> 如果是扁平的，就是扁平的。令人厌恶的，憎恶的
> 请求完全直白的表达。

但丁从不直白，但西森经常如此。但丁在所思与所见之间取得和谐，而其所见具有的一种意义不是仅仅"直白"一词就能记录下来。戴维显然是个浪漫派：他将这一景象解读为地狱里的景象，只通过将领悟力向着光亮延伸就能达到。然而，在西森译文中，被描述得最有说服力的，是炼狱和天堂。拐行在下面令人悲伤的丰饶中的诗文，随着诗人的精神上升。看起来像是单调的东西实则绝非单调，而是一种持续的绝望的暗流。西森并不是十分相信但丁的观念。因此，他在诗律中除掉了每一个修辞上的示意，即所有一切可能暗示着一种自己导致的情感上的神感。这解释了为什么西森没有使用诗歌技巧，也不断地拒绝建立任何韵律秩序。像艾略特一样，西森以为但丁的重要意义在于无信仰的诗歌。但他没有使用但丁的诗律来超越绝望，而是将绝望简化为一种全新类型的"直白陈述"。因此，他的译文是最真诚、最现代的，而在某些意义上，也是我所知道的最不忠实于原文的译文。

---

① 唐纳德·戴维（Donald Davie, 1922—1995），英国当代最具影响力的诗人之一，文学评论家。

建 筑

18. 阿尔贝蒂与恰当的艺术

《L.B.阿尔贝蒂〈论建筑〉词汇索引》，汉斯-卡尔·卢克编著，普雷斯特出版社，慕尼黑。原载于《泰晤士文学增刊》，1977年12月16日。

阿尔贝蒂的《论建筑》开始写于1443年，即作者第二次参观罗马期间，直到1452年方才完成，其间历经了在废墟与图书馆的拓展研究，以及大费周章的深思和发明，这在建筑理论全集领域史无前例。前五卷论述建造、地点及设计等，在完成这五卷约两年之后，阿尔贝蒂才开始撰写较为理论化的后几卷，在后来更为理论化的几卷开始之前约两年完成。在谈及自己的著作时，阿尔贝蒂说道："工作量远比我一开始能预计到的要大太多；困难随时都会不断出现，不论是在解释问题方面，还是在发明词汇方面，或者是为主题提出一种方法方面，所有这些都让我感到不知所措，灰心气馁。"

或许，对于现代读者而言，要领会阿尔贝蒂所提及的困难并不容易，因为他的专著缺乏较为明显的创新努力的标记。尤其是，它没有提供足够的例子，也没有提供解决风格和建造问题上的详细方案，而这些正是阿尔贝蒂的继承者们——塞利奥、维尼奥拉、帕拉迪奥等人著作中最显著的特色。这部著作有时也显得冗长、偏离主题，看起来是对所有可能获取的古典知识的汇总（这种装腔作势对早期文艺复兴时期的许多思想无疑产生了毁灭性的影响）。然而，《论建筑》也展现出一个基本体系,以及要把受过训练的智力应用到最难捉摸却又最显而易见的建筑实践中去的决心。除此之外,这也是一部具有优秀描述力的著作,其中,西塞罗式风格被用来记录技术术语和美学概念这一任务,而这些此前从未被完整地描述过。

在此方面,即便是现代读者也肯定能看到阿尔贝蒂所担负的任务是多么艰巨。因为,不仅是维特鲁威所遗留下来的技术词汇应用起来晦涩模糊,含混不清,而且也被证实是十分不完整的,即便是用于描述古典柱式(Classical Orders)也是如此,并且工匠和工程师所能使用的术语也是极端匮乏。除此之外,建筑也对理性描述提出了更进一步的,而且是更为难以应付的挑战。部件、装饰、结构以及表面都必须被描述,不仅仅是作为无生命的物体块来被描述,而且是(如果建筑如阿尔贝蒂所相信的那样,是人文研究的话)作为连贯的、有意义的外观的组成部分,作为令人高兴和满意的客体,以及作为公共生活和私人生活的形式和设想的组成部分而被描述。

在传递完整的视觉感,也可以说是建筑的道德现实,以及传递存在于如何建造和如何生活两者之间那种深刻的、难以捉摸的关联感方面,没有任何一个现代建筑作家能像阿尔贝蒂做得那样成功。令人遗憾的是,现在阅读他的著述的主要是历史学家,而同样令人遗憾的是,建筑系的学生们也被鼓励从勒·柯布西耶和现代运动所进行的幼稚的、歇斯底里的宣传中,获得他们所需要的一点美学教育,而不是从这些成熟的、审慎的反思中去获取。事实上,目前似乎还没有阿尔贝蒂作品的英文译本。直到近来,才有可能获得梯兰缇(Tiranti)出版社重新印刷的1726年莱尼的译本(由约瑟夫·瑞克沃特粗略做了注解),而这个译本也不过是在16世纪巴托利的意大利文译本基础上翻译而来。莱尼的版本风格典雅,学术性强;但是它在翻译阿尔贝蒂的哲学术语方面没有显示出体系,而且误译了许多核心概念。

公允地说,不论是巴托利还是莱尼面临的任务都不轻松。阿尔贝蒂的语言既丰富又复杂,虽然他使用的每一个术语都具有特定的、公认的意义，但他很少提供定义，即便是其中最重要的术语亦是如此。对巴托利或者其他任何一位后来的译者来说，校对阿尔贝蒂的术语所包含的工作量，并不具有吸引力。然而，现在，感谢汉斯·卡尔—卢克还未完工的著作，我们有了一部《词汇索引》，它把每一个词追溯到它被使用的具体语境，使读者能够自己发掘阿尔贝蒂许多新造词语的真正含义。

开创此类工作先例的是赫曼·诺尔1876年出版的《维特鲁威索引》(*Index Vitruvianus*)；但卢克博士的工作比他的先驱者所做的工作具有更大的价值。对每个词的每一次出现，不仅指出了所出页码，而且还引用了这一出现所涉及的整个语境，这样他就能使读者不仅了解每个词出现在哪儿（这本身是个毫无意义的信息），而且能对其意义形成一种概念。因此，《索引》能够被当做词典一样使用，不过这本词典提供的不是清晰明确的而是含蓄的定义。卢克博士校对了各个不同版本和手稿，指出错误、印刷错误和语法失误，并且目前已经出版了整个三卷本之中的前两卷，一同出版的还有词典中各个词条所指涉到的1485年弗洛伦丁原版中各页的副本。

希望这一细致的学术工作，能为重新翻译并且是理由充分地重新翻译阿尔贝蒂的著作提供一个契机。意大利人已经拥有一个详尽的双语注解版本，但是充其量只能引起英国读者的部分兴趣，因为它没有对阿尔贝蒂最重要的术语达成前后一致的翻译。

由于对阿尔贝蒂的研究几乎被认为仅仅是艺术历史的专属领域，他著作里所展现出来的哲学思考的独特过程，近来几乎没有产生什么重要的影响。阿尔贝蒂不是什么严谨的思想家，但在哲学家这个词语被接受的古典意义上，他是个哲学家，能够对复杂问题进行持续思考，并且能够创造概念来描述最令人难以捉摸的事实。然而，《论建筑》一直主要是被当成历史文献来研究，它有助于理解文艺复兴时期古典主义以及当代对于建筑的态度，因而是有用的，但这本著作同它所催生的许多著作一样，激不起什么普遍兴趣。

在为意大利文版撰写的导言中，保罗·波多盖希甚至试图将该著述解读成早期意大利著作《论家庭》(Della Famiglia)（大致与阿尔贝蒂的第一篇关于建筑理论的论文《建筑的五个秩序》写于同一时期，但这篇论文从未发表）。依据此种解读，《论建筑》的主要目的之一，就是描述早期的那部著作中所赞美的私人的、家庭的美德在外部和公众领域的体现，试图（就像一个马克思主义化了的批评家可能会说的那样）赋予都市的、商业的价值以客观的、象征性的形式，并因此将一个短暂的社会秩序表现为一个永恒的人类事实。然而，不论我们如何理解那一点（而且对其所进行的反思显示，不论是家庭机构还是建筑的古典语言，都不会被如此轻易地限制），事实就是，阿尔贝蒂的思想太丰富、太引人注目，因而人们无法仅仅从这样一个内在的视角出发，将其视为一个了不起的人和一个了不起的时代的个案史的一部分。我们应该像阿尔贝蒂自己所设想的那样去阅读他的著作：它是对整个建筑艺术的广泛描述，意图包含一切应该被那些想要建造优良建筑的人们了解的内容。

然而，毫无疑问的是，艺术史领域的学术成就，因其令人瞩目的"文艺复兴人"这一概念，及其无所不包的想要发掘各种内部关联的欲望，已经为阿尔贝蒂的著述创作了一幅扭曲的图画。现代读者会认为它是对两三个核心美学原则的简明阐释，被设置于一个神话、推断以及实用建议所构成的话语范围内，并且包含了对罗马柱式所进行的令人印象深刻但不是十分准确的描述。他尤其会熟悉阿尔贝蒂对美的界定，并且会熟悉随之而来的将美与装饰区分开来的努力。他也会了解阿尔贝蒂对比例所进行的毕达哥拉斯式的思考，这种思考源于将建筑与音乐进行的系统类比。而且，他会将这些事物看成属于中心化的"庙宇"，属于自我意识的异教主义，属于对每一个可以想象到的古典源头的大量的、满怀敬意的指涉，即"文艺复兴人文主义"整体态度的各个部分，这一态度将人置于世界的中心，并且从人的能力和人的形态得出关于完美的概念。

这幅图画很具有吸引力，但同时也具有误导性。单独来看，阿尔贝蒂把美界定为部分与部分之间的有机关联所产生的和谐,这在许多早期的著作中都有预示(比如,但丁《宴饮》,1,第 v 页就是一个例子)。而且,毕达哥拉斯比例理论或许是阿尔贝蒂思想中最具"中世纪"特征的部分,这同样体现在哥特式教堂的系统维度中,并且通过基督教新柏拉图主义对中世纪艺术和文学产生强大的影响。然而,事实上,毕达哥拉斯理论在《论建筑》的哲学中,并不占据真正的核心位置,尽管阿尔贝蒂如众所周知的那样,往往会把建筑当成某种类型的音乐一样进行描述。这些数学推论并不是意图展示"比例"的真正意义,而是要提供必须从其他方面去描述的某种事物的一种**解释**。合适的比例遵从数学规则,即与在音乐和谐中所观察到的那些规则相类似的规则这一理论,提供了弗朗西斯科·迪·乔治所称的被隐藏的一些事物的理由(ragione delle cose):他并不**描述**我们所看到的,而只是解释它对我们所产生的影响。因此,我们必须试图对"比例"进行单独界定。这便是阿尔贝蒂美学思考的主要目标之一。

对卢克《索引》进行的研究揭示,不可能把阿尔贝蒂的比例概念追溯到任何一个单一的术语(比如 *proportio* 这一概念),或者是追溯到任何一组直接关联的术语。对比例的讨论涉及对一个复杂词汇集的微妙且多变的使用,其中最著名的术语,即阿尔贝蒂在对美的界定中用以描述的术语和谐(concinnitas),也远远不是最重要的一个。例如,我们发现下面的术语在表达那个核心的美学概念时占据了同等重要的位置——*aptus*, *acmmodus*, *decens*, *dignus*, *ineger*, *numerus*, *propriu*,还有许多其他术语——所有这些都表述诸如"恰当的""有节奏的""正确的"等概念。在描述重要部分时,这些术语在使用上并没有什么分别。事实上,阿尔贝蒂显然不会赞同任何人试图从抽象意义上去界定比例,或者是将比例从适当的细节感之中分离开来。他自己本人的毕达哥拉斯理论也不能脱离他所勾勒的古典语言规范去理解,而且,即使是在违背音乐比率的情况下,对细节的恰当使用,也总是能够恢复整体的平衡性:

> 如果任何一面墙的高度超出通常范围,那么就把它与一个檐口连在一起,或者是在上面涂上分割线,目的是将高度划分成更为合适的空间(aptis locis)。如果墙太长,那么就建一个圆柱,从顶端一直延伸到底部,不要让这些柱子离得太近,而是要拉开一定距离,以便获得适宜的匀称和谐的点,这样便能最大程度地减少由于过长而带来的唐突性。

143　　很显然,阿尔贝蒂看待比例的方式同他看待美的方式是相同的,都将它们视为一种只能通过反思过程才能被了解和洞悉的特质,而在这个过程中"恰当"和"相称"等概念起到了最重要的作用。他所创立的建筑艺术,是基于部分与部分之间在视觉上具有重要关联这一概念之上。人们或许会说,比例由一幢建筑展示出来(由它们的形状和大小等方面,而不是由装饰方面来评判的),这幢建筑的各个部分为彼此提供了充足的视觉理由。关于比例的概念之所以会发展,是为了回答在视觉应用中提出的"为什么"这一问题——为什么是这种形状?为什么这么高?为什么这么宽?为什么这么长?这些问题把阿尔贝蒂引向的不是有关比例的数学原则(因为那是形而上学的事后思考),而是成熟的建筑语言,它根植于一种对适宜的以及重要的细节的感觉。因此,对比例的理解和对细节的理解,是建筑认知这一个过程相互补充的方面。

　　要了解阿尔贝蒂的观点,就要了解美学论证在设计活动(包含从餐桌的摆放到建造一个城镇的所有一切的设计)中所占据的位置。尽管实用主义和功能主义建筑师热情宣传,大部分人都承认,实际思想中只有非常小的一部分是关于功能的。我们总是从一堆杂乱的在功能上等同的替换物中做出选择,而在所有那些不仅影响当下目的,而且影响长远愿望的选择中,最重要的就是,非实用主义的遗留影响。建造好的建筑就是要找到恰当的形状,而这意味着形状要符合那些能持久存在的事物,而不是那些易消亡的事物。合适的形状不仅服务于当下目的,而且要服务于一种感觉,即我们是一种具有超越当下目的和欲望总和的身份的动物。要找到合适的形状,我们的目光必须超越功能,看到某种对长期乐趣的暗示。而且,可以说,我们只能在对一个合适的、象征性的外表的寻找中发现这一暗示。对这些外表的追求,就是对某种特定的生活**方式**的追求;它追求的不仅是对这种或者那种欲望的满足,而是这些欲望得到满足之后仍然存在的自我。因此,美学教育是不可避免的,因为它是将功能预测转变成理性选择的手段。

  我多少以黑格尔的方式阐述了这一点,而这肯定不是阿尔贝蒂的方式,他谨慎的、碎片化的观察,不是从任何一个最重要的系统获取其意义,而是从具体的概念和具体的思维习惯中获得意义。在这一方面,很有用的一点,是将阿尔贝蒂对美的定义看作"由合理的思考整合起来的一种部分与部分之间的和谐(concinnitas),它的整合方式使得没有任何能被增加、减少或者改变的部分,否则就会变得更糟糕"。这一定义时常被讨论,仿佛它本身作为一个概念就是明白易懂的。显然,阿尔贝蒂并不这样认为,因为他后来又回到这一定义来解释它的构成条件的意义。Concinnitas(和谐)是所有那些优雅、得体的(decus)因素的根源所在,而美感不过是我们有关"恰当"或者"相称"知识的自发运用;美学推理在于那些概念所暗指的知识结构。

  当然,在其最初形式上,阿尔贝蒂对美的解释显得远远不能令人满意。"变得更糟"这一表述必然会引发"在哪一方面更糟"这个问题,如果答案是"在美这一方面",那么这个描述就是在兜圈子。此外,构成阿尔贝蒂定义基础的关于美的"有机"概念,是否真的如此具有说服力?毫无疑问,把湖上的窗户连成一线(就像早期雕刻里有时会做的那样),威尼斯的总督宫当然能朝好的方向改变。然而,尽管如此,它仍然是美的。

  但是,阿尔贝蒂所指的并不是某种可定义的美的**属性**,而是指美的**感觉**,以及在运用这种感觉时所涉及的思想和观念。情况可能是,我们**能够**改善总督宫;但即便是在它现有的状态中也**看到它**的美,**就是看到部分到部分之间**的充分关联、细节之间的和谐以及能被**感知**为真正正确的视觉实现。

因而，美的概念是被并入一个特定的推理模式之中，这一模式既依赖理智，同时也依赖视觉。如同阿尔贝蒂似乎承认的那样，在这一领域的定义里从来不可能获得成功。重要的是，要研究美学认识以及它本身固有的推论。而且，对美学推论的正确理解，将会把诸如"恰当"等概念置于其理性中心。但这样的概念无法被明确界定。它们本身似乎承载着使用者的主体性，而且，哲学家的确有可能会很想从对客体进行观察的人的思想状态之中，而不是在客体的属性中，去发掘它们真正的意义。与此同时，它们包含对客体性的暗示；如阿尔贝蒂所说，美学判断不仅仅是从印象中产生，而且从大脑的理性官能中产生：*non opinion, verum animis innata quaedam ratio efficiet*。①

因此，美感与支撑它的理性话语不可分割。一旦我们认识到这一点，我们就会像阿尔贝蒂那样，一定会不由自主地去接受某种已有的或者"古典的"（我用这个词不一定非得指希腊的或者罗马的）风格。原因在于，对适当、恰当或者相称的外表的感觉，自然而然地想让自身扎根于某种已被公众接受的、有关形态的语言之中，而正是通过这种语言，我们获得了批评性反思所需要的主要依据。如果不这样认为，那么就是要开始把美学选择从实际认知的其余部分中分离出来，这样就将其表现为一种孤立的、非理性的部分，而它的意义永远无法被描述。如同一位著名的现代建筑师所说的那样，这就是将美仅仅制造成一种"附带"事物，一种"正确地解决了问题的产物"。而且，任何有眼睛的人都无法否认，对建筑师来说，这样看待美（从人类的视角来看）通常都是灾难性的。

这样一来，阿尔贝蒂的思考不可避免地把他引向接受某种建筑的古典语言，一套对重复问题的重复回答、一个由固定不变的期盼和可变通的规则所构成的背景。然而，正如他本人深刻地意识到的那样，在描述建筑中所使用的概念，虽然它们能用于表达这种部分与部分之间的

---

① 本句为拉丁语，大意为：不是舆论，而是理性所产生的固有的真实情感。

合理相称性，却具有一种超然的、流动的特质，似乎要从它们的应用所需要的一切固定的基础上自由游走。因此，阿尔贝蒂并不试图给出定义，而是试图呈现一幅推论在对建筑物的判断中所占据的位置的**图画**，这幅图画展现出的不是要做出理论性结论（比如工程师们所得出的结论）的理性，而是要表现某种对经历的转变，一种某个形状或者结构"看起来正确"的感觉。

这种视觉推理的目的，并不是要制定强制性规则，而是要得出视觉意义的概念。阿尔贝蒂所描述的部分与部分之间的一致性，也是外部与内部、建筑物与观察者之间的一致性。因为对什么是"相称"的判断，源于我们自身。它能够将研究者的主观要求转移到客体上去。对阿尔贝蒂而言，美学判断，以及他认为体现了这种判断的古典风格，是实现每一位建筑师都视为主要任务的手段，那就是，工作以便让人们对工作的结果感到熟悉，为人类生活的活动建造一个客观的、公共的表征。

然而，阿尔贝蒂没有给出明确定义和解释，也许在现代读者看来还是无法令人满意。像 aptus，decus，concinnitas 以及神秘的 finitio（似乎通常与 collocatio 联系起来，表示某种线条与线条的巧妙配合）这些术语的意义，都远非不言自明的。一方面，现代读者会想要了解，这些术语之所以显得必要，是否是因为阿尔贝蒂为自己设定的主要任务，这一任务就是不仅要描述建筑物的结构，而且要描述结构所产生的外表。

然而，我们发现自己无法轻易地回答这些问题。在《论建筑》中，我们没能找到任何一处明确地将术语划分为"美学的"和"功能的"，在问题方面，也没有这种明确划分。例如，当阿尔贝蒂把线条和棱角之间的结合描述成建筑师承担的任务中最重要的也是最困难的部分时，他显然指的既是建造的问题，同时也是指恰当外表的问题。除非看到这一问题的两方面是如何紧紧地相互锲制，并且看到真正的解决办法只有作为一个由各个组成部分的综合体（而不仅仅是串联）时才能被理解，否则就无法真正理解阿尔贝蒂的意思。

对阿尔贝蒂而言，一方面应该有建筑，符合审美标准并且为自身设定最高目标，而另一方面应该有建造，它只是工匠的活动，不产生什么美学效果，纯粹是为了满足某一功能而设计这一观念，即这个在作为艺术的建筑和作为技能的建筑之间存在根本区分这一观念，对他的思维方式来说完全是有害无益的。因此，他在著作一开始就提到一个单一、普遍的建筑艺术，"它存在于设计（lineamenta）和结构之中"。"设计的整个力度和理由，"他接着写道，"在于找到一种准确的、正确的方式去调整对建筑外观起决定作用的线条和棱角，并将它们连接起来。设计的属性和责任就是要为建筑物和其所有部分分配合适的地点，精确的比例，适当的安排以及和谐的次序，这样建筑物的形状和外表就能完全成为构想的固有部分。"（就像许多具有哲学性质的片段一样，这一段话被莱尼翻译得令人困惑不解。）

什么是正确的、恰当的、合适的、成比例的这些概念，从一开始就决定着他思维的走向。然而，他同时也开始谈及墙和孔的功能，建造屋顶的复杂性，气候、阳光以及雨水的影响，实际上，他在前五本书里自始至终都专注于实际问题，毫不犹豫地从哲学家的抽象思考过渡到担任实际工作的工程师所面对的现实。然而，卢克博士的《索引》显示，表达恰当和比例概念的术语一直占据他的论点的主导地位，而且很少能与一个具体的"美"感绑定起来。

事实上，我们或许可以说，阿尔贝蒂没有真正认识到"美学"术语的存在——他对许多美学判断的表述，每一个都是使用那些从更宽泛的用法上——实际上是从实际推理的整个结构中——获取意义的术语。即便是他如此强调美学侧重点的 concinnitas 一词，对他而言，具有的主要含义都是道德的。（他可能是从西塞罗的《演说家》中借用的这个词——而在其中，它意为一种声音所具有的甜美和说服力——并把它用到早期几个作品中，尤其是在《论家庭》中，指的是文明行为本身所固有的和谐与优雅。）阿尔贝蒂试图传递到美学领域的，正是这种道德含义。通过一直使用这样从更广泛的用法中获得意义的术语，阿尔贝蒂得以表达了美学品味和实际推理之间的连续性，在事物看起来应该如何这一感觉与对它们应该是怎样的这种判断之间的连续性。

这一点后来被达尼埃莱·巴尔巴罗(帕拉迪奥的朋友,帕拉迪奥为他建造了位于马塞尔的别墅)在他关于维特鲁威的学术性版本中明确阐释出来。在谈论到维特鲁威的六个美学范畴(秩序、安排、完美比例、对称、装饰、分布)时,巴尔巴罗说道:"这些术语具有普遍性和通俗性,并且其定义源于形而上学的普遍和通俗的科学。但是,当艺术家想要把其中一个因素应用到自己的职业中,那么,他就将这种普适性限制在他自己艺术的具体的、特定的需求范围内。"这就是真正的"人文主义"艺术观,即艺术中所追求的价值并不是艺术所特有的,恰恰相反,它与决定着我们所有思想和感情的概念都具有内在关联。

因此,整个建筑艺术,就在于建造一个易于理解的外表,这一外表作为对美感所提出的需求的反馈,与生活的其他部分相和谐。阿尔贝蒂传达了这种美学价值观,同时也没有遗漏工程和设计的现实。此外,他的著作向我们揭示了,古典主义并不是看到真正意义上的美学价值的**偶然**结果。两者之间的关联既是自然而然的,也是合情合理的。

没有经过任何歪曲或特殊的辩护就得出这样的结论,是真正意义上的一个伟大成就。因为阿尔贝蒂对建筑的描述,折射了一种远比那些现代理论家对美学判断及其在日常生活中的地位更加深刻、更加真实的认知,理论家们要么把功能提高到比任何其他价值更重要的位置,要么试图将美感附加于某种审慎的、理想中的"比例"之上,正是在这一理想中,所有对风格、细节、装饰和语言的指涉——总而言之,所有对一切能使比例被**理解**为一种美学目标的指涉——得以被运用。尽管我们已经习惯了现代运动妄自尊大的怒吼,习惯了现代运动理论家们轻蔑的道德主义,以及现代运动的实践者们所奉行的毁灭性的极权主义,阿尔贝蒂的话语所具有的温和与谦逊必定让我们真正地感到震惊。的确,它更像是普通人的语言而不是一个建筑师的语言。但我们仍然能知道阿尔贝蒂是位建筑师,而且是一个非常优秀的建筑师。

除此之外,已经证明依据他的概念所建造的建筑是令人满意的,而且从他的著作第一次面世到现在这个世纪,对几乎每个人来说都是明白易懂的。在各种不同境况下,它都蓬勃发展,调整自身去适应各种不同的政治秩序、宗教教条、经济体系以及生活方式,但从来没有偏离过在视觉上一目了然这一范围之外。揭示使古典传统成为可能的思维范式,是建筑美学面临的最大问题之一;现在,有了卢克博士的《索引》的帮助,我们至少将有可能理解它开出的最精美的智力繁盛之花。

19. 阿德里安·斯托克斯

《形式里的意象:阿德里安·斯托克斯选集》,理查德·沃尔海姆编,企鹅出版社,1972年。原载于《旁观者》,1972年8月5日。

阿德里安·斯托克斯1932年出版了《四个组曲》(*The Quattro Cento*),接着又出版了约16卷薄薄的对艺术更为复杂的思考。这些著作无论是内容还是风格都极为独特,难怪斯托克斯的影响仅仅局限于一小群入门者。然而,他的著作现在正越来越广泛地为人所知,目前这册经过理查德·沃尔海姆精挑细选的精选集的编辑目的正是迎合这一日益增长的兴趣。

斯托克斯的评论建立在三个贯穿始终的先入为主的成见之上(pre-occupations)。第一,存在一种与佩特很类似的唯美主义,一种对由艺术激起的主观印象的关注,斯托克斯将此作为他的文章要阐述的主要任务。因此,他主要的并且扭曲的风格,是拉斯金和佩特优雅的文法——斯托克斯从两者身上获得了灵感——时常让位于一种过度恭维的、孩子气的诗意化("圆柱和正方形的结合永存。加工过的石头是沐浴过的未加工的石头。圆顶滋养着天空……威尼斯的宫殿前挤满了柔韧的水域")。

第二,存在一种深刻的自我关注,一种要牢记每一个瞬间印象,并追踪其根源的欲望,以及一种几乎可算是洋洋得意的骄傲,这种骄傲源于他自身对其他人不以为意的场景和物体的敏感性。这个特征没有沦落为异想天开,而是体现于自传的许多段落中,因为第三个成见的存在使他具有了内容,这个也是斯托克斯最显著的特性之一,即他对梅兰妮·克莱恩①一派精神分析理论的喜爱,而这种喜好所带来的结果就是,他试图寻找每一个客体与乳房的关系。斯托克斯对克莱恩神话的使用,使原本的私人情感看起来具有更人道、更"普适"的吸引力,而从这一神话中,他试图发展出一种关于视觉艺术的创造和认知的完整理论。在与幻想的斗争中,艺术被当成工具,这种斗争是艺术家和观众都在进行的,他们试图克服嫉妒、怨恨及内疚,力图使自己再一次出现在"好乳房"面前,在一个世界里,"好乳房"既被接受也具有接受性,他已经评估了这个世界的价值,也已经逐渐接受其客观存在。

这个信条在斯托克斯的写作中呈现出十分明显的神秘倾向,神秘到有时让人无法跟随他的思路,甚至他频繁举例也于事无补。当一个艺术品在克莱恩式冗长的陈述过程中被提到的时候,它很有可能以几乎无法辨认的形式出现,就像它自身的梦幻幽灵一样,引人联想又让人感到恶心:

> 在我看来,伦勃朗将裸女画成松垂下来的装满了珠宝和泥土、神话中的婴儿和神奇排泄物的贮存处,被洗劫一空但后来被修复、被复原,身体时常是松弛的、皱巴巴的,虽带有伤痕却仍然是一个令人渴望的馈赠之源:不是那种完美的、坚挺的乳房所给予的馈赠(这种形象存在于我们在古典艺术的丰满形状中所找到的和谐心灵的神庙之中),而是财富、乏味,加上

---

① 梅兰妮·克莱恩(Melanie Klein,1882—1960),奥地利精神分析学家,儿童精神分析研究的先驱,被认为是继弗洛伊德后,对精神分析理论发展贡献最大的领导人物之一。她在心理学上的主要贡献,主要在于她所发展的客体关系理论(Object Relations Theory),主张人类行为的动机源于对"客体的寻求",即人类关系的建立与发展,而非弗洛伊德所强调的"快乐的寻求"。主要著作包括《嫉妒与感激》《儿童分析的叙事》《儿童的精神分析》等等。

婴儿干扰的嫉妒,有时这种嫉妒带着让人感到压抑的影响或者是因其窃取所遗留下来的倦怠等特点。

这段话所产生的荒谬效果,显然是刻意为之,而且有时这种批评性的"梦幻之作"可能会不可思议地感人,比如在对特纳(Turner)和乔尔乔内(Giorgione)的一些评论中就是如此。但更多的时候,读者会感到困惑。我们有可能会理解他对伦勃朗的描述,也能辨识出他对精神分析学说的指涉。但是,我们如何理解伦勃朗将女性裸体画成那个样子所暗含的意思,如果我们无法以这种方式**看待**他的裸女像?我们所认为的伦勃朗所具有的深刻性被描述的方式,与其绘画的外观之间没有什么关联。精神分析的幻想没有能够在审美体验中扎根,因而,不论人们多么努力地研究这些绘画,珠宝、排泄物以及婴儿却仍然非常顽固地拒绝出现。

然而,斯托克斯的目的远比这点所暗示的要更为复杂。他主要的目的不是描述我们的艺术体验,而是去解释它。他希望能够展示,为什么它会有如此强大的影响力,又为什么如此宝贵。他之所以谈及个别艺术作品,只是为了用它们作例子来阐释普遍的理论概念。这点在他对建筑的研究中最为明显。建筑与绘画不同,它不再现事物。如果它让我们感动,那是因为它本身,因为它所应用的形式、技巧以及材料。这种情况是如何形成的?引起斯托克斯兴趣的,就是这类问题,因此他在试图回答这一问题时,开始依赖精神分析理论,这点也许就不那么让人吃惊了。伟大的建筑唤醒深刻的情感,而斯托克斯相信,深刻的情感必须是无意识情感:我们对自己更深层次的情感的了解只是冰山一角。要发现建筑**真正**的效果,就是要发现那些它唤醒的感情的无意识根源。如果形式和材料被赋予情感,那是因为它们让我们想起了与我们最基本的感情相关联的幻想。如果乌尔比诺的劳拉那设计的庭院具有一种庄严的静穆,那么,产生这种情感的并不是对天堂的思考,而是一种支撑比对天堂本身想象的"更深刻的"思想,也就是母亲乳房这种思想。

斯托克斯似乎认为,如果我们能以这样的语言去描述我们对建筑的体验,我们才算谈及了它某些重要的方面。传统上对于和平、和谐和美的夸夸其谈将不再是非常重要的。实际上,斯托克斯继续对艺术价值做出大量的但又不全是令人惊讶的结论:艺术是治疗分裂自我的方法。然而,我们用这种方式看待视觉艺术能获得什么呢? 尽管斯托克斯十分聪明,但对建筑所唤起的感情也不过仅仅是进行了非常笼统的描述。房子是子宫,它是"由一个个细胞建立起来的我们直立的身体",壁架是足、膝、眉。平整的墙是健康的本源,它是我们想要利用来作为自己本身善良源泉的"好乳房";钻了很多孔的墙是我们用自己复仇的牙齿咬开的"坏乳房";等等。通过呈现整体意象——爱和恨的特征结合在一个单个的客体中,整栋建筑转变了我们对"部分客体"的狂热渴望。因此,美是"一种整体感"。

这种对建筑所具有的影响力的描述,没有告诉我们任何我们想知道的东西。它描述的是我们对艺术所怀有情感的无意识根源,即便这种描述既有意义也是正确的,它也仍然与我们对单个作品的欣赏没有任何关联。如果我们想要了解为什么劳拉那的庭院唤起了如此强烈的情感,那么,告诉我们一些我们自己没有意识到的情感,或者是告诉我们不管怎样,这种情感都是被一个伟大的建筑所激起的,并没有提供任何帮助。我们不希望被告知某种如此普遍的情感,普遍到它与引起我们兴趣的某个建筑脱离开来。事实是,斯托克斯根本没有解释什么是建筑**鉴赏**。因为如果他所提到的无意识冲动是我们乐趣的真正根源,那么,为什么我们总是会希望参观一个我们此前从未看到过的建筑? 为什么我们总是不会一直满足于我们已经拥有的? 实际情况是,建筑所激起的情感是有意识的,即便是我们很难描述这些情感。

正是出于这个原因,斯托克斯作品所具有的一个持续倾向是要超越艺术作品,洞悉它们被构成的材料和方法。尤其是在对石头的钟爱这一点上,他颇费了一些笔墨——为什么石头以及处理石头的特殊方式,会像现在这样具有如此重要的意义。他从克莱恩心理学派所获取的对二分法的青睐,激励他重新建构雕塑理论中的一个经典的二元对立——雕刻和模型之间的对立。他将两者之中的每一个,都与一种对石头的不同态度等同起来(而且,在更深层面上,与对母亲的不同心理学"位置"等同起来)。这一理论的细节更加令人感兴趣,这也不是斯托克斯的事业中唯一成功的部分。例如,他有关米开朗基罗的研究,以及他对多纳泰罗①的评论,写得既清晰又简练,对精神分析的痴迷以不那么高亢的调子发挥作用,而且论点也很清晰。

然而,斯托克斯的敏感观察,时常在无法移动的精神分析理论这一器械下被压碎。弗洛伊德在他对莱昂纳多的研究中,已为此类艺术讨论创造了先例。从那时起,就有了对从索福克勒斯到瓦格纳等所有人的弗洛伊德式分析和荣格式分析。自然而然地,艺术,就像其他人类产品一样,对这种阐释方式也是开放的。但是,分析的结论在何处与我们有意识地对艺术的欣赏关联起来? 或许,这个问题有一个答案,但除非它能够被提出来,否则,像斯托克斯这样的作者——将反应的极端主观性与对一个最为古怪的精神分析学派的拥护结合起来的作者——的作品就无法被评价。

---

① 多纳泰罗(Donatello,1386—1466),意大利早期文艺复兴的画家、雕塑家。

20. 巴克明斯特·富勒

原载于《剑桥评论》,1977 年 6 月 10 日。

至今仍旧存活在大众想象和建筑师的思想之中的进步宗教,是个十分奇怪的宗教,它既没有组织形式也没有仪式,而且除了要求它的信徒要对习俗持有深刻的怀疑以及要对未来事物持有信仰之外,没有什么其他要求。它鼓励人们对"历史"和"进化"都要有信念,但它的礼拜仪式并非源于马克思和斯宾塞,而更多的是来自通俗科学、H. G. 威尔斯以及《男孩专属》(*Boys' Own*)杂志。尽管有种不太专业的特质,进步主义仍旧具有显著的狂热性:任何以它的名义所进行的活动都是正确的,任何对它表示反对的人都会遭到蔑视。如果一个信仰者遭遇挫败——就像勒·柯布西耶①为了巴黎、斯德哥尔摩和阿尔及尔的进步而设计的拆除计划遭受挫败一样——这不过显示了他只是"早于他的时代出生"而已,在任何情况下,晚于自己的时代出生都是一种罪恶,而与他的时代完全同步也没有什么价值。就像所有进步宗教的圣人一样,勒·柯布西耶拥有一种富有感染力的乐观主义,以及一种孩子似的对目的的坚持。在建筑的世界里,他那疯狂的涂鸦现在已具有神圣文

---

① 勒·柯布西耶(Le Corbusier, 1887—1965),法国建筑师,亦是 20 世纪最著名的建筑大师、城市规划家和作家,是现代主义建筑运动的主要倡导者、功能主义建筑的泰斗,被称为"现代建筑的旗手"以及"功能主义之父"。

本的特征。对于所有进步思想家、发明家、建筑师、工程师、诗人、哲学家、科学家以及"世界重新设计者"中最具喜剧性的巴克明斯特·富勒（在建筑界，他被称为"巴克"）来说，这点也同样是正确的。

利用现代科学的发明（尤其是利用 $E=mc^2$ 这一依据需要和实际情况而做出不同阐释的神奇公式），富勒已经把自己的生活奉献给了人类同胞们，给他们带来了节能房屋（dymaxion house）（有些房屋依旧存在）、网格球顶（在国际展览以及在剑桥斯科洛普的阳台花园中都能找到）以及世界城镇计划（这个仍有待于变成现实）。因为这些发明，1968年，富勒被授予英国皇家建筑学会（RIBA）金奖。他对人类的慷慨奉献，他相信，是施加于他身上不可逃避的责任。对自己前三十二年的生活进行了全面细致的研究之后，他发现：

> 只有当我致力于为他人服务时，我在生产财富方面才能积极有效。接着进一步……观察显示，我服务的人数越多，我就会变得越积极有效。因此，很显然……如果我所服务的是全人类，那么我就能做到最好。

在得出这一结论后，富勒没有其他选择，只能以一切可能的方式把注意力集中在自己身上。而且，他通过自己的"世界重新设计策略"表达的精神快乐，唯有他人对他的信任所带来的精神快乐能与之相提并论。他为展览、校园和私家后花园设计圆顶；他时常环游世界各地，举办讲座，展示自己的发明；他在很多研究所任职，包括担任哈佛大学的查尔斯·艾略特·诺顿诗歌荣誉主席；他（同艺术和科学世界学院和大主教马卡里奥一起）在塞浦路斯开创了"世界人类领域托管制度"；事实上，他所发明的每一个幻想作品，都似乎从来不缺少观众。然而，富勒仍然有理由后悔没有完全献身于历史要求我们必须全心投入的进步、未来以及他自身之中。如同他用自己那种闻名遐迩的、带有诗性气质的方式所说的那样：

> 习惯于反省的社会，只面向它的过去，往后倒退着进入未来，

臀部时常痛苦地但又不理解地碰撞到财富保险柜,这些保险柜是未来岁月所具有的巨大增殖能力,这种能力能够有利地控制自身生态演变以及后者所具有的**增加自由**的设备。(强调为富勒本人所加。)

如果说世界在实现富勒为其设计的计划方面比较迟缓,但这些计划本身却已经被许多地方接受,具有与神圣天启相等的权威性。"我试图,"他宣称,"改造环境,而不是试图改造人。"因此,他已经把整个世界重新规划(或者他喜欢称其为"宇宙飞船地球")成一个单个城镇的形式,它通过宇宙无休止的旋转,将人类这个内容转载于一个被完美掌控的环境之中,不受罪恶或者革命的困扰,不被迷信、历史或者罪恶所遮蔽。用他自己的话说,他已经设计出了:

> ……一个机械化的人类集装箱服务,向你们提供一种被控制的大气,每人每分钟十七立方英尺的空气,摆脱了有毒的或者令人不愉快的气味和灰尘,干球温度在 74 华氏度,相对湿度为 45%,湿球温度为 60.5 华氏度,露点为 51.3 华氏度,蒸汽压力为每平方英寸 0.018 69 磅,加上合理的增加或者减少的控制,噪音水平低于可听到的阈值线,并提供每一种对你们的快乐健康来说是必要的、触手可及的基本设备,用以提神、休息和感觉(照明等)。

在这一勇敢的新世界中,将不需要法庭和警察;像富勒说的那样:"……如果你不打球,这项服务就会被'关闭'——工程的简单性取代了法律的复杂性。"每个人都能通过一个"便携式无线电收发器装置"同其他人交流,所有人都会参与到"一整套不断提高的生活水平的环境中,不管你们是在加速、稳定、逗留还是住在干地、公海、冒着热气的热带等地的服务站,或是在苍蝇到处飞的北极冻原,或是在浮冰之上、在高空中、在山顶、在海底,或是在地球内部的深处"。每一个人的居所都是可拆卸的,而且是可以移动的,个体会携带着他的"私人行李、工具箱、文件和各种展示物品"。没有收纳于其中的任何东西"都会被方便地存储在，或者被借出，或者捐赠于保险库或者公共收集中，一方面不会失去享用权，另一方面会增加公共享受，而与此同时，也将个体释放出来，享受环游世界走走停停的自由。以此类推，有人或许会害怕自己被某种极具破坏力的怀旧情结——对混乱的、杂乱的事物的怀念——所困扰，他无需担心自己是不是精神正常。富勒向我们再次保证，"个体生来就具有心智健康的可能性程度，与维护环境固有的卫生程度成正比"，这样一来，对宗教的依赖，在诸如"淋浴、磺胺复合物、杀菌灯、无线电传呼的空中救护车以及与科学合作的血液银行"等事物面前，变得十分没有必要。至于人类对于历史感的渴望（这点显然通过圣经和世界历书持续的销售量揭示出来），这在未来的世界能得到更好的满足，因为每个人都可以利用电脑化的数据库，这个数据库包含了所有历史事实。

很显然，所有这些天真的想法超出了进步宗教所严格要求的范围。因此，值得反思的是，为什么富勒的作品会受到如此重视？举例来说，为什么瑞纳·班汉姆①会将富勒的作品描述为"本世纪改变思想的伟大文献之一"。能让时尚传播者表示赞同的，不可能是富勒作品的标题，这些标题既笨拙又索然无味，像《拒绝二手上帝》以及《通往月球的七条锁链》等。伪科学的辞藻也不具有什么非常重要的意义。要辨认出爱因斯坦"选择速度作为绝对"并且"将宇宙与绝对能量 E 等同起来"这一观点中的混乱，并不需要多少物理学知识。这就是富勒如何表述爱因斯坦的同时性标准（它决定着光速的持续性），以及他的守恒定律（这决定着物理变化中质和能的持续性）。富勒似懂非懂地思考来自对能量、速度、变化所具有的绝对价值的感觉；而且，他想象，现代物理学以某种方式确认了这种感觉的存在，并在此基础上对其进行了误读。然而，很令人怀疑的是，任何人，即便是他能完全被专门术语迷惑，认为

---

① 瑞纳·班汉姆（Reyner Banham，1922—1988），英国建筑批评家、作家，从 20 世纪 60 年代起主要居住在美国。代表作品有《第一机器时代的理论和设计》(1960)、《洛杉矶：四个生态圈的建筑》(1971)等。

他的"思想"在被富勒的行话所"改变",能否会严肃对待这种思想,即人类具有"对能量或者是绝对速度事务进行不断增长地控制的倾向",而这一倾向使富勒能够绘制出所有人未来运动的曲线:

> ……这样的一条曲线(被运用于政治经济导航上),会在从对宇宙完全无知的不安定状态转变到(而且只能是转变到)对宇宙的绝对了解和掌控状态的全部曲线上,确定人类事务的任何一个点,这个宇宙被爱因斯坦确立为绝对能量——E。

这些片段揭示在富勒的写作中,严肃思维能力所占的比例是多么少,而一知半解的术语又是有那么多,它们从科学的"边疆"捡取,被用来表达一种过分乐观的乐观主义,而从根本上说,这种乐观主义是不利于进行批判性思考的。很难想象,必须要什么样极端的轻信,才能在这种思想中感受到"改变思想"的力量。

然而,富勒的开创性精神将他引向的是一个更为重要的思想,这一思想或许只有美国人才经历过,因为它必须带着道德启示的全部力量才能被经历。实际上,如果说具有像富勒一样思想的某个人有学术渊源,那么,这个渊源必须从一个传统中寻找,这个传统始于沃尔特·惠特曼的《自我之歌》,并且通过提出"自我"和自我的"解放"是人类真正的目的,这一传统在各种对立经验面前,坚持新世界的梦想。这种对待事物的观点不仅仅是个人主义。在惠特曼和金斯伯格①身上,这一传统具有某种歇斯底里的特征,就像一个孩子所感受到的欣喜若狂,它暗示在这一"解放"之中,存在着一种无意识的对强有力的父/母之手的渴望。富勒的作品展现出同样歇斯底里的狂妄自大,这与使他的作品不仅具有感染力而且貌似有理的富有诗意的表达无法融合。富勒的世界将会充满"增加自由的设备";在这一世界,人类会自由地(就像那个行话所说的那样)"实现自己的潜能"。而且,富勒对伪科学主义的使用所

---

① 金斯伯格(Allen Ginsberg,1926—1997),美国诗人,被封为"垮掉的一代"之父,主要作品《嚎叫及其他诗》(1956)。

产生的整体修辞力量,就是要对解放论理想进行淋漓尽致的表达。

然而,理想自由这一概念没有预先假定任何历史、社会或者惯例,它是一种纯粹的、不受任何阻碍的自我的自由,因而在被接受的概念中,它当然是最具影响力的。它不仅被"存在主义精神疗法"和"真实选择"的拥护者所利用,而且被有远见的牧师、教育学家,甚至托利党中的一些部门所利用。这一概念所具有的不连贯性时常被谈论。我们不可能把一个人从塑造他身份的历史力量中分割开来,将他放置在一个无止境的随意运动的世界中,没有地点、时间、历史或者习俗等方面的意识,我们不可能在那么做的同时仍旧期待他具有一个能被"解放"的"自我",仍旧期待他是那种将自由看成一种价值而不是一种恐惧来源的人。这一概念的不连贯性不在于它的自由概念,而更在于它所基于的对"自我"这一概念的幼稚预设上。自我是个社会产物,去除各种困难和对立意见以及所有对友情和习俗的需要,就是要实现自我消除,而不是自我自由。在惠特曼和金斯伯格的狂妄自大中,我们看到的当然不是自我的解放,而是自我被消解成毫无意义的碎片。

然而,在思考富勒时,我们考虑的不是争论中存在的原则不一致问题,而是它与基本计划之间明显不一致。不需要多少洞察力就能看透富勒"自由"面具下掩藏的是绝对主义和极权主义的野心,这一野心把历史放在自己一方,不承认有任何真正对手的存在。富勒支持"进步",能够忽略所有那些想要企图妨碍他的人:对立的观点都不过只是过时的、不科学的、反动的观点。正是这种思想赋予了进步伦理以独特的魅力,赋予了它一种类似宗教的权威,这种权威摆脱了其他宗教所要求的谦恭这一教规。在富勒的世界里,没有真正的自由,只有对自由的永久幻觉,由中心权威每天派发给那些同意"玩球"的人。

当然,从本质上来说富勒崇拜是短暂的,有迹象表明它已经进入衰落期。斯科洛普阳台的网格圆顶——尽管有明显的目的性——现在布满灰尘,像一个被遗忘的诸神的圣殿,有种被遗弃的氛围。世界城镇计划遭遇到了种种困难;富勒本人也已经退隐到伊利诺伊大学,担任一个清闲、报酬优厚的教授职位,而他的著作现在也经常被放置在昂贵的工艺专科学校的书架上,无人问津,而不是在大学教师的手头。然而,富勒恰恰正是希望通过他的短暂性为科学做出最持久的贡献。在1917年,他决定,用他自己的话说,为**"不断发展的再生加速化正在加速的一加速时代的新兴意识提供科学的文献资料方面做出贡献"**①(强调为巴克明斯特·富勒所加)。因此,他依照时间顺序把提及自己的所有资料建立了一个目录。他这样做的目的当然不是出于对自己的狂热自恋,而是同样的服务人类和科学的渴望,而这种渴望也是他所有已做的其他工作背后的动力。为了证明自己具有良好的信用,他甚至将"节能编年档案"(Dymaxion Chronofile)赠送给了南伊利诺伊大学,目前它被放置于一个专门的房间中。在1967年,这份档案包括250卷,包含约80 000封信件。眼下这篇文章的副本将会被送到图书管理员那里,用于支持他对目的论的关注。我所用的"目的论"一词的意义,是集诗人、科学家、工程师、数学家、设计者以及原始神氏(first-hand god)为一身的巴克明斯克·富勒所给出的定义,即:

> 主观到客观、间歇的、唯自发的、有边缘意识的,并且有自我内部交流体系,它从我们诸多相应的经历中提取出可等同的原则——描述相关行为模式;并且将那些从最终的、普遍的原则中做出的选择,重新整合到独一无二的、实验的控制模式中——身体上与自我分离——作为工具……

---

① "再生加速化"(emphemeralization)一词为富勒首创。

21. 道德与建筑

《道德与建筑》,大卫·沃特金著,克拉伦登出版社,1977年;《建筑史的兴起》。原文分别载于《文汇》(*Encounter*)(1978 年 11 月)和《剑桥评论》(1981 年)。

大卫·沃特金的《道德与建筑》已经从流言蜚语中获得了某种成功(succèss de scandale),不是因为它的基本概念(这些概念已经出现在卡尔·波普尔爵士、杰弗雷·司各特以及赫伯特·巴特菲尔德爵士等人的著作中,并为人熟知),而是因为它独特的历史视角。带着罕见的洞察力和率直,沃特金描述了唯一的一种精神力量,这种力量引领着从皮金(Pugin)①和维奥莱—勒—迪克(Viollet-le-Duc)的道德主义,到吉迪翁、塔特(Taut)和勒·柯布西耶的歇斯底里,再到近来打击每一种拒绝现代运动所有形式的建筑风格的运动,因此这也就是认为变革是必须的这一"时代精神",或时代思潮(Zeitgeist)。

这本书简洁犀利,也很有针对性,它将尼古拉斯·佩夫斯纳爵士(作者也赞扬他著作中那些不像《现代设计的先驱者》那样要求坚守道德责任的许多方面)作为主要的攻击对象。那些似乎没能抓住学术讨论真正本质的沃特金的批评者,是在个人层面上来理解这一讨论。但是,沃特金的受害者没有遭受人身攻击,只是当他们的作品看起来显得荒谬或者

---

① 皮金(Augustus Pugin,1812—1852),英国 19 世纪建筑师、设计师、艺术家以及评论家,曾经设计了许多教堂,他是哥特式建筑风格复兴的先驱者之一,也是威斯敏斯特宫的室内设计者。

错误的时候,才会被批评或有时被嘲讽。当然,人们只要了解到,雷纳·班纳姆和查尔斯·詹克斯谴责了这本书,而欧斯伯德·兰卡斯特和约翰·贝杰曼则赞扬这本书,就已经可以对它的思想基调有个较为清楚的了解了。沃特金有坚定的目标,有追根究底的风格,这些会极度冒犯那些认为勒·柯布西耶的胡言乱语是一种对建筑反思的严肃模式的人,对许多更具理性的人而言也是如此,对他们来说,20世纪20年代和30年代的风格转变似乎是20世纪人类眼光、思想和灵魂改变的必然结果。

然而,《道德与建筑》不应该被解读为对现代运动的攻击。作者关心的不是现代建筑,而是现代建筑所需要的辩护。沃特金讨论了一些信条,正是通过这些信条,现代运动能够将自己从审美事业转变成道德和政治的改革运动。他认为,这一运动的思想主要是物质的、世俗的、平等主义的;它反对风格、装饰、无度和豪华;它赞同集体主义,反对个人想象;赞同历史推动力,反对个人意志;赞同社会主义的全人类未来的幸福时代,反对特权、赞助(patronage)和阶级。(而对沃特金表示愤怒的现代主义批评家之一肯尼斯·坎贝尔,即伦敦郡议会和大伦敦议会的前任住房建筑师,在1978年2月的《建筑评论》中也明确重申了这一点。)然而,在试图将这种思想转变成建筑形式时,现代运动需要依赖一些理由,这些理由皮金在其代表"基督教建筑"的辩论文章中已经使用过,而且也已同样被包豪斯建筑派①的理论家们悉数运用过,对他们

---

① "包豪斯"是德语 Bauhaus 的音译,包豪斯风格实际上是对"现代主义风格"的另一种称呼,准确地说,包豪斯是一种思潮,而非完整意义上的风格。Bauhaus 原是 1919 年在德国魏玛成立的一所工艺美术学校的名称,该校创办人及首任校长,是著名德国现代主义建筑大师格洛比乌斯,他别出心裁地将德文 Hausbau(房屋建筑)一词调转成 Bauhaus 来作为校名,以显示学校与传统的学院式教育机构的区别。另一位德国建筑师,亦属于现代主义建筑大师之一的斯密·凡·德·罗,曾任"包豪斯"第三任校长。该校于1925年搬到德绍,后又于1933年迁至柏林,同年遭纳粹法西斯查封而被迫解散。虽然仅存在短短14年,但其理论与学说对整个世界产生了广泛而深远的影响。它主张把艺术从一些特定的阶层、民族或国家的垄断中解放出来,归还给社会大众,也就是说适应现代大工业生产和生活需要,讲求建筑功能、技术和经济效益。通过降低艺术的生产成本、提高艺术的生产效率,使艺术全面而整体地接入人类的现代生活,本义就是建造平民化的房子。

而言,建筑者首先要考虑的应该是整洁而非虔诚。150 年来,同一批谬论被用来为随后每一种风格或者缺少风格的必要性披上一件恰当的外衣。

沃特金的写作与 20 年代和 30 年代的意识形态冲突之间保持着一定的距离,假如他对那些年被放诸公共市场的平等主义的包袱不表示赞赏,那么,他并不应该比同时代的人受到更多苛责。如果他拒绝接受那种试图在一切事物中,甚至是在艺术中寻找进步和新奇性的态度,他也不应该被指责,因为艺术重视的不是新奇性而是原创性,因而也必然是最保守的人类事业之一。见证了那个时代打着进步、正义和艺术真理的名义,全面对神圣进行亵渎的每一个人,都不会对《道德与建筑》的基调感到惊讶。那么,为什么约翰·贝杰曼爵士会将沃特金的小册子称为"一本勇敢又孤独的书"? 当然,有些评论者对它持敌对态度也许反而可以证明这一评论的合理性。雷纳·班汉姆(《泰晤士文学增刊》,1978 年 2 月 17 日)认为沃特金具有一种"只有基督徒才可能有"的报复心态(这种观点对解释班汉姆本人的宗教观点提供了意想不到的线索),而理查德·沃尔海姆(《建筑评论》,1978 年 2 月)将《道德与建筑》所受到的欢迎当成建筑理论匮乏的又一个标志,突然以一种激烈的厌恶语调解决了他看似模棱两可、拐弯抹角的评论。但这些反应——虽然是已确立的知识界的反应——并不是典型的反应。事实上,这本书颇受欢迎,而且有时它所受欢迎的热烈程度,与班汉姆和沃尔海姆所进行的攻击一样都是没有节制的。因此,有点令人不解的是,无论哪一方都没有选择讨论这个核心论点。

沃特金声称,谬误推理长期以来的传统不仅已经模糊了审美判断的真正性质,而且还让建筑价值有可能大规模地臣服于道德或者政治思想的迫切需要成为可能,常常是通过讲究实际的人,对他们来说任何类型的思考都是错误的。(如果沃特金单单挑出佩夫斯纳作为自己主要的攻击目标,那当然是因为佩夫斯纳是个思考者,而不仅仅是把目光盯着市场上打零工的建筑工人。)建筑,沃特金声称,是一个独立的事业,在这项事业中,个人品位和文化传统是主要的合法引导者;试图将建筑降低为社会需求,或者是历史力量,或者是时代精神的一个副产品;试图将它只看作一个道德工具或者政治工具——所有这些都是否认建筑作为装饰艺术的最基本性质的方式。

作为对一段令人好奇的思想历史的判断,《道德与建筑》具有说服力,而且也极为有趣。但它的一些仰慕者,在感激有了一本书能对现代主义的胡言乱语嗤之以鼻的同时,也在沃特金的书中寻找比其自身所包含的历史视野更多的东西。因此,保罗·约翰逊在《每日电讯报》(1977年12月17日)的文章中宣称:"所有具有理性而且敏感的人们都知道现代建筑是糟糕的、可怕的,几乎无一例外。"沃特金解释了原因。然而,既然非常成功的哥特复兴式风格背后也是由同样的谬误所支持,现代建筑理论中的谬误如何能够解释其实践中的灾难?沃特金的反对者们也认为他写的是关于建筑学说的历史,而不是理论与实践之间的关系。沃尔海姆的反感大多基于这么一个假设,即沃特金对20年代的风格变化并不赞同,用沃尔海姆的话来说,他对风格的"疲劳"没有意识。然而,不可否认的是,这些指控中的第一条是完全不相关的,即便一个人对沃尔海姆所提到的那种"国际风格"表示同情时亦是如此。

沃尔海姆的第二个指控则更加有趣,因为它揭示了一种对沃特金所攻击的一个理论所具有的挥之不去的依恋,这个理论认为建筑师被迫以某种方式带上"他所处时代的特性",而不仅仅是生活在某个时代这一事实。风格突然变得"陈旧"起来,而且那些想要维护其现代人身份的建筑师无法再使用它。这一观点的问题,不在于它是错误的,而是如沃特金所指出的那样,在于它没有一种方式能让这一观点深刻影响艺术家。假设当皮金、巴特菲尔德以及他们的先驱们在复兴哥特式风格时,哥特式风格的确处于"陈旧"状态。那么,这会使他们却步吗?它会阻止贝里圣埃德蒙茨和蓝星学院的建造者吗?况且,当现代运动的出发点是要毁坏古典传统的时候,我们又如何能说这一传统是"陈旧的"呢？我们在爱德华时代生机勃勃的古典主义中、在费利特街和皮卡迪利令人自豪的城市宫殿中所看到的，肯定不会是枯竭。在这儿，我们可能会看到糟糕的品味，但我们看不到任何可以与光辉城市①令人沮丧的空洞及其他所产生的一切相提并论的枯竭。如果我们在爱德华时代的风格中只能看到"陈旧"，而在策划要取代它的那些无生命的形式里看到"活力与青春"，这就有问题了。

然而，不妨回到正题：有理性的、敏感的人不会说所有现代建筑都很糟糕，就像他们不会说所有之前的建筑都很好一样。麻烦的是，在建筑方面，回报是丰厚的又是多方面的，而且获得回报的欲望总是会超过为建筑辩护的力量。围绕建筑风格死亡产生的热忱，必然会出现这样的情况，即我们没有认真考虑在死亡证明上签字的那些人的主张。沃特金的争论显示，建筑的性质这一问题既丰富又复杂；与此同时，人们又不择手段地使用每一个学术伎俩来对其进行简化，这样便可以表现"国际风格"在历史的、社会的、政治的、道德的、技术的层面上具有必要性。

越来越明显的是，150年以来，风格的变化已试图为自身辩护，辩护的语言都是相同的或者是密切相关的。除了得出这一重要的历史结论外，沃特金也暗示了他自己的审美立场，一个包含了对美学价值的独立性进行辩护的立场。在一篇简短的、怀有敌意的评论里（发表于《RIBA 杂志》②，1978 年 2 月），伊舍勋爵指出，杰弗雷·斯科特已经有效地阐释了建筑的独立性这一情况（在《人文主义的建筑》里，这是一本写得十分细致的书，如果不是受时代思潮的限制，它本会对 20 年代的思想产生更大的影响）。然而，与斯科特的这点相似之处，不应该被看

---

① 光辉城市（ville radieuse）系法国建筑学家勒·柯布西耶在 20 世纪 30 年代提出的城市规划方案，是其思想的集中体现：城市必须集中，只有集中的城市才有生命力。这个方案并未得到实施。
② 《RIBA 杂志》全称为 *The Royal Institute of British Architects*，即《英国皇家建筑师学会杂志》。

作一个缺陷；审美价值的独立性这一信条，在本质上来说是修辞上的，是一个强调的问题。必须以最适合时代的语言向每一代人重新进行阐述。建筑的现代学生会感激对这一立场的重新阐述，这一阐述的主要对象不是后期哥特式复兴的浪漫主义，而是全面发展、都市重建、技术革命以及作为其最高美学象征的英国节①等更为沉闷的精神。

但是他们的感激也将表现在，这些争论并不是完全站在斯科特和沃特金一边。如果你厌恶这些东西，那么，它的确部分是因为这些观点所具有的道德和政治含义；史密森的大象与城堡工程的丑陋，与它所传达出的对生活价值观念的鄙视是分不开的。因此，重要的是，要试图弄明白为什么沃特金要用高调的讽刺将其反对者的武断观点引入到真正的学术问题中，而在这些学术问题上他也必须表明自己的立场。

据我所知，有两个问题密切相关。第一个问题围绕"历史主义"这一术语（波普尔用的是一种意义，佩夫斯纳用的是另外一种）；第二个就是刚刚提到的问题，即美学价值的独立性。在讨论其中第一个问题时，沃特金令人信服地提出，黑格尔的历史观在建筑批评中是如此重要的一个工具，也作为一个实践规则被运用，而在这一领域中，它其实是毫无意义的。吉迪翁、佩夫斯纳以及其他许多人都主张，时代精神被此前所有的一切强迫着，在一个未来世界里，被推动着走向自己的灭亡（Aufhebung），因此时代精神必须控制建筑的形式，使其按照过去的方式来建造显得不可能，或者是个倒退，或者是不成熟的。这个观点是建立在一个不足为信的历史概念之上的。因此，它也必然是有选择性的。（沃特金质问，我们如何**知道**，对时代精神而言，格洛皮尔斯是本质的，而勒琴斯只是一个意外，既然这两种风格都是由它培养出来的？）此外，这个观点得出了令人震惊的结论，即所有的西方建筑，从罗马时代到爱德华时代都无法，或者不应该，发生。

---

① 英国节（Festival of Britain）指的是 1951 年夏季由英国政府组织的联合王国全境举办的展览，目的是让英国大众能从战争的阴影中恢复过来，并推动英国在科技、工业设计、建筑以及艺术等领域的发展。

然而,尽管黑格尔的历史观很夸张,它仍然起到了合理的决定性作用。(现在要抛弃黑格尔对文艺复兴和巴洛克之间的区分十分困难,无论人们多么想要对这一区分加以限定。)或许,像波普尔和贡布里希一样,沃特金并没有充分领会这一事实,或者没有充分肯定它暗含的思想意义。但对沃特金而言,这一观点真正令人厌恶的特点,不是它用作立法(与批评相对)用途的可能性,而是它几乎不可避免地堕落为"进步主义"——堕落为历史的运动必须是**朝前的**,是从更糟朝更好发展这么一种观点。跟赫伯特·巴特菲尔德伯爵一样,沃特金将这一观念严厉斥责为"辉格党的历史观"。这个观点比较粗糙,部分是因为它描述对象所具有的粗糙性,而且也因为对这些问题的讨论需要对什么是"更好的",什么是"更坏的"给予更为严肃的思考,而不是在改革俱乐部的吸烟室里曾经听到的谈话。(顺便提一下,这是伦敦最伟大的、而且是最彻底反对革新的古典建筑之一。)作为一个修辞工具,巴特菲尔德的标签非常有用,但过于直率;如果使用更为精致一点的标签,沃特金的讽刺语调或许会从中获益。在应用于国家的和国际的社会主义信条时,由于它们与对现代建筑的辩护纠缠在一起,"辉格党的历史观"在进行阐释时,也开始变得晦涩难解。我们真的能相信雅各宾派疯狂的理性主义、斯宾塞的进化主义、恩格斯和列宁的辩证唯物主义,都能全部被纳入一个为了嘲弄英国贵族集团而发明的标签之下吗?这不是要拒绝沃特金所意指的真理,而是要抛弃他展示这一真理所使用的过于先验的方式。

更为重要的是,有些态度无法被描述为"进步主义的",而且也不能从辉格党原则的狭隘观念意义上去描述。不妨看一下意大利文艺复兴时期的建筑师。他们在某个传统范围之内工作,并谋求建立这个传统,他们的思想坚定不移地选定了一个古典目标。与此同时,他们在改良精神下开展工作——黑格尔派哲学家们公正地赋予这种精神以世界范围内的、历史的重要意义——通过一种自觉的精神改变,促使一种新的建筑风格发展。文艺复兴时期的建筑师,并没有像我们(事后)能阐明的那样阐明这一改变，而且，如同沃特金所指出的那样，人们时常极端夸大文艺复兴时期和中世纪在对待建筑方面态度上的区别，的确如此。然而，如果人们不承认布鲁内莱斯基的风格被视为一种改良，并且这种改良是与对其进行构想的社会、道德、学术方面的变化是一致的，就无法描述他所要取得的艺术目的。显然，对这种风格的批评，会要求辉格党的历史观，与对传统、风俗和个体意志的尊重这两方面之间的差别要更加显著。

如沃特金所表明的，我们这个时代的时代精神的狂热支持者们，已经促成了现代建筑形式的发展并为其辩护，他们这么做，实际上通常是出于强烈的政治信仰的原因。沃特金提到这些信仰时一带而过，语气轻蔑，多次使用了"集体主义者"一词，而且使用这一词时就仿佛它一直具有明确的政治含义一样。既然提及这些政治态度并不是要开始对它们进行任何全面分析（沃特金的论点是，政治是一回事，建筑是另外一回事），论述就围绕第二个主要假设，即有关审美价值独立性的假设。

沃特金的著作有许多价值，其中之一是，它展示了要肯定或者否定上述假设是多么困难的一件事情，尤其是当我们考虑实用艺术和装饰艺术时。人们可以在多大程度上将那些被沃特金认为是包含于"品味""传统"以及"它看起来的样子"之中的审美价值，与那些激励着建筑师和其公众的道德、政治以及功能的考量区分开来？沃特金简洁有力地反驳了斯科特所称的"道德谬误"，以及其他任何试图将建筑解释成为达到目的而采取的手段，或者是某一独立力量或者利益的附属产物的观点。然而，很明智的是，他没有试图提出自己的美学理论。斯科特在此方面的尝试——一个由过时心理学所构成的散乱混合物——在他才华横溢的论文里是最薄弱的一章。但斯科特的失败是由审美独立性信条本身具有的晦涩性造成的一个必然结果，这一信条所具有的价值将一直更多是修辞上的，而非理性的。虽然沃特金坚持认为人们无法从道德准则过渡到明确的审美原则，这点没错，但假如他认为这些事物之间**没有**关联，那他就不可能是正确的。他还能如何解释自己（以及保罗·约翰逊)对现代运动的愤怒？因此，给读者留下的是一个理解上的困惑，而沃特金对愚蠢传统的有效反驳也没有能够解决这一困惑，虽然正是这一困惑促使他对此传统进行反驳。

沃特金著作的教训值得借鉴，不仅对建筑系的学生而言是如此，对所有那些对正以令人惊讶的最新近的形态展现出来的**时代精神**表现出兴趣的人而言亦是如此。这是一个带着才智和敏锐的洞察力来进行建筑理论写作的年轻人；他表现出来的精神是高尚的、精英主义的，它鄙夷时尚潮流，尊重"传统和个人才能"。如果这就是**时代精神**，那么，建筑理论界那些地位稳固的权威人士会期待早早地对其进行颠覆。我看很多人未必会介意。

二

在《建筑历史的兴起》一书中，大卫·沃特金呈现了对建筑历史的历史所进行的全面研究，既简洁明了又具有学术性，内容涵盖从巴洛克建筑师费歇尔·冯·艾尔拉赫(J. B. Fischer von Erlach)的写作中所阐述的源头开始，到它在各个领域的最新表现形式，包括盎格鲁—撒克逊的大学、保护协会、私人鉴赏能力以及对国家信托组织的公开拥护等。书的主题很宏大，而且可以用两种方式中的其中一种对其进行扼要处理：要么把它作为文化历史（建筑历史是其中的一个部分）中的单独的篇章，追溯主要趋势，展现它们在精神上的统一性；或者是将它作为作品中的注释范畴，引导读者走向一种只能是自己为自己辩护的文学。沃特金博士采用的是第二种方法，虽然他运用有趣的、有时是令人好奇的、而且通常来说总是中肯的言论，来使自己的系统目录学(bibliographie raisonée)充满活力。《道德与建筑》的作者在这里穿着调和的伪装出现。他收起了对华丽辞藻的热忱，以及对前人著作的不敬，相反，他的写作显示他与现代主义的说教者们的争吵仿佛已经结束，而且已经到了要采取超脱姿态的时候。他的学识必定说服了自己的反对者们，使他们相信，像他本人一样，他们能够从一个超越他们之间暂时争吵的立场中被理解。假如沃特金是一个明智的历史学家，就如同他是一个有才能的批评家和辩论家一样，那么，这本书就能通过超越他们的争吵，来解决这一争吵。然而，它所具有的传记性质，不允许人们采用清晰的或者超然的视角来看待这一个或者其他任何争议。有些评注段落或者具有真正历史洞见的段落值得一读。但是大量压缩的细节，使我们很难分辨哪些是这本书所记录的主题，哪些是沃特金本人所宣称的主题。

书里最精彩的章节，是有关德国和法国早期在书写建筑历史方面所做的尝试。在这些章节里，地貌很清晰，旅行者的视野也不受阻碍。等我们到了英格兰和19世纪，我们就被迫奔跑着穿过未成形的建筑争论的郊区，只是依靠偶尔才得一见的塔尖或者柱廊来为我们指路。但当我们最终与拉斯金伟大的知识体系相遇时，我们被催促着往前跑，不是因为沃特金低估了拉斯金的才能，而是因为其他作家涌入我们的意识，他们的价值或许评不上三颗星，但应被给予一颗星或者两颗星。学者们会表示感谢，因为书写并记录建筑历史这一点很重要，就像是历史建筑，不论多么微小，都应该被准确调查一样。实际上，对沃特金而言，这一类比尤为恰当。如同他所展示的那样，英格兰建筑历史的兴起与保护的兴起发生在同一时期，而其中每一种行为的价值，都深刻地破坏着另一种行为的价值，由此将一种业余的同时又愤愤不平的精神引入英国建筑历史。通过奇迹般的转变，这一精神能够在对细节的深入观察中，以及崇高的道德严肃性中得以体现。拉斯金就是如此。它也可能在旅游课上的脾气乖戾者和小册子作者中找到自己的位置。然而，不论相似性是什么，这两种现象中存在着巨大的思想差别，而这一差别只有历史而非传记才能揭示。

令人好奇的是，竟会有一门被称为"建筑历史"的学术课程，它起源于沃特金想要引起我们注意的特性，而现在赢得了如此受尊重的学术地位。是什么让此成为可能？沃特金以生动的笔触描写黑格尔和历史主义;他对**时代精神**这一观念所持有的的强烈敌意,肯定不可避免地唤醒了某些对它残余的同情心。虽然沃特金正确地谴责了拙劣建筑的辩护者们所使用的这一概念,但他自己坦诚的表述也充分清楚地揭示了一点,即他自己没有提供一个能与之竞争的概念,用它来对自己的主题进行解释或者找一个借口。他认识到,如果没有**文化历史**(kulturgeschichte)这一德国传统以及启迪了这一传统的黑格尔哲学,他的主题,举例来说,就会像皮金的时代一样——或者,就像今天的"女性研究"一样——杂乱无章。建筑历史只有依据布克哈特(Burckhardt)、沃尔夫林(Wölfflin)、威特科尔(Wittkower)等人提出的思想方法才能被研究。人们或许仍保留对拉斯金的热忱,但必须有一个条件,那就是这种热忱要服从于以沃伯格图书馆(Warburg Library)为活生生象征的这门学科。目前一切有关建筑历史的写作,对这一学科都十分尊重,而且当他手执佩夫斯纳,在乡间犹豫不决的时候,这种尊重也被大量地传达给普通民众。传统的英国古怪行为保留下来。但即便是查尔斯·詹克斯①这样的时尚商人,都喜欢将自己称为"文化历史学家"(cultural historians)。毕竟,他们又如何以其他方式来玩"风格"和"时期"的游戏? 如若不是因为黑格尔做出了一个假设,即建筑上正在发生的一切,展现了它与其他领域正在发生的一切有某种深刻的关联,"后现代主义"(最新的标签)从来不会被认为是一个重要的风格或者是重要的时期。

在展现了是德国人给我们生来就有的傲慢带来了秩序之后,沃特金给我们留下了一个学术问题。像建筑历史这样一门学科怎么会**存在**? 它是历史的一个分支吗? 或者是批评的一个分支? 或者两者皆

---

① 詹克斯(Charles Jencks,1939—),美国当代建筑理论家、评论家、园林设计师,师从吉迪翁(Sigfried Giedion)和班汉姆(Reyner Banham)。在20世纪70年代,他在其最热销的著作《后现代建筑的语言》(1977)中最先提出和阐释了后现代建筑的概念,并且讨论了从现代建筑向后现代建筑范式的转变,此外,他将这一理论扩展到了整个艺术界,形成了广泛而深远的影响,为后现代艺术开辟了新的空间。也正因如此,詹克斯始终都站在建筑界的风口浪尖上,引领后现代理论和现代主义进行论辩。

是？**时代精神**的神话在建筑理论领域已经造成了许多混乱，就像在建筑实践领域已经造成了许多灾难一样。然而，假如我们将这个神话剥夺掉，那么沃特金所探讨的主题将会怎样？

只有当建筑历史被赋予某种对特殊具体事例进行抽象的能力时，它才会变成一门知识学科。否则的话，该学科的学生与其花时间阅读历史文本，还不如拿起素描本写生。这种抽象可以通过两种方式中的其中一种进行：要么依据风格，要么依据时期。第一种方法引入了"风格主义""巴洛克""新古典主义"等分类；第二种方法则引入了"中世纪""文艺复兴"以及"后工业"等分类。德国唯心主义的主要思想就是，有了洞察力，第一种方法所产生的分类，会与第二种方法产生的分类相一致。而这会给我们提供对一个真正的、而非任意的种类的测试。这一种类将会是真正的，因为它具有**解释**某种东西的能力。将一个建筑描述为巴洛克风格，就等于是告诉我们**为什么**它看起来是那个样子，而不仅仅是它看起来是**那个样子**。因此，假如存在着一种能够在视觉和脑力方面对这些分类进行训练的方法、学科、做法，那么，建筑历史这一真正的学科就会存在。否则的话，存在的或许是编年史，或许是批评，或许是轶事，但不会有配得上称为历史的东西存在。

此外，对建筑历史学家进行分类的目的，在于建立某种普遍性，即使他们并不一定总能达到这一目的。"风格主义"似乎在学术方面受人尊重，因为它首先确定了一位以上的艺术家所具有的共同属性，其次，它确定了一种以上的艺术所具有的共同属性。**文化历史**所具有的学术帝国主义，试图在所有领域同时建立这些概念的立足点。它没有能够论证，莫扎特的音乐应该被描述为"洛可可式的"。但它极为成功地区分了文艺复兴与巴洛克，引发了任何建筑系学生现在都无法忽略的历史和批评见解。

因而，由温克尔曼所引入、被黑格尔理论化的风格和历史分析的形式，现在仍旧是建筑历史的基础。我们或许会试图区分对风格的描述与对历史时期的描述，但我们很快发现，这种做法非常困难，否则就会无法描述两者共有的"精神"以及我们学术兴趣的主要目标。如果我们承认这一点,那么,我们也就承认,建筑历史并不具有真正的独立性:它充其量只是构成了更大的学科,即艺术史的一个部分,而艺术史在沃特金看来是现代教育最非凡的创造物之一,此言不虚。

像科学一样,人文学科可能会在一夜之间兴起而在第二天就消失不见。而这一个从极端抽象的教条中获取了如此多证明的学科,如何能够做到不仅成功地生存下来,而且又能被确立为大学里最受尊重的学科之一?我感觉这个问题应该有一个答案,而且很感谢沃特金以如此生动的方式提出了这个问题。假如他能多说一些阿比·沃伯格给我们国家的教育学方面所带来的影响,那么,他对此问题的阐述可能会更清楚一点。人们可能会羡慕萨莫森的优雅、布罗姆菲尔德的激情,但是人们必须转向德国去寻求解决艺术历史问题的途径。沃特金在处理里格(Riegl)和德沃夏克(Dvorák)时较为仓促草率。然而,正是他们赋予了风格分析以理论基础,并试图在陆地上建立桥梁,连接起艺术史和黑格尔投射到天空中的、彩虹般的哲学。或许,在本书的续篇中,沃特金会更加全面地讨论这些思想家,而且会找到理由更多次地提及伟大的汉斯·希迈耶(Hans Sedlmayer),而不是仅仅提到一次。

与此同时,本书现有的内容也应得到赞赏:它是对建筑历史的英国传统的一项详细调查,其写作风格坦率,涉及范围广,这些都赢得相当大的尊重。人们可能会对建筑历史的方法怀有学术上的疑虑。而且,人们或许会怀疑它是否具有自己的历史。但沃特金揭示了它的历史,并且证明这一学科的确存在。他展示了建筑历史不仅已经成为那些普通的有教养的业余建筑师意识的一部分,而且也在同等程度上成为在业建筑师意识的一部分,这让一方感到沮丧,却让另一方充满信心。

22. 建筑中的马克思主义

《建筑的理论与历史》,曼弗雷多·塔夫里,格伦纳德出版社,1980年。原载于《泰晤士文学增刊》,1980年7月25日。

曼弗雷多·塔夫里所著的《建筑的理论与历史》与他广为人知的《建筑与乌托邦》在风格、思想和观点方面都很类似,而且很有可能也会取得同样的成功。曼弗雷多·塔夫里是新的意大利"元教授"(metaprofessor)的典型代表。他说的不是语言而是"元语言";他没有方法,只有"方法论";他讨论的不是问题,而是问题的"特征"(parameters),而且即便是在进行建筑分析的时候,他谈到的不是提供的实例,而是其他实例,这些实例通过不可知的联想链与所提供的实例关联起来。他表达主张的目的就是对其进行规避,并且使整个主题蒙上了一层时尚的卖弄学问的面纱,将问题变成"问题化",把解决方法变成意识形态立场。这样一来,塔夫里教授几乎没有谈及任何有关自己信念的东西,除了一点,即无论你在思考什么,**他**在思考的都是某个元什么。他公开宣称的唯一信仰是马克思主义,它要在"严格的"意义上被理解,在意大利学术界,这种理解正在变得具有强制性。如果你在没有公开声明马克思主义的情况下试图给意大利人上建筑课,我想你的腿可能不会被人开枪打断。但很有可能的情况是,你也不会成为维也纳建筑历史学院的院长。这不是要质疑塔夫里的诚意。或许是,他毫不犹豫地表达出来的唯一信念,也是他唯一感到深信不疑的信念。但我对此表示怀疑，因为他偶然阐释的马克思主义思想，就如同他对其他任何事情的阐释一样，都是含混不清的。很难想象，一个人能够真心诚意地相信他很少费心去理解的东西。

不妨看看下面这段导言，它直接将我们导向了塔夫里著作的主题（我是这样理解的）：

……**就像不可能在阶级的基础上建立政治经济一样，人们也无法"期待"一个阶级建筑（"为被解放了的社会"建造的建筑）；可能发生的，是对建筑的阶级批评**。（强调为塔夫里所加。）

塔夫里向我们保证，他在这里表达的是一种"严格的——但狭隘的、部分的——马克思主义观点"。"就像……一样"；就像什么一样？马克思认为，"政治经济"科学，像他所发现的那样，假设交换价值具有永久性和独立性，因而将创造了资产阶级暂时性的经济结构表现为"人性"的一部分。或许这才是塔夫里想要表达的意思。然而，接下来的是："所以"。所以什么？去"期待"（这个跟去期待①是一样的意思吗？）。一个阶级建筑大概是说，一个占统治地位的特定阶级会建造什么样的建筑或者适合什么样的建筑。做到这点很简单。帕拉迪奥就以严格的精确性做到了这点，而且，俄国建构主义者也以没那么系统的方式做到了。即使你认为这一事业存在问题，那么这些问题与对"资本主义"政治经济进行"去神话化"有什么关系？这个"正如"和"所以"之间似乎没有什么理性关联。或许，这个关联能够被建立起来；然而，能够取得这一点的，是思想，而不是字面上的临近。此外，塔夫里试图引入建筑的这个"阶级批评"到底指的是什么？

他会以维欧勒·勒·杜克②的方式告诉我们，哥特式风格更为适

---

① 一个是加了引号的去"期待"（to "anticipate"），一个是没有加引号的（to anticipate）。

② 维欧勒·勒·杜克（Eugène Emmanuel Viollet-le-Duc, 1814—1897），法国建筑师、建筑理论家、画家，系法国哥特复兴建筑的中心人物，主要贡献在于修复中世纪建筑。此外，他对现代建筑的发展产生了重要的影响。

合集体活动,而罗马式风格更适于牧师主导的活动吗?他会向我们说出有关帕拉迪奥主义(Palladianism)的贵族特性,以及正面为弓形的房子所具有的个人主义的,因而也是资产阶级性质的那些熟悉言论吗?我试图在他的书中寻找这些内容,但没有找到。他对马克思主义从属地位的愤怒抗议(如果他能将之贯穿于建筑批评的始终,这点可能很有意思),似乎刚好在他自己声称要展现出来的建筑思想和应用(我的意思是实践)中迷失了。最终,我们所见到的只是对建筑"意识形态"的普遍拒绝(或者接受,这取决于你恰好读了哪一句话)。

在马克思几次写到与建筑批评相关(在《雾月十八日》中)的地方,其中有一次,他谈到古典主义在法国大革命中起到的显赫作用,认为这一对古老形式的涉及,是新秩序大胆尝试的一部分。在申克尔①的思想中,我们也能发现同样类型的古典主义;在阿尔伯特·斯皮尔②的思想中,我们也能找到这种古典主义(或者是一种改写的古典主义)。这里,它通常被称为"意识形态",并且被认为是试图对现在的认知进行篡改而不是对其进行美化。我本人看不到个中差别:新古典主义是一种出现并且重复出现的风格和社会现象。它可以被用来为革命或者反动活动服务。它既能够催生出低劣建筑,也能催生出优秀建筑。但,假如它有一个共同的精神本质,那么,这个本质必须在所有这些应用中都保持不变。

对一定类型的马克思主义者而言,这点是不可能实现的。因而,我认为,这就是塔夫里在决定是否应该相信建筑意识形态有任何确定性方面时所遭遇到的困难。

在建筑批评中试图找到一种马克思主义"方法",体现了一种很重要的进取精神。在意大利,这一尝试的动机被掩藏起来,因为反对它也

---

① 申克尔(Karl Friedrich Schinkel, 1781—1841),普鲁士建筑师、城市规划师、画家、家具及舞台设计师,是德国古典主义的代表人物,其作品多为古典主义风格或者哥特式复兴风格,对今日柏林中区的城市风貌有很大影响。

② 斯皮尔(Albert Speer, 1905—1981),德国建筑师,曾担任希特勒的私人建筑师。

可以为你赢得尊重。然而,学术任务能够从其社会根源中分离出来。我们都认识到,历史意识在建筑实践中起到越来越重要的作用。而"历史"则是马克思主义进行理论化的概念之一。塔夫里采纳了佩夫斯纳的"历史主义"概念,为了描述所采用的风格,这种风格不受内在适宜性这种意识的驱动,而是受到与某种备受青睐、先在的社会秩序的关联所驱动。他指出,在建筑实践中借鉴过去的形式、使用过去的装饰,并不是一个孤立的现象。它可能存在于任意选取的建筑"引用"中,就像鲁道夫、劳奇和菲利普·约翰逊对经典的提及一样。或者,它可能存在于完全尝试采用另一个时代的风格,就像维多利亚哥特式风格的鼎盛时期一样。

无论是哪一种情况,人们或许会争论(而且,在我看来,塔夫里至少暗示了这一点,但用"争论"一词来描述他的方式并不十分恰当)这个"历史主义"属于"意识形态"——属于建筑价值体系的一个部分,即那个涉及对当下的社会世界进行错误表现的部分。相比之下,你也可以指明那些通过拒绝玩这个引用游戏,而与它们的时代更为恰当地融合起来的风格。这些风格,摆脱了"历史主义",从而获得了"历史性";也就是说,通过有意识地与现在建立起认同关系,它们恢复了建筑自身所具有的历史本质。历史主义试图将那些实际上是短暂的、由社会决定的事物,表现为自然的并且是永恒的事物。真正表现建筑历史本质的风格,是那种不掩盖自己的产生所依赖的经济现实或者社会现实的风格。

关于法国新古典主义的问题,马克思适时地替塔夫里进行了解答,而现在,这一问题正持续不断地重新涌现。依据马克思的观点,历史中存在着革命时期,当一种经济秩序向另一种经济秩序转变,就会导致所有社会机构被推翻,上至宗教信仰下至建筑风格。然而,令人费解的事实是,这些革命似乎都伴随着最保守的建筑风格。佛罗伦萨的文艺复兴风格就是一个例子。它试图复兴一种在建筑的形式和细节方面被表现为"永恒真理"的东西。塔夫里表现出强烈兴趣的,是要展现这一复兴**实际**上并不是复兴,而是其他东西。原因在于,这是一种属于社会革命的建筑，它揭示了自身的"历史性"，在危机中窥见真理。

这是建筑评论家的任务，它同样具有历史性：它需要在最深层次上重新描述佛罗伦萨的文艺复兴，既把它作为一种社会现象，也把它作为一种风格实验。如同塔夫里所说，这只有对试图将其批评"历史化"的历史学家来说，才具有可能性。我们得知，当下的"审美危机"无法解决，除非通过一种"坚决的历史主义态度，能够决定……"在说出这种历史主义态度能决定什么之前，很重要的一点，是要提醒读者手头要处理的任务，即在对建筑的描述中引入一种方法，以便能够将"意识形态"和它的对立面区分开。我无法理解，如果连这种尝试都不包括，那马克思主义批评怎么可能会存在。但塔夫里所说的"历史主义"态度将会决定的是，"每个连续的时间，以及对未来的考虑，研究美学问题的视域，这种视域不断变化，并且是由对艺术不可预测的变化的具体体验来决定的"。换言之，坦白地说，就是什么也决定不了。（由对"不可预测的变化"的体验所决定的"对未来的考虑"？一种研究"问题"的"视域"？）那么，我们如何描述布鲁内莱斯基①的建筑？

似乎至少有下面三种可能性。我们可以说布鲁内莱斯基的建筑**的确是**"意识形态的"，关注的是复兴一种过去的"语言"（塔夫里总喜欢用这个词，而他真正想表达的意思是"风格"），目的是掩盖和巩固某个新的经济秩序。或者，我们可以说，它是一种全新的风格，撕破了意识形态的面纱，以便揭示建筑真理。或者，我们还可以说，它是马克思所提到的第三个方面，即革命者所持有的那种炫耀的古罗马精神，他们利用过去的唯一目的就是要激励现在。

我们大部分人都会选择第二种观点，而且我认为，塔夫里也想做如此选择，因为这一观点能让他这样描述布鲁内莱斯基的建筑，即它**符合**

---

① 布鲁内莱斯基（Filippo Brunelleschi, 1377—1446），意大利文艺复兴早期佛罗伦萨颇负盛名的建筑师与工程师。

自身的历史(因为它真实地展现自身)。这是它与格洛皮尔斯式建筑①以及现代运动(在其"异常大胆的"阶段)所共有的一种属性。但塔夫里意识到,对马克思主义的参照正陷于要被完全退出考虑范畴的险境。因为现在可以说,布鲁内莱斯基不过是发现了永恒的建筑价值,而且也可以说,格罗皮厄斯同样如此(尽管这么说极不合常理)。因此,建筑本质的确存在,经典风格就带有这种特性,它在所有地方、所有时代都有效,不受产生它的具体社会语境的控制。换句话说,你已经变成了(一个令人憎恶的词)"新古典主义者",相信一种超越历史的现实,正是这种现实将建筑形式与人性的永恒特征结合起来,而且认为这些形式与任何社会经济"基础"的关联,与对它们的认知毫无关联。

塔夫里在这一点上纠结了一段时间后,想出了一个天才的答案。"我们已经提到……"他写道,"在历史过程中,对建筑意义的误解不断累积。但我们也必须具体指出,这一'误解'不仅仅是经常发生的,而且也是接近建筑事实的唯一可以利用的方式。"换言之,理解建筑的唯一方式就是误解它。塔夫里用对弗朗西斯科·迪·乔治奥②的一幅素描的讨论阐述了这一有趣的观念,书里没有复制这幅画,但如果你们感兴趣,可以在都灵的国家博物馆找到。(这是该书一个典型特征;正如书中所讨论的大部分例子都没有配插图一样,大部分"插图"也没有被讨论。)

在本书的末尾,我们得知,一切"历史意识"的唯一目的,就是"查明作为'一门受历史条件制约,又兼具公共机构功能的学科,建筑先是对前资本主义资产阶级(pre-capitalist bourgeoisie)的'发展',后是对所谓资本主义'文明'的新思想来说,究竟意味着什么"。这听起来很像是一

---

① 格洛皮尔斯(Walter Gropius,1883—1969),建筑师、教育家,生于德国,1937年后居留美国,他是包豪斯学校的创办人,也是现代主义建筑学派的奠基人之一。他认为建筑要与时俱进,每个时代都必须创造与该时代相符合的新建筑,坚决地同建筑界的复古主义进行论战。

② 弗朗西斯科·迪·乔治奥(Francesco di Giorgio Martini,1439—1501),意大利画家、雕塑家。

个前后连贯的课程；而且马克思主义可能会在其中做出很重要的贡献。但即便是我们用所有那些"方法论"来对其进行装饰——引起塔夫里对这些"方法论"关注的是他广泛的（或许我们应该说"零散的"）阅读——我也看不到它有什么**重大**的价值。

让我们把"前资本主义的资产阶级"（它暗示的是，在没有交换价值和剩余价值情况下资产阶级的存在）这一奇怪的概念先搁置一旁，暂且不论。那么，以这种方式看待建筑将会产生什么结果呢？建筑当然受历史条件制约：有关人类的任何方面又何尝不是如此。而且，在孕育它的社会秩序的相关方面，它当然可能会具有功能上的重要意义。然而，这一功能上的重要意义，属于美，也同样属于丑；属于受过专门训练的，也属于没有受过专门训练的；既属于匀称的事物，也属于不合比例的事物。它属于每一种风格，也属于每一种缺乏风格。因此，所有**重大**差别似乎都被对历史功能的追寻抹杀了。我们开始看到的，不是建筑重要的特征，而是建筑的每一个表现形式之中所包含的无关紧要的偶然因素。因而，假如这样的一种"方法"既有卖弄学问之嫌又让人觉得无趣，也不足为奇。我们不知道它如何帮助我们理解（或者是误解）建筑，就像（用塔夫里最喜欢用的类比）我们不知道通过观察语言在巩固统治阶级的利益中所具有的"功能性的"作用，如何能帮助我们去理解语言一样。

建筑的确具有一种**真正的**意义，但值得怀疑的是，我们是否能够通过区分意识形态和非意识形态来探讨这种意义。如果马克思主义者是正确的，那个过程会让我们了解经济因素的现实性，但它也往往让我们了解那些存在于思想领域的文化产品的虚幻性（unreality）。与其他任何文化实体一样，建筑与决定它的经济"基础"之间具有（让我们假设一下）同样的关系，但是当我们试图理解一栋建筑时，引起我们兴趣的不是**这种**关系。恰恰相反，试图探寻每一栋建筑、每条街道的经济决定因素的人，往往无法与建筑本身进行交流。他就像那个试图探查每一个面部表情的生理学基础、每一种感情的解剖学原理，看见的却是皮肤下面的头骨的人一样。这样的人会错过存在于其间的事物，即人性，它存在于事物表层，并且因为不存在于深层次中，故而在深层次中是不可见的。

如果我们要严肃对待意识形态这一概念（塔夫里坚定地认为，他是在最严格的马克思主义者的意义上使用这个词的），那么我们必须给出一个标准，用以分辨什么是意识形态，什么不是意识形态。就信仰而言，标准**或许**可以是这样：当对一个人持有的信仰所进行的**充分**解释，在于信仰能使他通过掩盖社会现实来保障他的经济地位，在这种情况下，信仰就是意识形态的。否则，它就不是。能保证一种信仰**不是**意识形态的条件，就是持有某种信仰是因为它是**正确的**。

建筑的问题在于，它不是一种语言，不具有传递真理这一主要功能。（想象一个人沿着街道走，当他经过每栋房子时，都对它点头，对它说着"正确"或者"错误"，为其中一个提供论证，而从另一个那里接受有用的建议。他也无法跟建筑本身进行交流。）那么，现在我们的意识形态的标准将会如何？我们或许可以这样说：如果一个建筑能**表现**某种东西，它能通过隐藏社会现实来维护那个受它吸引的人的经济地位，那么这个建筑就是意识形态的。但是，这个人是谁？建造者？客户？旁观者？"意识形态"是一栋建筑的永久特征，还是只是对其昔日普遍性进行解释的一部分？即使对那些既能认同掩盖行为，又能识破这一行为的人而言，建筑也必定是意识形态的吗？这些问题在塔夫里的著作中没有得到解答。此外，我们或许会问，出于这个原因，一栋建筑又如何可能**不是**意识形态的呢？建造起来的任何建筑之所以被建造，是因为它对有权力建造它的那个人具有吸引力。如果马克思主义者是正确的，那么，建筑不会直接冒犯赋予这一权力的经济秩序。因此，它必定表达了一种形象，确认并巩固了建造者的地位。然而，但凡不是无阶级的秩序，（我们得知）也就是不公正的秩序。假如憎恶不公正是人性的一部分（事实如此），那么，这一"形象"就不可能揭示（在这个意义上，肯定是隐藏了）它所服务的秩序所具有的不公正。因此，所有建筑物都是或者都曾经是意识形态的。或者，我们有其他选择吗？

即使我们可以将这些推测探讨到一定程度，可以在某个点上停下来(或者至少是全面探讨),我们也没有谈论多少与建筑批评相关的方面。众所周知的事实是,尽管经济环境发生了巨大的变化,最美丽的建筑依然能保持它们的美丽。现代意大利的经济秩序,跟威尼斯共和国时期的经济秩序已经大相径庭,但即使是对两者都不感多少兴趣的塔夫里教授,也很可能对那座城镇的建筑并不完全反感。这种建筑的发展,历经了许多世纪、许多风格的变迁,受到保护和复兴这一积极精神的鼓舞,并且没有脱离自身传统,但它似乎不受亚德里亚海经济动乱的制约。(为什么圣伽罗要敦促市政厅将总督宫恢复成哥特式风格,而不是保留当代的经典风格?为什么威尼斯脊饰历经了一个又一个世纪,在经历了所有风格巨变之后依然能存留下来?)如果我们认为建筑是或者应该是在意识形态和"纯形式"之间所具有的某个区别这一意义上被理解,那么,我们不仅不能真正地解释这些事实,而且我们对建筑所怀有的全部兴趣也会变得一团混乱,就如同如果失去了对普遍人性的感知并且在历史的意义上去看待每一个举动,我们对彼此的兴趣也会变得一团混乱一样。

塔夫里反对他所称的"作用批评"(显然是以吉迪恩为代表),声称它是"一种意识形态批评(我们总是在马克思主义意义上使用意识形态一词):它用现成的价值判断(以备随时使用)替代了分析的严谨性"。在这一标准下,人类赖以生存的一切价值都是意识形态的。除了存在主义者,价值<u>的确是</u>现成的,以备随时使用。这也是它们对于我们——不是作为社会阶级的成员,而仅仅是作为人类的我们——有用的地方。我们没有用分析的严谨性(这又是什么意思呢?)替代对谋杀恐怖的直接感知,或者对侮辱、对不公正、对专制或者暴力行为的及时反应,这点很有用。所幸,大部分人不会处处分析性地思考这些反应。它们产生于我们普遍的人性,而且,有人出于自身要实现的教导目的,可能会想要将它们描述为意识形态的,这一点并没有什么重要性。建筑所要表现的就是这种普遍的人性,而且如果这种表现是成功的,它也会成为这一普遍人性的一部分。

23. 水平建筑

1980年(8—9月)BBC广播3台的谈话节目,后发表于《PN评论》①,1981年第23期。

想象一下一个现代工厂。十之八九,你会设想一个长方形的建筑,屋顶扁平,下面由钢铁大梁支撑,矗立在一片水泥地面上,与周围环境格格不入。你不会期盼窗户以某种特殊的方式安装,门也不会引发出你的什么重要想象。典型的现代办公大楼就是更高一点,更方一点,表面用灰绿色的玻璃装饰起来。楼层与楼层之间的分界由金属线条标出,条纹的分隔使它看起来像是五斗橱一样。它矗立于街道和住房中间,但是,通常不属于任何一条街道,而且独立于任何一个可识别的示意图。它的各个角穿入周围的商业中心,而在一直向上伸向它的平顶的过程中,它延伸成长长的、水平的楔形玻璃。如果要你想象一个现代的公寓楼,你很可能把它想象成环境与工厂更为相似,而外表则与办公楼更像的建筑。它比任何办公楼颜色更灰,窗户更小,中间由一块块褪色的涂料墙壁间隔开来,看起来更单调。然而,平行的分隔也仍然是清晰可见的,这部分是因为每层都是它下面一层的精确复制,如果有任何

---

① 《PN评论》全称为 *Poetry Nation Review*,由施密特(Michael Shmidt)和曼彻斯特维多利亚大学考克斯教授(Brian Cox)于1973年共同创办。一开始一年发行两期,1976年改为季刊,1981年又改为双月刊。

区别的话,也只是窗帘的颜色不同而已。而且,与工厂一样,整个街区都会被一块空地所围绕,只是这次是沾满泥污的草地。在上述三种情况下,你都不可能期盼它们与某条街道或者是其他任何建筑有清晰的关联。

对现代建筑以及使它看起来令人尊重的所谓"现代运动"进行批判,已经成了时髦趋势。然而,在许多方面,这些批评在关于我上面描述的三种原型方面,并没有谈及多少。勒·柯布西耶、包豪斯派以及密斯·凡·德罗①的现代运动是个学术事件。它的兴趣不在建筑类型,而是在单个工程,因其独特的审美吸引力而被欣赏;如果人们对这一运动不满,并不是对它所生产的产品表示不满,因为它几乎没有生产出什么产品,而是对它的思想表示不满。然而,建筑不同于绘画或者诗歌:它不专注于独一无二的、崇高的事物。它首要关注的是世俗的、可重复的事物。换言之,它是一种地方(vernacular)艺术,其主要实例见诸那些只要需要,随时就能被复制的类型或者模式。我已经描述了三种现代类型,但我不喜欢其中任何一种。但是,我认为,通过抨击 20 世纪建筑师的争论,或者抨击包豪斯派和 20 世纪 20 年代的风格实验,我们不会明白它们到底什么地方出了问题。要找出它们的问题,我们必须研究本土因素;我们必须专注于共同的、可重复的因素,并依据类型进行研究。

在上述三个例子中,我们发现了平面图的一个规律。建筑是基于单一的几何形状建造起来的:正方形、长方形,有时(但很少)是圆形。这意味着,这类建筑很难构成一个整体。它们可以被并排放置,但要把它们关联起来,或者是使它们与现有的空间融为一体,并不容易。

---

① 密斯·凡·德罗(Ludwig Mies van der Rohe,1886—1969)是 20 世纪最著名的德国现代建筑师之一,主张"少即是多"(less is more)的建筑理念。德罗与法国建筑师勒·柯布西耶、德国现代建筑师及包豪斯学校的创办人瓦尔特·格罗皮乌斯(Walter Gropius)以及弗兰克·劳埃德·赖特(Frank Lloyd Wright)并称现代四大建筑师。

要建造这样的建筑，你需要的不是空间而是**地皮**（site）。这意味着，在任何情况下，你都需要为它们清空场地。在工厂和公寓楼这两种情况下，空地要比坐落于其上的建筑面积更大。如果是建造办公楼，建筑和空地在形状和尺寸上面是一致的。但无论是哪种情况，要被迫进行调整的，不是建筑，而是环境。

要将这些建筑嵌入街道中，也是不易的。它们出现在我们的市镇中心，就像聚会上出现的陌生人一样。它们或者是矗立于一小块空地的后面，拒绝融入，又或者，它们蹒跚向前伸，茫然地、毫无意义地盯着前方的空地。

我已经提到了平面图的规律性，清理空地的需要以及拒绝融入街道。但三种原型有一种特点要远比这些更重要，而且从某种意义上说，它解释了其他特征。这些建筑完全是在水平平面上进行建造的。在每个例子中，不论是一层还是一百层，整座建筑都是依据一个二维设计图进行安排的。办公楼和公寓楼就像天使蛋糕一样，一层一层地堆叠起来。在每个例子中，底层平面图被当成整座建筑的建构原则，因此，这个平面图必须是规则的、对称的，而且具有无限的可重复性。这就产生了层状效果，同时也产生了我们所称的水平风格。水平风格的特征如下：对窗户的处理比较随意，只要它们横向成一条直线即可。楼层与楼层之间的分割，不是由装饰线条、基座或是其他任何装饰性的细节标示出来，而仅仅是由从一层到另一层的转变标示出来。入口与窗户之间的关系只是随意的；顶是平的，砖石似乎仅仅是为了填充层与层之间的空隙。

对水平的强调导致了正面的消失。一个仅仅是从水平层面上建造的建筑，不可能拥有正面。它也没有背面，也没有前面或者侧面。它不朝向某个具体的方向，即便是所有的窗户都恰好集中在一面墙上，这也不会使那面墙具有正面的特征。一栋建筑只有当它包含某个向上运动的原则，某种垂直张力时才能面朝事物。没有垂直张力，它不过就是一堆线条而已。而建筑只有在有正面的情况下，才能与它们的邻近事物之间产生关联。否则,你想让它们多高,它们就能有多高,但会仍旧一直是目光呆滞、毫无表情。它们或许会被安置在邻近事物旁边,但仍然无法与其进行对话,拉近与它们的距离。我认为,这就是水平原型即便是与街道处在一条线上,却仍然无法融入其中的原因。如果你将它们引入现有的街道中,你就会开始摧毁那儿已有的秩序。因此,在新建筑类型的影响下,我们城镇的街道和广场正显得崩溃瓦解,这点并不令人感到意外。可想而知这是水平风格所产生的必然结果。

人们通常从不受建筑师掌控的因素这一角度,去解释水平风格的兴起。例如,由于出现技术的革新,诸如钢框架、钢筋混凝土、预制混凝土结构物等方面的革新。这些技术革新被描述为某种压倒一切的经济力量,迫使建筑师、建造者、客户以及公共资金也随之发生改变。它们使建造方式更廉价,工程更浩大,空间更节约。社会和经济施加的压力致使人们不可避免地使用这些技术革新。然而,人们使用新材料,就必须接受它们所产生的美学后果。如同勒·柯布西耶所说,在1923年,"钢筋混凝土在建筑美学方面带来了一场革命……不再建造屋顶,而用阳台将其取代……重点不再放在从上而下,而是横向的,从左到右"。

许多年来,人们发现这种解释很令人信服,不论他们是否也加入到勒·柯布西耶对被解释事物进行赞美的行列中。但我发现这点远远无法令人信服,而且,它的基本前提实际上是具有毁灭性的。一方面,钢框架和钢筋混凝土一点儿也不便宜。它们需要在工程装置方面有大量资金投入,而且只有在考虑建造大工程的时候才会节约成本。另一方面,人们学会了从大工程项目角度去思考问题,部分目的就是对使用新技术进行合理辩护。已经毁坏了我们的内城区的拆除工作和再开发工作,实际上并没有真正的必要性;只是规划者们被新材料的神话所诱惑而已。大部分人现在已经开始很清楚地意识到了这一点。

如果说新材料需要水平风格,也是不正确的。自19世纪末期开始,新材料已经被运用到美国的城市建造中,用在那些大张旗鼓地采用纵向传统或者对这一传统进行改变的建筑物中。曼哈顿的伍尔沃斯楼采用钢架构,中间的填充部分则采用预制的哥特式设计;克莱斯勒大楼在钢框架基础上耸立而起,顶端是装饰性的、由抛光合金建造的阿兹特克尖塔把窗框表现出来的向上运动聚拢起来。导致现在环绕在这些建筑周围并遮挡了它们的层状箱似的建筑出现的,并不是技术的改变。那么,看起来,新材料本身既不是必要的,而且仅凭一己之力,也不足以产生水平风格。

在解释人类方面,首先考察人的能动性是个合理的原则。对我们而言,经济学法则是未知事物,而且,就像遇到未知事物时常常发生的那样,我们会认为它们无比强大。我们认为,它们能够**真正**解释那些实际上不需要解释的事物。这一偏见青睐于从经济方面进行解释,即便是当经济因素无法被确切阐述时也是如此,它是政治的祸根,也是建筑的祸根。因为它使我们忘记了最重要的事实,即建筑是人类选择和劳动的产物,而风格的腐化,不过是采用了这种风格的选择的腐化。地方建筑过去曾是小建造者的领地。他以样本书为参照进行工作,依照所接受知识的原则进行建造,认为没有必要改变。逐渐地,建筑师开始取代这些建造者,成为地方建筑的主要代理人。我们应该要从现代建筑师的教育来追溯水平风格的兴起。

建筑师曾经被需求的领域主要是在公共纪念碑、乡村住宅以及供盛大活动使用的教堂。他们需要学习的主要知识是风格方面的。而要获取这一知识,建筑师必须能够画出建筑,而不是平面图。他必须了解一个秩序中各个部分之间的可见关联,风格的要求,甚至是诸如空中轮廓线变化着的方面或者是阴影对各种装饰线条和窗框的影响等等这些无比细致的细节。他通过素描本来学习这些知识。因为如果你学习画某种东西,也就是学习如何认识它。

这样的一位建筑师不可避免地会对立面和正面感兴趣,这些都是能给观察者留下深刻印象的方面。因此,他必须依据这一兴趣来规范自己的建筑。不难预见他的训练必然要采用的形式,以及为什么它会导致人们所熟悉的古典的、新古典的以及新哥特式风格产生。当我们站在某种物体前面,并试图理解它的视觉方面之时,那么,我们会把对自己身体姿势的感觉投射于其上。我们试图将客体看成它自身,以可以被辨识的姿态站立在我们面前。这意味着我们从顶端和底端来观察它。如果我们也左右观察它,那是因为我们已经了解了许多垂直运动。一个被教导要画出他眼睛所见之物的建筑师,将会需要垂直结构的原则,而如果没有某种垂直训练,他就不可能建构一个可被理解的正面。

　　此种建筑师的现代同事则是在一个不同的学校中被培训,其目的是让他对地方建筑者来说变得不可或缺。他的教育在画板旁进行,在对平面图的学习中进行。而平面图则只有在它展示水平秩序时,才看起来让人满意。没有任何其他形式的秩序能够被包括进去。因此,垂直面就不得不自生自灭了。不幸的是,这是有可能发生的。轴测法绘画这一技巧使其成为可能,主要是通过将相同平面的角度连接起来,把一个平面图投射制作成三维的。这一技术原本是用来**分析**建筑物的。而现在则用来**建造**它们。它的运用,使建筑师能够将一个水平图投射成立视图,而不需要耗费心思进一步考虑这个物体看起来会如何。这个立视图不可能有自己的特性。它只是以各种层次来重复产生它的水平图。立视图不具有垂直结构,也没有可辨识的形态。

　　垂直结构需要垂直规则。这种规则曾经存在过;建筑师曾经对它很熟悉,而且因为样本书的存在,建造者们对它也很熟悉。古典柱式提供了这一规则的学术基础,依据设计发展中出现的问题而改变,而且也随着不可避免的品味的变化而改变。

　　柱式包含一种基于柱状单元的特殊类型的垂直结构。要了解一种柱式,我们必须要了解地基、柱子、框缘以及饰带之间的关联,而且你必须特别关注它们之间的转换点。正是在这里,为了创造出对垂直和谐来说必不可少的光线的射向,必然会产生阴影区。因此,正是在转换的点上,装饰线条和装饰品才会出现。

　　然而,需要进行一些视觉训练,才能看清这一切到底如何起作用。逐渐地,你才可能开始意识到,你对装饰线条上光的射向的研究,其实不仅是在研究一个孤立的细节，而是研究整体结构，光的射向不过只是这个整体结构的一个组成部分而已。你所发现的，是单单一个几何形状无法教会你的：也就是，一个建筑形态的垂直姿态。接着，你就可以学习如何将这一姿态左右拓展。最终你会学到，即使是在最局限的空间里，如何建构令人满意的正面。这种垂直训练，促使地皮之上的街道成为一个发展单元。它使平面图具有一种灵活性，形式上具有多样性。它所产生的建筑习惯，不仅仅是在质量方面而且在建筑类型方面，也与我开始时所列举的三种原型有所不同。水平风格的专制，不是产生于经济需要，而是产生于视觉上的无知。它之所以产生，是因为建筑师的教育要求要先学习平面，后来才学习立面。人们忽略了这样一个事实，即要理解一个立面，必须首先洞察上升与下降线条的复杂形成、发展和衰亡历史。

建筑师们最终开始怀疑水平风格，并且已经试图依据新的审美标准对其进行规训。国家大剧院就是这种审美标准的一个例子。另外一个例子可以在新英国图书馆上呈现出来，它被设计成卧于坐落在尤斯顿路之上的圣潘克拉斯庄重的垂直面旁边。国家大剧院的建筑师德尼斯·拉斯顿爵士，通过水平风格的语言，有意识地试图重新创造一些与传统正面相关联的一些价值。结果产生的，是一种独特的风格现象，我们或许可将之称为水平巴洛克风格。古典的正面被消解了，并且被重新建构成一系列平面，呈悬臂状展开，形成种种平台。从下面往上看，这些平台的下部表面，呈现出与古典正面相同的向上细节的累积。它们也投射出阴影，在建筑物的表面上延伸。但当我们后退时，这种正面效果就会逐渐瓦解。我们会再一次注意到线条，这一次更容易让人想起一组音箱，而不是五斗橱。建构本身仍然是水平的；但层与层之间彼此分离，并且发生位移。它们似乎漂浮在浇注于它们之间的某种透明的液体中。这种建筑物否定街道概念，这种否定比我们所提到的地方原型对街道的概念的否定甚至更为坚决。如果周围没有大面积的空地，这种建筑的确是让人无法想象的。有人主张，这类建筑的透明度重新创造了已经失去的人类的重要性，并因此为水平风格进行辩护。它揭示了建筑里面的人们的活动，因此，它往景象中注入了生命。至于街道，或许我们对这种事物的欲望应该被忽略。毕竟，它或许只是一种对不再可能存在的人类交往的怀旧形式。在这种情况下，正面的消失，以及不受束缚的水平风格，将会代表我们这个时代建筑的真正理想。

我仍然对此表示怀疑。正面给了建筑以独立的姿态。它所具有的意义不仅仅是借用它所展示的活动的意义。它的居住者们的可见躁动，不再赋予建筑以人性，就像虫子的蠕动不再给予一具尸体生命一样。当我们寻找建筑里蕴涵的生命时，我们所追寻的并不是这个。我们追寻的是一种表述，一种面对我们自身的方式。我们也无法想当然地认为，这种对生命和表述的需求只是一个意外。我们期望建筑物能够站立着看我们，因为**我们**站着看**它们**。假如我认为人们的垂直姿势只是一个意外的话，或者假如我认为人们站起来彼此交谈是个意外的话，那么，我可能就更容易被水平风格所说服。只有当我们的公共活动都发生在担架上的情况下，水平风格才可能会成为人类世界的一部分。

文化与无政府主义

24. 激进疗法

原载于《剑桥评论》,1977 年 5 月 13 日。

一个人可能看见构成一幅肖像画的所有色块,却看不见画里的脸,虽然画上的任何特征都没有逃过他的注意力。他看到了所有的细节,但看不到**肖像**本身。有一种是理解他所见事物的方式,有一种是对其所见事物进行反应的方式,但出于某种原因,他对此无法理解。类似地,一位科学家可能会在另一位科学家身上观察到人类有机体的所有运作方式,并得以对有机体的结构和行为进行完整描述。然而,他可能看不到这个有机体所具体表现的人。正像对各种色块的仔细观察会妨碍我们对肖像画的认知一样,我们也可以认为,一位科学观察者所具有的临床客观性,也会破坏他对人的理解。我们观察和理解他人思想的能力,与我们倾向于将他看做人而不是有机体是一致的。采用科学"客观性",我们可能会不再把他当成人来看待;而如果情况如此,那么它所造成的结果就是,以科学方式理解人类的精神生活,必须证明它假装研究的对象是错误的。

这一想法,有多种不同的表述方法,也有多种不同的渲染添加,在当代心理学家和哲学家之中拥有众多追随者。它有可能跟亚里士多德一样古老;不管怎样,它又在康德的哲学中重获新生,在黑格尔的著作中找到支持,并且在现象学家和萨特的作品中进行了独特表达。

R. D. 莱恩①在重新表述这一思想时,所借用的正是萨特的语言,因此,他对精神疾病现象学的描述既形象生动又令人信服。莱恩提出,"精神分裂症"(我们不妨暂时先借用一下他会摒弃的这个分类)的根源之一,恰恰正是那种"本体论的不安全"感,它源自将自身不看做一个人,而是看成一个有机体、机能或者物体这种思想。这一诊断所造成的显著后果,就是摒弃(或者不如说是颠覆)已被认可的对精神疾病患者的治疗方式。对把一个人看成人与把他看成物体之间的差别进行思考研究的哲学,**或许**已被用来为住院治疗所进行的辩护中。人们可能认为,恰恰正是在另一个人的行为使得我们无法对其进行个人理解时,才会对他采取临床的、客观的态度。(原因在于,与身体疾病相对的精神疾病所具有的显著标记,就是它影响受害者被当做人来理解和对待的可能性。)这一观点认为,临床治疗是精神崩溃的后果。它没有剥夺病人的自由,因为他的自由已经失去了。莱恩心理学的主要思想(以及对其所具有的情感吸引力进行十分充分解释的思想),就在于将那一信条反转过来。正因为临床科学家如此对待病人,他才会**变成**客体。病人没有失去自由:是拒绝将他作为人来对待的临床治疗将他的自由偷走了。而正是从这一拒绝中,他的"本体论的不安全"——以及可能被其他人由此认为是他所患"疾病"的东西——就此产生了。

假如莱恩在《分裂的自我》之后就此封笔,那么对庸医医学的指控——十分明显地针对他的主要追随者们——就不会殃及他。尽管如此,在他草率地对那个公认的因果关系颠倒时,已经埋下了学术不诚实的种子。这种把戏到现在为止已经有相当长的历史,始于马克思的"神秘化"概念,依据这一概念,社会现象的真正起因,总是"隐藏"于已建立秩序的利益之中。也许,它最大胆的产物,也就是那个对所有可能被认为是科学真理的东西都最不尊重的产物,就是福柯的《疯癫史》

---

① R. D. 莱恩(Ronald David Laing,1927—1989),英国精神病研究专家,在精神疾病尤其是精神错乱方面著述颇丰,主要有《分裂的自我》(1960)、《自我和他者》(1961)、《健康、疯狂和家庭》(1964)、《经验的政治》(1967)、《家庭的政治》(1971)等。

(Histoire de la Folie)，而莱恩式精神病治疗法后来发展出的过度行为，便是从此书获得大部分灵感。像福柯一样，莱恩无法满足于仅仅指责临床实践制造了它标榜要"治愈"的行为。因为，首先有必要解释病人为何来到诊所。可以预测的一举是，莱恩和福柯都发现家庭——尤其是"资产阶级"家庭——是罪魁祸首。在莱恩后期作品中，病人被表现为持续一生的人格解体过程的无辜受害者。当家庭将他贬低为自己需要他变成的客体，他就被移交到诊所，这样整个过程就能够在被控制的环境中继续进行，而这一环境完全适合将自我彻底摧毁。

正因为与公共机构治疗的那种偏执多疑的观点相适宜，"存在主义"心理学才取得了成功。通过巧妙歪曲颠覆这一艺术语言，莱恩的追随者们已经把纯粹的哲学主张变成了一个准政治教条。无疑，《分裂的自我》一书的原创见解中，没有什么会必然产生《经验的政治》或者《家庭的政治》中所表现出来的态度，它们对极端不满的熟悉客体——家庭、资产阶级、资本主义、固有的道德秩序以及道德本身，充满了过分固恋。然而，因为这些后期著作的存在，而且因为与库珀和伊斯特森①的结交，莱恩获得了与他的医学成就远不成比例的大批追随者。实际上，他引发了一场对心理学医学的"激进评论"。我们从"激进治疗学家团体"的著作中能够对这一评论进行最充分的理解，这个团体产生的作品，对西方资本主义的社会后果进行了堪称有史以来从未有过的最尖锐的抨击。在其最偏执的信念中，下面这条绝不是最引人注目的："大部分的治疗学家都是男性，大部分的病人都是女性。治疗因此强化了并且例证了这个社会性别歧视的惯常做法……"

通过如此令人震惊的对精神的歪曲，这个团体得以把莱恩和他的

---

① 库珀（David Cooper，1931—1986），精神病医生、理论家，生于南非，后移居伦敦，是反精神病治疗运动中的著名人物，1965年与莱恩结识，系费城协会（Philadelphia Assoication）的创立者之一；伊斯特森（Aaron Esterson，1923—1999），英国精神病医生，也是费城协会的创立者之一。费城协会是英国一个关于精神痛苦的认知与缓解的慈善组织。

追随者们的著作看成对"彻底革命"的辩护,以结束这个"体制",而精神分裂(它既指受害者的症状,也指对他们进行此种划分的行为中所包含的态度)正是这个体制的主要标志。这个"彻底革命"将会包括许多根本性改变:"第三世界,女性和同性恋组织,反制度的建立……"等等。为免这个团体的观念受到怀疑,我们有必要从它的报告中引用一段(报告来自1970年在伯克利举行的儿童权利"研讨会"):

> 我们革命的孩子身负重新发现真实人性的责任,它被几千年的种族主义、资本主义、所谓的共产主义、性别主义、民族主义以及伪宗教所歪曲。以保护和爱之名义强加于他们的体验之上的限制,一直都是反动压制的核心部分,尤其是对资产阶级而言。儿童时代的压抑所造成的对人类爱的潜能的破坏,现在必须终止了。

因为其追随者的荒诞行为而指责莱恩是不公正的——虽然他没有声明要与他们脱离关系,这与他现在所享有的救世主似的形象是一致的。然而,这段话与莱恩最近的自传中所表述的思想之间,并没有什么巨大的差别——这一差距不至于巨大到无法用智力才能方面的明显差别进行解释的程度。激进疗法团体所采取的态度,例证了莱恩本人也赞同的一种道德观,这种道德观在伊斯特森、库珀以及(在某种程度上)沙茨①的著作中也有体现。这一观点就是,精神病患者本质上是无辜的,而某一人、在某个方面要为他所遭受的痛苦负责。这不仅仅是因为精神疾病的受害者无法因为他自身的处境而受到责备。提出这样的观点也不是什么新鲜的见解,既然"精神疾病"这一划分的全部目的就是要把受害者从道德异议的领域中迁移出来。按照莱恩派观点,这一划

---

① 沙茨(Thomas Szasz,1920—2012),生于匈牙利的美国精神病学家、精神分析学家、学者,系"反精神病学"运动的代表人物之一,著述颇丰,其中包括30多部著作,对其主要思想和主张进行阐述的著作有《精神疾病的神话》(1961)、《制造疯狂》(1970)等。

分包含了一种更深刻的、未说出口的指责,这一指责超越了道德,指向了个人存在的真正根源。这里包含了一项对隐秘"犯罪行为"的指控,而且正是在这一隐秘的"犯罪行为"方面,精神病受害者是完全无辜的,而他的谴责者们则应该承担全部责任。在论及精神方面的深刻思想时,这个理论开始将精神失常描述为神圣的——描述为一种对原罪的完全免除,这一点也不令人感到惊讶。这是通过操纵某些信条所产生的结果,其中下面几条尤其值得注意:

1. 关于"精神疾病",唯一确定的一点是,一些人断言另外一些人患上了这种疾病(莫顿·沙茨曼:《精神失常与道德》,选自约瑟夫·伯克编,《反文化:创造一个另类社会》)。因此,诊断学家必须是一个侵略者,随时准备好坚称对其病人来说具有可怕后果的观点,而可能永远不会有充分的理由来证明这一观点。

2. 典型的精神病案例"与正常状态相反,而正常状态则与西方社会的主要价值取向密切关联"(B. 凯普兰,选自凯普兰编《精神疾病的内在世界》)。换言之,诊所的居民是持异议者,用"极端的声音"说话;而他所说的话与已经建立起来的道德秩序相矛盾。(参见福柯)

3. "精神病院体制用以……提倡某些价值和表现,而压制其他价值和表现。"(托马斯·沙茨:《意识形态与疯癫》)因此,精神病患者的体制化就是试图压制他们"破坏性的"思想和态度。

4. 因此,精神病这一概念实际上是一种"罪行"的概念,是一种拒绝接受隐含在既有社会秩序中的价值的概念,而这种拒绝是应受谴责的。这是一个被创造出来的概念,通过它,"资产阶级"社会企图压制那些自己无法容忍的自由、自然的生命表现。"如果 A 和 B 不一致,精神警察(精神病专家)就被召唤进来。罪行(疾病)被诊断。接着实施逮捕,病人就被收押(被送到医院)。然后就是谈话、调查。或许有人会自首(病人承认他病了,展现出洞察力)。无论哪种方式,他都会被宣判有罪。判刑被通过(治疗方法被推荐)。他服刑、出狱,并自此之后服从法律。"(莱恩:《家庭的政治》)

5. 但是，这里真正的罪犯是社会，是它建立了资产阶级生活的强制性制度："家庭、学校、教堂是我们的子女的屠宰场，大学和其他地方是厨房。而作为身处婚姻和工作中的成人，我们吃掉产品。"(《家庭的政治》)

6. 因此，只要"精神分裂患者"的行为中存在"错乱"，就是其他人"入侵"的结果，而不是原因。实际上，"精神分裂患者"只不过是其他人强加于他身上的"罪责和憎恶之重担"的"替罪羊"。(亚伦·伊斯特森：《春之叶》，第 297 页)"精神分裂患者"天使般的本性也正在于此。

7. 侵略最主要的工具就是家庭——尤其是，资产阶级家庭，它是"家长式的"，也是"权威式的"，要求所有人都必须服从于一个暴君式的父亲。(福柯：《疯癫史》)因此，家庭必定会产生"憎恨"，而精神分裂患者则是其无辜的替罪羊。

8. 因此，精神分裂患者远非生病，而是一个具有非凡"纯洁性"的人，试图维持一种对残酷、压抑的社会秩序进行彻底反抗的态度。为了惩罚他，社会迫使他进入一种特殊的"存在立场"或者陷入"两难境地"，而他无法轻易从中逃离。他被塑造成物体的角色，而治疗程序就是要让他接受那个角色，并且逐渐认识到，他只有通过接受自己此前试图摒弃的价值，才能够重新获得一个自我。资产阶级社会的这个隐秘线索，具有意识形态性质，因而必然是自我巩固的。精神分裂患者无法利用任何方式，在一种他无法抵抗的过度控制的"常态"面前，表明自己所持有的态度具有合法性。(参见托马斯·沙茨：《意识形态和疯癫》)

当然，没有人认为莱恩派的这些"洞见"是费尽周折论证的结果。相反，每一个"洞见"都是耍弄花招的结果，通过这种方式，证据被重新阐释，以便支持它们渴望得出的结论，所有被纳入考虑范畴的思想都已用极端持异议者的语言来表述。例如，没有人会真正相信，除了标签的使用，关于精神疾病**没有什么**是确定的，或者会真正相信疯子的声音总是，或者甚至是典型的，"持异见者"的声音。持有完全"正常的"和传统的道德观的人们或许会发现自己无法生存，他们或许寻求帮助并且自愿被送到医院(时常是在面临医院权威的反对之时),这一想法在这个用幻想编织的网络中完全没有位置。将医院视为监狱,把精神分裂患者看成替罪羊,这一偏执观点所赖以支撑自身的证据太过于薄弱,因而无足轻重。即便是在"现象学"精神病治疗法这一方法中,也包含了对花招的耍弄。因为作为对自我的研究,现象学的先决条件是存在着一个可以被研究的自我。用现象学的语言来描述精神分裂患者的经历,实际上就是无意识地去描述它,仿佛这种经历大体上就是某个具有理性的人的经历一样。如果自我真正崩溃了,它就会是现象学完全无法描述的。通过不断地预设这种描述具有可能性,以及预设它是了解病人真实处境的唯一方式,莱恩式精神病专家从一开始就假定了他假装要建立的结论,即精神错乱总是服从于个人反应这一结论。

当我们谈到有关"资产阶级"家庭的问题时,我们已经完全离开了临床观察领域,进入到了法国知识分子的艺术修辞领域,是《圣人热内》①《疯癫史》以及罗兰·巴特的"结构主义"批评的修辞。这里,人们需要被诱使着接受一种观念,即"资产阶级""家庭""家长式的"以及"权威的"这些概念之间具有内在关联这一观念。历史事实——比如,比起众所周知的"资产阶级"家庭,贵族家庭更具有家长式特征,而农民家庭更具有权威性;或者,中产阶级有能力摒弃家庭,而那些通常被认为在经济上比它"低下"的阶级从来未曾表现出这一点,这样一来,只有在那些被资产阶级个人主义的意识形态所主导的社会里,家庭才看起来是可有可无的——这样的事实自然会被排除在考虑范畴之外。

这样,资产阶级家庭就必定会不同于其他家庭。例如,它往往只包括一代或者是两代人。它很可能是个体主义的,对他人漠不关心,并且意识到自身是作为社会单元而存在。孩子的感情狭隘地集中在父亲和母亲身上,很少拓展到祖父母、仆人和堂(表)兄弟姐妹身上。这样的家

---

① 《圣人热内》(Saint Genet)系让·保罗·萨特(Jean-Paul Sartre)创作的一部有关法国作家让·热内(Jean Genet)的著作,出版于 1952 年。

庭往往孩子数量较少,因此,在争取宠爱时,面对的竞争对手也比较少。当主要情感在这种环境下产生时,便被附加上了某种强烈的个人主义色彩。孩子学会玩个性游戏,而且学会与他们父母之间建立虽充满矛盾却又坚不可摧的关系。这对心理学家来说总是充满着巨大的吸引力,大部分心理学家已经感觉到,将整个安排打发为心理学灾难,存在着某种傲慢。因此,让我们不妨看一下莱恩派精神治疗专家如何认为资产阶级孩子要从他所处境况的精神折磨中"解放"出来;他将如何获得家庭拒绝给予他的精神上的自由。我们不妨看一下艾伦·伊斯特森所写的这段颇具代表性的文字:

> 既然他的目的是要推动原本暗藏的存在主义变化显现出来,那么,科学家就不应该试图在新兴的范式上面强加上他个人的构想或者偏见。他必须允许这一范式依据符合自身的规律进行展现。比如,一个精神分析学家,必须不能试图利用分析或者他本人对于他人应该是或者不应该是什么的想法。要把教其他人去顺从社会或者服从任何特定的道德规范看成自己的责任,是不可能的。他是要从中学习并且帮助他人发现并实现他自身存在的可能性,无论这些可能性是什么,而且无论这些可能性会将他带到何处,无论它们是特殊的才能还是人类普遍具有的能力,比如,异性之间发生性行为的能力。(《春之叶》,第248-249页)

因此,自由是"存在可能性"的"实现"。解放的过程,在对自我——一个此前发展被阻碍或已消亡了的自我——的发现(或者"实现")中达到顶点。没有人提议,某些存在的可能性(比如,病人可能会谋杀伊斯特森医生)应该是不允许的。病人不应被强迫服从"任何一种特定的道德规范"——比如,基督的道德规范,或是菩萨的道德规范,或是希特勒的道德规范,或是查尔斯·曼森的道德规范。他可以到处物色好的想法,直到他想出一个正确的方式来"实现"那些实际上已经是他本性中所固有的"可能性"。但这恰好正是个人成就的个体主义概念——这一概念在资产阶级家庭里得到最充分的体现。莱恩式精神病治疗法朝着同一个方向又迈进了一步,这暗示一个人可能会不在乎社会准则和限制,以一己之力获取自由。

事实上,有点不可思议的是,一个正式承认自我是社会产物并且把自我形象当成对社会活动的内在化的信条,会采纳这种观点。不仅是恢复的过程,而且还有它的最终结果,都是从个体的本质方面来进行描述的。他必须"实现"他的"可能性"。治疗过程应该是一个自我决定、自我发掘的过程,在这一过程中,个体只对自己而不对其他任何人负责,而且不需要接受任何不是他本人想出来的道德观。但当然,承认自我是社会产物,而与此同时又试图给它纯粹是个体的"自由",这中间包含了一个悖论。马克思指出,资产阶级"虚伪意识"的一部分,就是它用这种空洞的自由概念来掩饰其毫无结果的个体主义。如果人们问"自由"意味着什么,人们所得到的只不过是不连贯的、否定的答复:自由就是做你想要做的事情,或者说是"实现你自己的潜能",因此,做你自己**真正**想做的事情,也就是说,只要你不杀人,或者不偷盗,或者也许你**可以**偷盗——无论如何,至少性交是允许的,只要不存在伤害他人的危险,或者至少……所出现的情况要么是前后矛盾,要么,准确地说,是心理学家本应该避免的那种"特定的道德准则"。

有一个概念被弗洛伊德明智地放置于精神分析的思想和实践的核心,而莱恩派精神病学却以牺牲连贯性为代价将其忽略,即调和(reconciliation)这一概念。莱恩派观点从本质上来说是偏执的:它认为"我们"和"他们"之间存在不可调和的斗争,并以此来看待世界,并将精神疾病的治愈看成某种战胜了"他们"的内在(或者对"激进治疗学家团体"来说,甚至是一种外在的)胜利。它没有为调和概念留位置,因为它认识到在自我之外不存在什么合法的事物,使个体能与之调和。实际上,要承认一个"客观的""公共的""既有的",或者是"外在的"合法性,就意味着要摒弃一个概念,即精神病患者从本质上来说是无辜的。

莱恩派认为，一个治疗师应该帮助自我来重新确信自己的潜能。自我作为公认的风俗、惯例、态度和实践的产物这一概念，是理论意图在一开始时承认，而在末尾时又加以摒弃的概念。无疑，自我有时可能会抛弃社会道德，后者只有通过自杀的方式才能创造自我；如果那是无辜所具有的意义，那么无辜就无法成为人渴望获得的对象。一旦精神治疗师认识到，他的病人可能会有一种调和的需要——与父亲、良心、道德秩序，与上帝的调合——并且认识到，他的病人可能恰恰因为这种需要而正遭受痛苦，那么他必须摒弃"本质上"是无辜的这一想法，而随之而来的，是摒弃已被接受思想的整个结构，而莱恩式精神病学就是用这种结构来装饰自身。恰恰是冲突、内疚和调和这一思想，使资产阶级个人主义能够表现出勇敢、吸引人的一面。要将这一思想去除，顺从莱恩式规则，就是要去破坏资产阶级社会中最珍贵的部分，而保留它无足轻重的部分。如果没有它，所剩下的只是伯克所哀叹的"个体的尘土和粉末"，是所有严肃的道德价值的一个碎片，以及对他人所遭受痛苦的病态哀伤，这在莱恩派的写作中随处可见，只能用来掩盖对那些富有的、成功的或者坚强的人们缺乏最基本的同情这一状况。莱恩派观点远非真正反对资产阶级，就像其他任何依靠彻头彻尾的时髦来赢得吸引力的理论一样：它所使用的术语（"存在主义的""辩证法""解放""实现"），它肤浅的信条，而且最重要的是，它对个体经历泛滥的感伤，对自身进行了完全改造，以使其在削价出售的思想方面适应市场；而它不足为信的"内在"纯洁性的思想，培养了中产阶级那个庄严的幻觉，即一个不与任何社会秩序相结合、除了精神锁链之外没有什么东西可以失去的个体的幻觉。

25. 福柯评注

《疯癫与文明》和《事物的秩序》,米歇尔·福柯,塔维斯托克出版社,1967年,1970年。原载于《旁观者》,1971年10月9日。

《疯癫与文明》现在重新出版,在这部早些时期的作品中,福柯力图勾勒出自文艺复兴以来文明为疯癫提供的位置。他将对疯子进行监禁的源头追溯到17世纪,把这种监禁与工作伦理和中产阶级的兴起关联起来。福柯认为,作为一个历史学家,他应该关注的不是事件的起源,而是事件更为深层的意义。他把每一个历史研究对象简化为一种附带现象,即一种副产品,以及迫使这种副产品产生的"经验"的表现。因此,他表明,不是城市社会的经济重组造成了监禁,而是"这种稳定持久的在经济上和道德上对监禁的需求,是在某种特定的劳动经验中方才得以形成"。

在古典时代,疯子是"他者",因为他指明了占主导地位的道德体系所具有的局限,并使自身与这种道德体系的要求疏远开来。但是通过监禁,疯癫被迫服从于理性的统治:疯子就生活在那些神智正常者的管辖之下,受他们的法律管制,并由他们的是非观来训导。在这种密切的遭遇中,理性所采取的策略就是向疯癫揭示它的"真相"。在古典主义思想看来,缺失理性就意味着变得与动物无异。因此,疯子必须被强制扮演动物的角色;他被当作役畜,通过与其自身"真相"的交锋,他最终变得健康起来。接下来的每一个时代都发现了一个相似的"真相",通过这一"真相",疯癫的经验能够被超越,变成理智。然而,福柯提出,这些真相的储备现在已经耗尽了。该著作结尾时对疯癫进行了撒旦式的赞颂,在这一部分,福柯呼吁现代法国奥林匹斯山诸神——戈雅、德·萨德、荷尔德林、奈瓦尔、梵高、阿尔托和尼采——来证明这种枯竭。尽管乏新可陈,这种赞颂却没有从以往研究中吸取任何内容。

按照福柯的观点,对18世纪来说很显然的是,虽然疯癫可以表述自身,但它除了使用理性提供的语言之外,没有任何其他语言可以使用。疯癫唯一的现象学就在于理智行为。那么,关于非理性的性质方面,18世纪必定至少会有一种健全的直觉能力?语言领域与理性领域具有同等的空间范围,假如像福柯声称的那样,疯癫包含自身的"真相",这些就是无法解释的。那么,我们又如何能正确地想象一种非理性的"语言",一种能用来表述疯癫的真相,而我们的耳朵又必须习惯的语言?对这种语言的设想,就是对一种无休止的、精神混乱的内心独白的设想,这种语言,无论是有理性的人还是疯子本人,都无法理解。此种语言即使能够存在,也不会与《偶像的黄昏》中的冷酷逻辑或者是《幻影》里精确的象征主义有任何相似之处。即使是在他们最终的疯癫中,福柯的英雄们可能也无法使用这种语言,而如果我们能了解他们,那也是在没有这种语言帮助的情况下发生的。

在福柯看来,对19世纪而言,古典时期典型的"非理性"体验变得分裂:疯癫被拘禁于道德直觉之内,对疯癫所具有的无休止的内心独白的幻想,在以一种无法被理性理解的语言进行表述时,被遗忘了。然而,在20世纪初期,这一概念将会在弗洛伊德有关无意识思维过程的理论中重新复活,这种思维过程决定了无理性之人的行为。在19世纪,疯癫已经变成了对资产阶级生活的整体结构的一种威胁,而疯子虽然表面看起来无辜,但实际上对自己无法服从日常规范深怀内疚。疯癫所具有的最大冒犯之处在于,它反对福柯所称的"资产阶级家庭",而正是这种家庭的"经验"决定了精神病院的家长式结构。精神病院里的审判和谴责的精神特质,产生了一种新的对待疯癫的态度——疯癫最终被**监禁**了。人们不再认为疯子有任何要**说**的话:在行动的世界里,他是一个反常现象,只对自己可见的行为负责。

在精神病院里,有理性的人被展示为成年人,而疯癫则表现为对**父亲**持续不断的攻击。对疯子必须加以引导,使其认识自己的错误,并且向**父亲**揭示自己的内疚意识。因此,从精神病院所具有的"危机忏悔"这一典型特征到弗洛伊德式的对话之间,有一个自然而然的过渡,在这一过渡中,分析者倾听并且翻译非理性语言,但在这一过渡中,疯癫仍然被迫认识到自身是对社会规则的违抗和对道德规范的违犯。最后,福柯暗示,正是因为精神分析拒绝抑制作为唯一一个疯癫能够被看到或者了解的媒介的家庭结构的发展,所以才造成它所引入的与疯癫的对话,没有使人们对非理性声音产生任何理解。

然而,"资产阶级"和"家庭"等词汇之间的表面关联并没有什么历史依据,而且就家庭而言,资产阶级家庭总是具有最家长式的或者最专制的结构这一点,实际上还不是很明确。通过这种关联,福柯得以指出,家庭结构并非必要的,就如同赋予资产阶级优先权的那种特定的社会结构并非必要的一样——毫无疑问,这在历史和逻辑意义上都纯粹是一个谬误。如果家庭一直同我们一起存在,那么,它会在那些精神错乱患者的心理异常中留下踪迹,这点会令人惊讶吗?这一事实怎能被用作衡量家庭生活的价值,或者是衡量某种精神疾病概念所具有的真实性?

《事物的秩序》(*The Order of Things*,译自法语 *Les Mots et Les Choses*)在各个方面都比早些时候的那部著作迈上了一个台阶:原始资料更为深奥,思想更为含混,论点更难理解。这部著作的副标题是"人类科学的考古学",结尾时提出这样的观点:"人"是新近的发明,因此也注定是要消失的。只是自文艺复兴伊始,是人(而不是农夫、士兵或者是贵族,等等)这一事实才具有了我们现在赋予它的那种特殊的重要意义。那些将人类作为自己研究对象的科学也都是新近发明,作为知识形式来说，它们已经过时了。人的概念就如同其他任何人类知识历史中的概念一样，既脆弱又短暂，在世界新"经验"的推动下，必定会让位于我们叫不出名字的事物。

然而，福柯的理论果真如同他自己使之看起来的那样雄心勃勃、不可思议吗？这些理论所基于的那些事实，真的如此难以发掘吗？比如，我们被告知，文艺复兴从相似性方面来看待世界，但后来这种"知识"（episteme）①被另一种知识，即"认同和差别"所取代。但一个概念的所有运用都可以被描述为对相似性的发现。那么，相似性怎么会不再是人类知识的一个基本形式？它又如何能被与它可以相互界定的认同与差别所取代？这些逻辑上的难题存在于福柯理论的核心位置，因此，不管他运用语言的技能如何精湛，都让人无法想通这些难题。

---

① Episteme 来源于古希腊单词 πιστημη，意为"知识"或者"科学"，与 techne，即"技术"相区别。Epistemology，即"认知论"一词就源于此。

26. 雅克·拉康

《雅克·拉康》，安尼卡·勒梅尔著，劳特利奇&开根·宝罗出版社，1977年；《精神分析的四个基本概念》，雅克·拉康著，霍加斯出版社和精神分析研究所，1977年；《文选》，雅克·拉康著，塔维斯托克出版社，1977年；《研讨会：弗洛伊德理论与精神分析技巧中的自我》，雅克·拉康著，塞伊出版社，巴黎，1978年。本文原载于《泰晤士文学增刊》，1978年8月11日。

雅克·拉康存在(向外存在①)吗？塞伊出版社已允诺出版他《研讨会》(*Séminaries*)的24卷；有些已经面世，而且正在被翻译。他的文集(*Ecrits*)都能找到(*ob-tenables*)法文本和英文本。然而，《研讨会》提供了更多的在内存在(in-sistence)的证据，而不是向外存在(ex-sistence)②的证据。拉康的写作风格阻滞不畅，夸夸其谈，晦涩难懂；这些书读起来就像是对法国知识分子风格的戏仿。尽管那些轻信的人已经相信拉康博士的向外存在，这些书更容易被看成虚构而不是对事实所作的冰冷陈述。它们描绘的是这样一幅画面：一个思想被伟大的错

---

① 原文为 ex-sist。
② "ex-sistence"是拉康从海德格尔那里借用的一个概念，也有学者翻译成"显现"。

觉所萦绕,时不时地想象自身是弗洛伊德的一种化身,在主题与主题、符号与符号之间东拉西扯,除了无处不在、患有妄想症的"我"之外,中间几乎没有什么将它们关联起来的线索。它充满大量的讽刺,实际上,整个画面看起来太过于突兀,因而反而显得不真实。不难发现拉康博士的"理论"背后所隐含的讽刺意图,也不难领会他在表述这些理论时所展现的模仿技巧:

> 那么,我现在必须遵守赌注,而这个赌注是在我选择这个领域时就允诺下来的,在这一领域中,客体 a 在象征缺乏核心欲望这一功能方面是最为短暂的,这点我一直通过使用演算法$(-\varnothing)$明确指出。我不知道你们是否能看到黑板,但像往常一样我已经划出了几个参照点。a **客体在视觉场域中即是凝视**。在它之后,在一系列括号中,我写了:
>
> (in nature
>
> (
>
> (as=$(-\varnothing)$
>
> (《四个基本概念》)

伴随着最后那个猛戳黑板的动作,人们几乎可以听到吱吱的笑声。这些卷本中弥漫着正确的、不容置疑的语气,让人联想起薛伯博士[①];但缺少了薛伯的坦诚,也缺少了他的明晰。这些反思涵盖了法国学术潮流的大部分话题——索绪尔的语言学、弗洛伊德、马克思和恩格斯、

---

① 薛伯(Daniel Paul Shreber,1842—1911),德国高级法官,法学博士,曾任德国萨克森州上诉法院庭长,是精神病患者,一生曾三次发病,三次入院治疗。1903 年,他自筹经费发表自传《一个神经症患者的回忆录》。薛伯的病例是精神病学史上被引用次数最多的病例之一。弗洛伊德在 1911 年发表《关于一部自传式撰述的妄想症病例之精神分析注》,简称为《薛伯病例》,而 1956 年拉康在"精神障碍"研究班中开始研究以薛伯病例为基础的精神病学,并发表文章《论精神障碍的一切可能疗法的先决条件》(1958)。

洛特雷阿蒙①和超现实主义者——而且充斥着令人费解的数学手段（通常不顾它们所具有的数学意义而被称作"函数"或者"算式"）。

非常重要的一点，就是要解释为什么这种没有什么特色的讽刺，会被如此严肃地对待。勒梅尔小姐毫无价值的研究（它用拉康式的术语反复强调一个用其他任何方式都无法表述的信息）已被"**翻译**"（如果这个词适合的话）成五种不同的语言。除此之外，巴黎学术当权派已经极大地完善了学术商品的大生产，获得了一种对它有利的永久的消费平衡，它似乎决心将拉康式神话维持下去。这么做有很好的理由。福柯已经征服了社会思想领域，而巴特也已经征服了文学领域。将这个方法拓展到精神分析的丛林里，就是要抓住所谓"人文"研究里所承认的那种时尚的全部。因此，三位一体中的任何一个，都会因为他的同伴所获取的欢呼喝彩而得以维持。的确，在其预言者之中，某些更为无礼粗暴的已经陷入了声名狼藉的境地，远离庞毕度中心的学术骚动，向无所归依的学者们贩卖他们带有预言性的胡言乱语。但在巴黎，对学术商品的崇拜依然盛行，而且要求此三位一体来维护这种崇拜。如果拉康博士不外向存在（ex-sist），那么就仍然有必要将他向内发明（in-vent）出来。

拉康的魔法中最具有吸引力的特色，就是它在语言科学（对那些不能理解它的人和对那些能理解它的人而言，这门学科具有同等的吸引力）领域所实施的炼金术般的变化。炼金术的魅力毋需赘言：它是一门不要求学识而只要求入门经验的学科所具有的魅力，因而，它是一门那种完全无知的人也能在其中自称专家的学科。语言学所具有的吸引力——尤其是那门由索绪尔预言的符号的普通科学所具有的吸引力——就是它为预言和阐释这些古老的技巧提供了"方法"的幻觉。因此，如果语言学的魔力（它与语言科学没有任何关系）会存在于现代炼金术的核心，这点丝毫不足为奇。而拉康的创造者所讽刺的也正是这

---

① 洛特雷阿蒙（Comte de Lautréamont，1846—1870），法国诗人，被超现实主义者封为先驱，代表作品有长诗《马尔多罗之歌》（*Les Chants de Maldoror*，1869）。

门艺术。在其中一个富有想象力的"作品"中(题为《弗洛伊德以降理性的无意识中字面意义的能动作用》),我们发现了被称为"算式",而且被归功于索绪尔的某种东西:

> 要准确指出语言科学的出现,我们或许可以说,就像现代意义上的其他所有科学的状况一样,它被包含在一个算式的成立时刻(constitutive moment),而这个算式则是它建立的基础。这个算式如下:

$$\frac{S}{s}$$

> 它的读法如下:能指比上所指,"比上"与将这两个阶段分开的横杠相对应。

本段开始的第一句话,具有那种与冒充内行的骗子相适宜的自信态度:这是科学**必须**存在的方式。对黑格尔的指涉进一步增加了权威性:拉康博士已经超越了科学(这只是意识的一个"时刻"),而且已经到达了某个较高的位置,从这个位置才能对科学本身进行全面考察。在这些确定性的背景下,"算式"这一术语的总体滥用因此带上了一种明显的喜剧色彩。

讽刺随处可见。当索绪尔把那个看似无辜的分界线放置于象征着语言的符号与象征着世界的符号之间的时候,他的意思是语言学这门学科必须研究两者之间的关系。拉康博士接着把这个横杠变成了一种数学符号。(这是一种真正的赫尔墨斯式冲动,恰好在一个短语中得到表述。)在把所有语言简化成这一"公式"之后,拉康寻找一种对其进行解读的方式。拉康一开始的尝试显得犹豫不决:

> 如果带有横杠的算式 S/s 是恰当的,在任何一种情况下,从一个进入另一个都不可能具有什么意义。因为,既然算式自身只具有能指的纯粹功能,它所能揭示的也只是在这一转移过程中能指的结构。

然而,当我们的英雄注意到横杠(barre)是由树(arbre)一词颠倒顺序而构成之后,信心倍增:"让我们以单词'树'为例……看看它如何跨越索绪尔算式的横杠(arbre-cadavre?①)。"最终,他决定将这个横杠解读为一个分割符号,这样"S"与"s"就变成了伪数字符号。从这一点开始,他就能够用确切的术语表达见解,这些术语则为他提供了一个知识全能的完美象征——虽然这些术语使我们有必要重新阐释语言学、算术和古典几何学等全部领域:

我们所能阐发的有关能指对所指所产生的影响,暗示着它已经转变成了:

$$f(S)\frac{t}{s}$$

我们不仅已经指出了横向链条中的要素所产生的影响,也展示了它在所指场中纵向上的附属因素所产生的结果,它们被分成两个最基本的结构,即转喻与隐喻。我们可以用下列符号表现出来,首先:

$$f(S\cdots S')S\cong S(-)s$$

也就是说,转喻结构,表明能指与能指之间的关联,它允许省略的存在,而在省略中,能指使用属于意指的"回指"(reference back)价值,将不存在(lack-of-being)安置在客体关系中,以便赋予它欲望,而这一欲望的目标就是要获取它所支持的缺乏……

我大段引用的目的,就是要用例子来说明他的写作风格。读者也许会对这样的片段感到疑惑不解:"*f*"**真的**是一个函数符号吗?横线真的是分隔符号吗?"="真的是大约相等的符号吗?"S……*s*"真的是一个数学式的符号吗?最初,这些问题可能会被淹没在冗长乏味的文

---

① Cadavre 为法语单词,意为"死尸"。

字的喧闹流动中。但我们很快发现,我们必须给这些问题以肯定的答案。所有的意义实际上都已经被简化为一种方程式,而在解这一方程式的过程中,我们发现所指与负自我的平方根相等同:

$$\frac{S(能指)}{s(所指)} = s(陈述)$$

而 $S = (-1)$,得出 $s = \sqrt{-1}$

(《文选》,第 317 页)

因此,我们证明了拉康的缺席或许可以被平方成意义,而且客体（=a）和存在（=e）之间的距离,竟也不比弗洛伊德和弗洛德（Fraud）[①]两者之间的距离大。

从这些节选的片段中,不难看出作者毫无感情色彩的语调。这是否是最有效的讽刺学术时尚的方式,尚有待质疑。然而,它暗示对符号的迷恋不过是自恋的一种复杂形式,而且这种迷恋不可避免地一步步导致了一种无所不包的学术傲慢的产生,这包含着某种极具说服力的东西。就像这个英雄宣布的那样:"没有必要再求助于原始自虐这一个被废弃的概念,来理解重复性游戏出现的原因,在这些游戏中,主体把对自身疏忽的控制与符号的产生结合起来。"

允诺出版 24 卷,会有一个十分显见的危险,即喜剧性会逐渐弱化。即便是在《弗洛伊德理论与精神分析法中的自我》中所包含的对话,在 300 页之后也都开始丧失吸引力,虽然每个读者都会喜欢看拉康博士与奥克塔夫·曼诺尼[②]遭遇进行一对一进行格斗的场景,结尾是,英雄站在他泣不成声的对手的身体上方,对着想象中的人群发表一通讲话:"请别像马诺尼那样做。偶尔为之就好。表现出你们象征性的消极。"

---

① Fraud 一词用在这里一语双关,它既是一个拼写与 Freud（弗洛伊德）非常相似的虚构人名,也含有欺骗行为、骗局、诡计等意义。

② 奥克塔夫·曼诺尼（Octave Mannoni,1899—1989）,法国人类学家、哲学家和精神分析学家。主要著作有《普洛斯普罗与卡利班:殖民地化进程中的心理学》（1950）。

作者意识到过度热衷于反讽所固有的危险，他试图通过不断地提到拉康博士的一个特定"理论"（这个理论一开始发表的时候被忽略，但它显然意图表现英雄对外部世界生活的贡献——这是与薛伯博士作为法官的活动相对应的学术活动）来挽留住读者的注意力。这就是"镜像阶段"理论。除了它所具有的戏剧含义之外，即作为对英雄所具有的自恋的理性化，它本身也是值得讨论的，因为它是没有使用拉康自己的个人语言而让他能被理解的唯一一个方面。

这个理论产生于弗洛伊德和黑格尔理论中的自我概念之间所进行的比较。弗洛伊德理论，以婴儿世界里的原初冲突解释自我，表面上看，这与引人注目的主奴寓言没有什么不同，黑格尔用这一寓言来阐明婴儿"我要"之欲望，并最终通过一个辩证过程，发展为成人世界里的自我即他者（self-as-other）。拉康用一种喜剧的方式表述了从"纯粹主体"到"客观精神"的运动：它是一个盯着镜子的婴儿发出的第一声"啊哈！"然而，没有必要用这么一种幼稚的方式来表现这一转变。黑格尔的解释方式既有逻辑性，又有历史性。主人与奴隶的寓言表明了什么是自我意识；但也表明了自我意识是如何产生的。〔自我的存在（being）也同时是自我的成为（becoming）。〕权力在相互冲突的意志之间往复转换，其解决办法在于社会，在于承认他者也是自身的目的之中，因而，也就是在于承认自我和他者在习惯法中密切关联。只有在那个阶段，即那个完全是政治存在的阶段，婴儿哭声的真相才被展现出来。

拉康与弗洛伊德的相似性来自两方面的特征，既来自对婴儿期欲望中所蕴涵的原始力量的定位，也来自认识到自我是社会产物，是对外部法律的内在表现。然而，这一类比能接着使用吗？紧接着拉康博士的"啊哈！"后面令人费解的狂热赞词，显然意图引起我们的怀疑。但他认为这个比较是他学术事业中最重要的部分，概言之，就是要表明弗氏理论中的一切都具有真实性和有效性，并且指明拉康和其老师在信条上最终是一致的。（这种一致性并没有因为拉康未经弗洛伊德首肯就借用各种科学术语这一点被掩盖,反而因这种借用更加深化了。)

实际上,同黑格尔进行比较与这样一项事业并不相容:人们又会怀疑作者具有讽刺意图。黑格尔理论的精髓在于:婴儿期经历(即原始的"我想要"经历)的真相或者事实,只有当它达到自己所渴望达到的成年人认知的情况下才能被理解。婴儿表达欲望的示意动作十分强烈,但未定型。这些动作的本质存在于它们的**目的**(telos)中,而婴儿意识中是无法获得这个**目的**的。相反,它存在于人类生命和社会的成熟形态中。为了描述婴儿欲望的**现实**,人们所要留意的正是这些成熟的形态。此理论与弗洛伊德的理论恰好相反,弗氏希望在婴儿经历中看到后来全部情感的范式(黑格尔会把此称为"真理")。他说,成人**实际上**就是在上演一种婴儿期的嫉妒。而黑格尔说,孩子**实际上**是在对着社会契约作出不连贯的示意动作。没有哪两种态度比这两种更加对立了。对黑格尔而言,我们必须从成人的意义上去了解孩子;试图从孩子的意义上去了解成人,所产生的结果只能是道德混乱。

弗洛伊德崇拜正走向衰落,而对这样一位歇斯底里的弗氏信徒的描画,只会更加败坏这一崇拜的名声。在整部《研讨会》中,传道般的热忱以及病态的自我陶醉的语调,自始至终都没有减弱;唯一一次喘息出现在那些断断续续的对话片段中,在此处拉康博士需要奋力击退对自己质疑的人和对手。然而,拉康理论的内容是什么?正如作者所展示的那样,无意识是一种"语言"这一观点毫无价值,除非能有一种真正的语言理论对其进行补充。如果没有这种增补,这种观点不过意味着无意识受阐释的影响(这一观点就像文明本身一样古老,而且是所有那些对创造神话感兴趣的理论的共同属性)。实际上,如所表明的那样,拉康没有为弗洛伊德理论增添任何内容;掩盖在他起伏不平的乏味文字这一表面之下的,是未经改变的同样的理论,甚至是同样的例子。

作者的直觉无疑是健全的。弗洛伊德式分析的爱好者们厌恶怀疑主义,他们接受这一理论的方式与弗洛伊德本人并无二致,当有人向弗洛伊德描述一个梦,这个梦看似反驳了他所提出的愿望满足

（wish-fulfillment）理论时，他回答道："不，你的梦表达了一种想要反驳我的理论的无意识愿望。"一个弗洛伊德信徒不可能会从事像收集证据或者阐明概念这样低层次的事情。总体而言，拉康所讨论的仍旧是安娜·O、鼠人、小汉斯等例子，这点难道不重要吗？这些例子所隐含的关系，不是理论之于实例的关系，而是寓言之于信条的关系。拉康回归到弗洛伊德，就像是一个基要主义者回归到福音书一样，而他的幻觉，就像是薛伯博士的幻觉一样，呈现出的形态更加具有宗教性而非科学性。在以这种方式表现他最重要的个性时，这些卷本的作者已经——尽管他用的讽刺十分笨拙——抓住了精神分析所具有的吸引力（维特根斯坦称之为"魅力"）的一个实质。我们打交道的对象不是科学，而是一种宗教，在这种宗教里，自我和自我的历史被分别赋予了上帝和永恒所具有的救赎属性。

27. 市场的意识形态

原载于《剑桥评论》，1979 年 6 月 29 日。

撒切尔夫人上任了，于是她的思想也同她一起上任了。要在那些思想中去寻找体系，会显得不太公正。保守派将一直视自己为体系的敌人，即那些能看到社会组织所具有的真正复杂性并且能够直面这种复杂性的人。我们被告知，保守派是现实主义者，不具有征服的思想，因而不会为了维护这一思想的利益去牺牲他的常识或者弄虚作假。与此同时，他又是一个政治动物，必须要意识到某种共同利益的存在，并且渴望有政策能推进这种共同利益的实现。因此，同对手一样，他们也无法摒弃那些为政策的正当性进行辩护的思想。

当撒切尔夫人和凯斯·约瑟夫爵士建立起"政策研究中心"时，就已经表明，他们至少渴望找到他们持有的信仰具有什么样的理论思想，并且将这种思想转化为实践。在近来的竞选运动期间，撒切尔夫人不知疲倦地展现了她的理论信仰，以及她想要参加所有相关思想辩论的意愿。对她来说很重要的一点是，她的观点应该具有理论上的说服力，而且她十分乐意奖赏那些做出这种发现的人。因此，如果"政策研究中心"现在是由在自由事业中背叛了左翼阵营的一个变节者来主持的，那也丝毫不令人感到奇怪。而且，毫无疑问的是，这个中心会在长时期内与那项事业持续关联起来。

但情况要比这一委派本身所暗示的要复杂得多。用中心自己的话说,它旨在"确保人们能够更为充分地理解那些可以用来提高生活标准、生活质量以及英国人自由选择的方法,并且尤其关注社会市场政策"。这是一个较为宽泛的目标,而且实际上也是不明确的。在最后一个短语中,当"社会"修饰"政策"时是一种意思,而当"社会"修饰"市场"时又是另外一种意思。第二种意思几乎不可能是有意为之的。思考市场在社会中的位置,并且意图用某种更新的模式来取代我们现有的模式,这不像是保守主义的风格。但是第一种意义暗示,"中心"意识到"市场"状况具有社会含义,并且在制定政策时,这些含义应该被考虑在内。人们看到一种似曾相识的托利党主旨,即社会秩序的价值高于市场经济的价值,而且,任何一种经济政策的价值,实际上都不能以它自身的标准去衡量,而是要用它所服务的社会组织的标准去衡量。然而,"中心"声明的其余部分清楚地表明,这一陈旧的保护主义远非"中心"的兴趣所在。

"中心"试图改善三个方面:生活水平、生活质量以及英国人的自由选择权。其中,第一个方面暗示了一个切实的政治目标。它由一个"指标"来衡量,而且与此前时期或者国外状况相比较,能够看出上升或者下降。它的衡量标准是建立在普通人可以获取的那些必需品的数量上:食物、衣服、住房、车子、收音机、冰箱等等——总而言之,就是在"市场"上流通的"商品"。"生活标准"这一概念,不包括对人们自身想得到的物品与人们只是因为那些物品被宣称值得拥有而渴望得到它们两者之间进行区分。它也不去区分这种渴望是源于需要还是源于兴趣,或者是产生于为了迎合一时的心血来潮。这点很重要,因为我们对第二个目标,即"生活质量"有所了解,那仅仅是因为我们对那些追求生活质量的人们所具有的真正兴趣有所了解。改善生活质量,或许可能与提高某种其他东西的数量不相容。尤其是,它可能与提高所有可以得到的商品的数量不相容。除此之外,当第三个目标(因为它必须如此)被避开或者限制的时候,所借助的恰恰正是"生活质量"这一概念。毒品被宣布为不合法:这对自由构成了一种实实在在的侵犯,但对真正的利益而言是一种必要的支持,而且是对源自这些利益满足之后的"生活质量"的一种必要支持。

这样看来,我们需要思考的三个目标都可能是互不相容的。问题出现了:三个目标之中哪个享有优先权?"生活质量"这个概念过于模糊,无法催生政策,因而总是被抛在一边。如果我们查阅撒切尔夫人和凯斯·约瑟夫爵士所作的实际声明,事实上,我们就会发现他们所强调的重点,在"生活标准"这一合理目标和"自由"这一高尚理想之间、策略性地来回摆动。若说这两者反正能被合并起来,形成一种意识形态,也不是什么离奇的想法。举例来说,凯斯·约瑟夫爵士一直很渴望给英国公众留下这样一种印象,即自由市场是繁荣的基本条件,而市场的自由不过是英国人生来就享有的更高形式上的、更为普遍意义上的自由所产生的结果而已。他把商人和实业家称为"财富创造者",因此,必须也要给予他们自由去投资,去投机,去从事企业活动,一个保持警惕的主权国家不会自动将这些企业活动所赢得的回报充公,同样也不会自动承担它们所造成的亏损。

近来,托利党人已经开始带着怀疑主义的眼光来看待这些自由主义的信条,甚至偶尔会流露出厌恶之情。但自亚当·斯密以来,自由主义经济学变得越来越复杂。在哈耶克①的著作中,我们发现了约翰·斯图尔特·穆勒的**经济人**(homo economicus)这一概念披上了宪法这一体面的外衣。他变成了一个温和的传统主义者,一个谨慎的个人主义者,一个善意的、乐善好施的托利党人,用优雅和权威来掩藏那只指

---

① 哈耶克(Friedrich August Hayek, 1899—1992),经济学家,生于奥地利维也纳,在维也纳大学获法学和政治科学博士,后移居英国,任教于英国伦敦政治经济学院(1931—1950),1950年之后曾先后任教于美国芝加哥大学(1950—1960)和德国弗莱堡大学(1962—1968)。哈耶克是新自由主义的代表人物,1974年获得诺贝尔经济学奖。主要著作有《个人主义与经济秩序》《致命的自负》《自由秩序原理》《通往奴役之路》《法律、立法与自由》等。哈耶克与约翰·梅纳德·凯恩斯的经济思想截然不同,两人进行了长达二十多年的辩论,却始终无法认同对方的观点。

引他的看不见的手。这一新的文明人从经济事务研究所①出发,已经朝中心办公室迈出了第一步,向充满好奇心的旁观者保证,利己主义这只隐形的手必定会成为一种健全的宪法手段,保守党引入它的目的,恰恰是保卫我们的自由,维护我们的传统,并向全世界揭示西方民主的好处。至于"生活质量"——这不像是一个目标,更像是其他目标所带来的结果。时间本身就足以让我们实现这一目标。

尽管以新面孔出现的经济人被理性信仰的氛围所包围,他是否能够说服此前不接受"市场"是一个自然的、不可避免的安排这一观点的人——就像已经接受了此种观点的撒切尔夫人和她的内阁那样——接受这种观点,这点令人怀疑。马克思主义者们会将资本家是"财富创造者"这一观点看成一种意识形态的想象而拒绝加以认真考虑。他们会说,财富是由生产力创造的,而劳动是生产力的主要构成部分。"资本"指明的不是一种生产力,而是一种经济组织形式,通过它,生产特性进行运转。认为是资本创造财富这种观点,不仅仅是谬论,而且还犯了一个范畴错误。"资本"是一个经济体制的名称。这个体制可以允许财富的创造,但同时也可以阻碍财富的创造。如马克思所言,资本或许(在某个阶段)是个生产力的"束缚"。举例来说,"市场"规则暗示,当技术进步时,人就变得多余。为了保护自己,人们会将劳动力撤出,只有在新技术没有被引入的条件下,才会重新提供劳动力。这是一种非常理性的转移,市场规律在其中扮演的角色无可指责。那么,想象一下还存在着某种其他的组织形式,在这种组织形式中,新技术的引用不会妨碍那条市场规律的运作,仅仅是因为,没有人有权力签订合同转让劳动力,而其他人没有权力雇佣他。他正是代表了那个新的组织形式在进行斗争,社会主义者说。那么,真正的理论问题就在于此:这样一种组织形式可能存在吗?还是我们注定脱离不了原有的组织形式,资本在

---

① 经济事务研究所(Institute of Economic Affairs),即 IEA,是由商业人士安东尼·费什(Antony Fisher)在 1955 年创建的一个独立的、非盈利、非政府组织,旨在推动自由市场经济的发展,其总部设在伦敦。

这种形式中必须看起来是（虽然这当然只是一种意识形态的海市蜃楼）真正的财富创造者？

但假如我们不承认有其他组织形式存在，而且"市场"（它只不过是资本主义的另一个名称）是所有生产必须采用的自然的、不可避免的形式，那么，生活水平可能被提高的程度就会被真正限制，这点也就可能是正确的。因为，如果没有雇佣劳动，资本主义就不可能存在，而雇佣劳动则会一直将雇佣保障作为自己的条件之一，无论失业是否是经济增长的必要条件。因此，如果自由包括签订契约的自由，那么，自由可能会导致生活水平下滑。自由是否会造成这种结果，还是一个极为复杂的问题，而且这个问题要求我们再次追问自己，这种保守的"自由"到底会意味着什么。

不妨看一下教育问题。长时期以来，人们认为（原因不是十分明确），教育是件好事，而且实际上，这件事情是如此之好，以至于政府应该有责任确保所有人都能获得，而且确保它能被普遍实现。社会主义者们试图强迫所有父母都把孩子送到综合性学校，这一行为不过是一个公认原则的延伸，这个原则就是，国家有开设学校的义务，而公民则有上学的义务。在对此问题的回应中，保守党提倡"自由"理念。父母应该享有选择某种其他安排的自由，尤其是工党政府试图摧毁的那种安排。然而，它所遵守的原则仍旧是相同的。国家迫使父母教育自己的子女，而且规定了他们可以对其进行教育的方式。或许表面上看起来，选择的范围拓宽了。然而，它所产生的影响只是暂时的。如果孩子聪慧，父母实际上更倾向于将他们送到文法学校，如果有文法学校的话。因为优秀一些的学生都被转走，所有与之竞争的综合性学校因此必须重回"现代中学"的地位。这一过程所能提供的唯一一个新的选择，是一个所有明智的父母都不会想要的选择，即把他们的孩子送到一个比他或许已经就读的学校更差的学校。因此，既不存在提高自由，也不存在失去自由。这个问题其实是关于强加一个互相竞争的教育体系的问题，概言之，这种强加的真正理由，应该存在于竞争所产生的"生活质量"之中。

然而,这让我们又回到了一个概念,即"真正的利益"这一概念,没有这个概念,"生活质量"就是一个毫无意义的口号。马克思主义者们认为,一个人真正的利益或许与他的欲望不一致,原因在于,他的许多欲望都是强加给他的,或者是逼迫他的,这些强加或者逼迫都是通过那些破坏他的人性的安排来实施的,而且为了他本人的利益考虑,这些安排是应该被改变的。比如,沉迷于色情或者血腥暴力场景的欲望。这个欲望恰恰是由它被实现的可能性所激起的,而无论要实现这个欲望还是要拥有这个欲望,对他都是没有益处的。持有这种主张的人(除了最顽固的自由党人,没有其他人持这种主张),看不出审核制度的限制法规有什么不妥之处。这样的法律干涉"自由",就如同毒品法干涉自由一样。然而,我们所关心的是生活质量,而自由不过是其中一个受限制的、小的组成部分而已。或许有人也会主张(依据马克思主义者的精神,他意识到"盲目崇拜"和异化之间的关联),对商品的无止境追求与真正的利益背道而驰。再一次,追求迫使欲望产生,并且在实现中滋生不满。如果情况如此,那么"生活质量"这一目标可能不仅与肆无忌惮地追求自由相矛盾,而且也与所有的政治家们许下的要提高我们的生活水平这一允诺相矛盾。

毫无疑问,有些"资产阶级"意识形态的形式不会产生这些矛盾。但是这个形式有非比寻常的能力去制造困惑。不仅是这三个目标本身之间存在冲突,而且,它们也与公认的保守党政策存在冲突。不妨再看一下劳动市场。一方提供金钱,另一方提供劳动;甲方需要劳动,乙方需要钱。从哪一种意义上说,接下来签订的契约是自由的?只有双方都不是在被迫的条件下缔结契约,它才能算是自由的。当劳动者可以选择不与任何人签订契约时,理想的自由才会出现。(只有国家给每一个人发放救济金,不论他们是否选择去找工作,这样一种情况才能实现。)没有人想要得到这种自由。想要无休止地游手好闲是不符合人性的,而且只在某个能够清晰地看到这一愿望如何实现的人的头脑中存在。那么,我们要提供给工作的人的替代自由是什么呢?是无论什么时候,只要他选择,就能替另一个雇主工作的自由吗?但这不是他想要的。相反,他想要守住**这位**雇主,守住**这份**工作,但是条件要对他更为有利。因此,他依赖工会,工会的目标不是其成员的签约自由,而是对这一自由的限制,为了有助于提高议价能力。而且,它对议价能力的追求,是为了提高其成员的"生活标准"。在保守党与工会成员之间的斗争中,我们发现,后者是被保守党所声称要推进的其中一个目标所推动的,而前者则没有提供任何东西作为回报,除了提供没有任何一个工会成员想要的自由之外。而他们或许会一致赞同的价值——"生活质量"的价值——在其他两者毫无结果的斗争中已然被遗忘。

如果这类政治问题要变得更清楚,那么,保守党领导层似乎应该要停止增加不必要的目标。目标越模糊越好。在"生活质量"这一涵盖一切的理想中,我们的**经济人**最终被湮没。取而代之,我们发现了公民,他的满足不是源于对自身私利的追求,而是源于社会状况。

28. 人权的意识形态

原载于《泰晤士文学增刊》,1980年3月14日。

经典马克思主义立誓废除单一民族国家,并将这一誓言隐藏于一个预言之中。地方的、历史的忠诚态度形成国家,宪法手段则被用来对其加以巩固,这些被称为"上层建筑",用以保护和支持某个经济发展的短暂阶段。一旦国家"束缚"了经济发展,它必将崩溃瓦解。历史的最终解决方案将是无阶级差别的,无地域差别的,无时间差别的,无国界的。

假如一个国家的政府能说服另一国家的人民相信这一信条,那么它就会获得较高的权力。它把注意力从地方忠诚转移到一个事业上去,这个事业声称能超越并且取代地方忠诚。我们所谈论的这个事业——"国际社会主义"——不仅仅是一个理想,而且(人们认为)也是一个必然会发生的现实,它是各种非人力的力量作用所产生的结果,任何人想要进行抵抗,都必然受到惩罚,或者是这种抵抗无法延续很长时间。这一教条无需证明;它通常能够以逆向的方式支撑自身,强调区域性不满会促使人们产生想要相信无时间差别、无区域差别的理想的渴望。这一教条的受害者们几乎不会问自己,是什么样外来的利益选择用这样的方式去欺骗他们。如果有什么利益在起作用,那也似乎是他们自己的利益。

十分明显的一个事实是,自从列宁将帝国主义的概念化为己用,俄国的外交政策正是在这一国际主义的教条下推进的。在大部分情况下，这种推进是有损于那个被称为"西方"的国家间的松散联盟，这是在施本格勒意义上对其命运进行定义而得出的称呼。美国作为这些国家中最重要的大国，必然成为它们最重要的发言人。然而，直到最近，美国外交政策才制定出了一个迎合一时之需的国际准则，来遮掩自身对权力的追求。正在为建立自己的民族性而奋斗的美国，几乎不可能提议消灭其他国家的民族性来作为一个共同目标。在门罗主义①指引下，美国意识形态只是以逆向的方式准许干涉其他国家的事务：刚刚摆脱殖民压迫、赢得自由的美国，获准支持任何民族为了摆脱殖民压迫而进行的努力。将一个国家从殖民统治中解放出来这一目标，通常可能都会是正确的、合情合理的。但是，只有当这个民族在除了对其进行殖民的力量之外，依然具有实体存在时，这一目标才会显得合乎逻辑。要帮助谢泼茨布什②这个地方的公民争取"解放"，就会显得滑稽可笑。谢泼茨布什现在没有、历史上也从未形成过一个政治实体，而且也没有自身是个政治实体这一意识。它也不可能从联合王国之中崛起，并宣布自己历史上享有自治权利，或者，用其他任何一种方式显示其自我政治意识是个需要被严肃对待的事实。合法性是个精心设计的手工艺品，需要宪法、风俗习惯、惯例和历史的共同作用。

门罗主义预设了这么一个历史合法性，以便给予支持，使其反抗那

---

① 门罗主义（Monroe Doctrine）发表于 1823 年，表明美利坚合众国当时这样的观点，即欧洲列强不应该对美洲进行再殖民，或者涉足美国与墨西哥等美洲国家之主权相关事宜。而对于欧洲各国之间的争端，或者各国与其美洲殖民地之间的战事，美国则保持中立。相关战事若发生于美洲，美国将视其为具有敌意之行为。此观点由美国总统詹姆斯·门罗发表于第七次对国会演说的国情咨文中，是美国涉外事务之转折点。此学说最初由约翰·昆西·亚当斯等人构思而成，以宣布美利坚合众国在道义上反对殖民主义，后经多方重新阐释，形成种种广义之说法，比如西奥多·罗斯福总统就以它作为行使美式殖民主义的许可，即被称为门罗主义的"罗斯福推论"（Roosevelt Corollary）。

② 谢泼茨布什（Sheperd's Bush）系西伦敦的一个区域，属于伦敦哈默史密斯和富勒姆（London Borough of Hammersmith and Fulham）自治市。

些可能会将其夺取的力量。因此，作为针对那些对自身民族身份的认识仍然是混乱的、碎片化的或者是不存在的民族所制定的国际政策而言，它实际上是一个效果不佳的屏障。这些民族或许会问，我们原本就没有一个属于自己的身份，在这种情况下，提供给我们的帮助会让我们走向何方？马克思主义的国际主义信条提供了一种答案，而这个答案暂时掩盖了那些在其掩护下发展的国家的利益。

近来，西方外交政策不得不像俄国的外交政策那样无所不在。因而，西方很需要一个信条，而这个信条要能像马克思主义的预言一样积极乐观，具有国际性，而且它的呼吁也一样要具有当下性。卡特总统将"人权"理念当做这一信条，只不过利用了所有美国政治意识中最为基本的一个组成部分；因而，他的继任者们也很少追问这一信条的含义是什么。但既然我们的命运取决于此，我们必然会问，这一信条是否至少能够掩盖我们的利益，而这些利益是从我们需要反对那些国家方能获得的。

存在"人的"（也就是说"普遍的"）权利这一信条，其前身可以追溯到中世纪自然法理论中，依据这些理论，除了已经取得法律地位的地方惯例之外，还存在着一些正义原则来管理人的事务。如果没有影响力，权威毫无用处，但教会通过实施国际影响力，让自然法的权威施展开来。权利和威力并没有产生分歧；而且，两者似乎都各自产生于一个独一无二的神圣源头，因此，权利既没有掩盖也没有扭曲威力。的确出现了谁的利益是通过遵守自然法则而获取的这一问题，但它从未导致人们摒弃这一信条。当君主们有能力与罗马决裂时，那是因为他们已经建立了国家教会，也建立了一套习惯法，将那些原本属于一个国际教会资产的自然正义的原则神圣化。这些君主似乎不是被外部力量所约束，而是被他们自身合法性的内在条件所约束。而"自然法"这一名称，仍旧是用来代表在君主和臣民之间斡旋的权威。

随后，"自然正义"和"自然权利"的历史很复杂，但并不陌生。此前曾被认为是应对上帝所尽的义务，渐渐被认为是对人类应尽的普遍义务。然而,"人类"一词没有指明最高权力,只是指出了人类或许能在不拥有最高权力的情况下生存这一希望。因此,这些"自然权利"的权威是不幸的;当权利没有权力来实现,对它的忠诚就会开始溜走。到最后,或许只有勇敢的人才会秉持具有悲剧色彩的自我牺牲精神,站在它这一边。

然而,美国现行的国际主义就是从"自然权利"这个概念中获得了它让人信任的证明。不管地方性的协定如何限制,"人权"是所有人都享有的权利。高举人权旗帜,美国试图利用一个信条来掩盖自己的权威地位,这个信条会赢得世界各地每一位公民的支持,而且它不会预设一个特殊的经济秩序——比如资本主义——作为其先决条件。但是,由于受到公正感(这种公正感就是渗透于它的意识形态之中的那种公正感)的制约,美国权力举棋不定,因而"人权"支持者将会缺少国际保护。无法武装他们,或者派军队去解救他们,或者策动他们起义,就像马克思主义者以国际主义理想的名义或许会合理地策动起义那样。因此,这一信条在打击自己的对手方面没有多少实际效用。

这一信条本身是否具有连贯性也是值得怀疑的。或许有,或许没有;我也说不准。边沁将它描述为"夸张做作的胡言乱语",但是这或许不是一个十分令人信服的权威说法。有时,反思经院哲学家提出的"自然法"所具有的所有可能的意义,反思那个在被违背时似乎显得特别真实,而在遵守时却无法描述的"公正感",我认为这个信条中有真实的成分。然而,假如有权利,那么,相应地,就必然会有义务。谁的义务?向谁要求这些权利?而作为得到这些权利的回报,又给了他们什么?我们发现自己深陷哲学论战之中,试图维护这么一种观点,即,不管历史、宪法和地方复杂性如何,并且(看起来似乎是)不管最高权力能要求什么权利作为回报,每一个最高权力都应该把一些权利赋予每一位公民。要想知道这个信条是否具有连贯性,我们不得不重新研究那些被洛克、卢梭和黑格尔讨论过但仍存在争议的问题:我们不得不努力进行抽象,而这也挑战着最伟大的哲学家们的能力,而且普通公民对此也必然不会理解,尽管他可能跟伟大的哲学家们一样才智出众。

因此,我们会发现,只有在那些具有历史意识,而且通过这种历史意识来理解"人权"在当地所具有的意义的人们的头脑里,"人权"才往往会变成行动的原因,这点毫不奇怪。缺少了这种意识,人们仅仅只把这个信条当成某种普遍的反专制主义,是个体不理会应向国家应尽责任的许可证,而且是认为几乎任何一种反抗姿态都具有合法性的许可证。那些被送到美国接受教育的伊朗中产阶级的孩子们,从"人权"这一概念中仅仅学会了坚决拒绝拥护已经确立起来的权力的能力。他们所受"教育"的影响拓展到他们国家的同辈人,并很容易被纳入旧有的复仇行动中。年轻一代的伊朗人已经学会了如何把野蛮掩藏于西方的"学生"这一尊严之下,进而侵犯那些因为处于弱势而沦为他们受害者的美国公民的"自然权利"。而且,与之辩论也是无谓的。伊斯兰教律法一直将刑事司法的执行权赋予君主,因而能不顾时间、地点,十分轻易地抛弃一个关于什么是"天生的"教条。它不需要为"人权"腾出空间,而"人权"经过美国自由主义的宣传,仅仅只能用于对那些在不公正行为中侵犯权利的人指手画脚。以报复而不是自然公正为目的的反叛,属于地方事务,对广泛意义上的、抽象的人类权利问题并不关心。"人权"的意识形态失败了,随之产生的,是借助这一意识形态的掩护力图推进的外交政策的失败。

我们不妨将这种状况与东欧的状况进行比较。在东欧,法律的传统形式以惯例、记忆以及教会重新获得的世俗权力中所包含的现实等等形式继续存在下来,维护着一个权威的观念,以便在公民和最高统治者之间进行斡旋。"人权"信条现在开始指向某一具体的、有强制力的事物——事实上,它不是指某个普遍的理想,而是忠诚于宪法方面的传统习惯,而历史对其已经产生了不受其他事物制约的尊重。与伊朗的狂热分子相同,捷克斯洛伐克的所谓"异端分子"在情感上也不是什么普遍论者(universalist)。他试图从自己国家的宪法中寻找某种对法律程序的尊敬,而这种寻找是在其自身的历史身份引导下进行的。如果他谈及"人权",那是因为按照某种协定他必须忠诚,而作为回馈,他获得一些特权,这些特权可以从欧洲君权思想的伟大传统的意义上去理解。这样的特权与当地复杂的惯例密切关联。它们实际上是由关于煽动叛乱的严酷法律所遮掩和修正,而无论是那些制定者还是实施者对这条法律都不理解。然而,传统的特权仍然留存在记忆中,成为地方感、时间感和民族感的一部分,没有它,就不可能建立起对捷克斯洛伐克这个国家重要的忠诚。正是这一历史内容使"人权"概念清晰易懂,并使公民在自己的权利被拒绝时能够本能地感觉到。在这一拒绝中遭受损害的不是公民"自然的"自由(如果是的话,那将是恶劣的、粗野的、短暂的),而是更为具体的、有限制的自由,这种自由是民族认同的条件。"人权"的缘起,虽然涉及对公平的明确呼吁,却成了爱国主义的一部分,它与对传统的热爱、语言、惯例以及历史等密不可分,而这些实际上都是国际主义试图终结的。然而,在这种情况下,"人权"这一意识形态又再一次为并非普遍存在的外交政策提供了合法性,被吸纳到那些具有坚定不移的地方性特征,并且只关心自身利益的忠诚之中。国家继续作为热爱和绝望的主要客体,而且没有形成新的忠诚来取代它。

那些外交政策真正重要的许多地方,都有一个特征,即都有公民契约,既是极端地方性的(几乎不能担得起国家身份这一称呼),又是极端返祖的,从来未将自身转化为宪法、主权或者法律等形式。"自然权利"这一信条,尽管散发出强烈的西方宪政和罗马法传统的气息,很难鼓励那些试图从永恒中"浮现"进入历史的民族。但有可能的是,讲求权力而不是权利的马克思主义,至少未被他们所了解。颇具悖论色彩的是,正是在追求那个马克思主义者所允诺的"更高"形式的永恒中,非洲人民才开始常常认为自己是被那些既是地方性的又是被国际社会所承认的利益所限制。换言之,国际主义这一特殊形式能够促进民族感的发展。这样一来,如果新兴民族的民族主义把自己的命运与马克思主义而不是"人权"这一信条捆绑在一起,我们就不会感到惊讶。我们的权力,采纳了一种阻碍它实施的意识形态,当它与俄罗斯意识形态并置在一起，就显得非常脆弱。俄罗斯人用一个理论掩盖其外交政策，这个理论无论在终极意义上多么具有国际主义精神，它的受害者们都会将其理解为对萌芽状态的民族主义的支持，因此，这个理论变成了这些受害者全心全意衷心拥护的一个对象。

29. 诗歌与政治

原载于《PN 评论》,1980 年,iii,第 7 期,第 17 卷。

享受诗歌的方式有很多种,用不合时宜的说教来摧毁这种享受的方式也有很多种。然而,尽管王尔德提出所有艺术都是完全无用的这一理念,尽管从康德到现代表现主义提出的所有那些概念,都倾向于认为艺术是"无目的的",是一种"游戏"形式,是一种与观念或者教育目标相分离的"直觉"活动,现在同过去一样,都不可能将诗歌看成与世界有着令人愉快的、但丝毫不重要的关系。在接纳许多宣称诗歌完完全全"无用"的理论时,我们也要当心。如果诗歌是毫无用处的,那么,它的无用是朋友间的交谈是无用的那种意义上的无用;意思是说,它除了自身之外,没有其他目的。友谊是珍贵的,那么体现友谊的交谈也是珍贵的。但是,友谊的价值不是一个要实现的目标,它不决定交谈中的每一个时刻。

类似地,艺术具有价值,但这种价值并不产生一个让任何一种艺术行为都能去追求的目的。艺术的无目的性是外在的,就像谈话里语言的无目的性是外在的一样。但艺术也像谈话一样**意义重大**,它的重要意义归功于外在用途的缺失。诗歌与政治宣传之间的差别,就如同彬彬有礼的谈话与签合同之前所进行的讨价还价之间的差别。讨价还价包含礼貌因素,但如果目的没达到,这些因素就会消失。这些礼貌因素是修饰品,它们之所以必要,仅仅是因为人类交往的理想不是在合同中产生的,而是在交谈之中产生的,在这里,个人目的在超越了这些目的人性中被消解。

这些评论看似显而易见,但它们产生了一个令人困惑的问题。与交谈不同,诗歌则完全是单方面的,它掌控着读者的注意力,而且不对读者做出任何回应。或许,对艺术尝试来说,最重要的就是它具有这种单方面的、非交互的特点。这不是说读者只是感想的接受者,而不对其做任何想象性的添加;恰恰相反。但是他的反应,不论是多么热烈或者多么激烈,必须由其他某种事物来决定,即对审美内容的认知能力。我用"审美内容"这一概念指理解诗歌时所涉及的一切事物:诗歌所"表达"的一切内容。尽管这看起来显得有些自相矛盾,但正是审美行为的单方面特性——读者扮演看起来显得被动的角色——让人们认为这一"内容"界定了一种新的、更为微妙的,但同时又不可避免的诗歌的目的,一个必须从政治意义上去理解的目的。被俘获的读者是其俘获者的受害人。考虑到那些如果不算是政治概念,也仅仅是因为疏漏才得以不被当成政治概念的概念,他的反应会被支配、控制、误用、改造。

但是,诗歌肯定**不是**政治宣传,或者说,如果它试图成为政治宣传,它就不算是好的诗歌。说出这种观点的人,持有一种关于欣赏艺术的理论,这一理论指出,我们对待艺术的态度必须是"公正无私的""保持距离的",或诸如此类。他说,美只对那个采取"审美"态度的人来说是显而易见的,而这要求人们保持一种"疏离"(disengagement)态度,而这种态度还是政治宣传试图去摧毁的。但这个理论是不充分的。贝尔托·布莱希特①在《梅辛考夫对话录》(*Messingkauf Dialogues*)中,不是唯一

---

① 贝尔托·布莱希特(Bertholt Brechet,1898—1956),德国剧作家、诗人,也是现代戏剧史上极具影响力的剧场改革者及导演,被视为当代"教育剧场"的启蒙人物。布莱希特的戏剧是20世纪德国戏剧的一个重要学派,热衷于戏剧形式的实验,他提出的"陌生化方法",又称"间离方法",既是一种新的美学概念,又是一种新的演剧理论和方法,对世界戏剧有着重大的影响。他的戏剧思想和艺术见解受马列主义影响,提出史诗(叙事)戏剧理论与实践的主张。他的戏剧作品有《马哈哥尼城的兴衰》(1927)、《三分钱歌剧》(1928)、《屠宰场里的圣约翰娜》(1930)、《圆头党与尖头党》(1931—1934)、《大胆妈妈和她的孩子们》(1938—1939)、《四川好人》(1939—1942)等等。此外,布莱希特还著有戏剧理论作品,包括《现代戏剧是史诗戏剧》《流行与现实》。文中提及的《梅辛考夫对话录》是布莱希特未完成的一部戏剧理论作品。

一个对此理论做出明确反驳的人,你可以保持你的"公正无私":它不会引起**我**的兴趣。我会告诉你一些新的方法去解读诗歌,去观看戏剧。我会培养你的间离效果(effect of alienation),所有熟悉的事物都被展现为陌生的——试试与**那个**保持政治上的距离!而且,我将使用你可能会称之为"艺术"的技巧。你可以尽情地让"审美反应"和作为其客体的"美"成为互不关联的事物,尽可能随心所欲地让它们看起来精细、优雅。但不要期待我会对这个结果产生很大的兴趣。对你的这个"艺术",我有其他更好的用途,如果你认为那些用途改变了诗歌和戏剧的本质,将它们变成了其他某种东西,那么,我所寻找的也正是其他那种东西。让我们不妨就为它取另外一个名字,不是诗歌但又是诗歌。我要写的就是这样的诗歌,并且如果我能如愿,这也就是你将会读到的诗歌。

这个斗争并不只是语言上的,它是关于艺术机构性质的斗争。假如我们想要解决这场争论,就必须保持开放的头脑——要比布莱希特的头脑更为开放。交谈这个例子是用来提醒我们,价值和目的或许会相异,但它并没有阻止那些希望——用瓦尔特·本雅明的话说——"将艺术政治化"的精明活动家。相反,这告诉他如何以最好的方式来处理这个问题:假装所有这一切都带着友好的精神,然后再对它们迎头痛击。

如同谈话里的语言一样,诗歌也可以有正确或者错误之分。有一个荒谬的信条,它控告真理与诗歌没有关联,试图树立"诚实"或者"真诚"的理想取而代之。然而,如果我们摒弃对真理的兴趣,我们也摒弃了对认知的兴趣。首先,这是一个不折不扣的事实:

> 若有人愿意回过头看看从前,
> 　　好好地想一想那些古圣先贤,
> 以及无畏英雄们在爱情方面,
> 　　所成就的伟大功勋一件一件,

要么始于爱情,要么终于爱恋。①

或许这里表达的并不全部都是事实;但如果缺少了"真理的语气",这些诗行在诗意上将是空洞的,而在戏剧性上则是毫无意义可言。其次,隐喻与明喻有更为诗意的用法:"我们的舌头像精疲力尽的风标宣布放弃信仰。"(哈特·克莱恩)我们的回答是"是"或者"不是",而不是"好美啊",或者"好奇怪啊"。假设诗人说的是,"我们的舌头像被吃掉的皮革藤一样倾注",你不知道它是什么意思,因为你不了解它如何能是真实的或者恰当的(而恰当性则被击打成薄如蝉翼的真理)。最后,存在一种经验的真理。

> ……当我悬在
> 鸟窝上方,在草丛附近
> 在光滑岩石上半英尺的裂缝里
> 无所支撑,看起来几乎就要被
> 刮来的疾风吹起来,
> 肩膀抵住光溜溜的险崖……②

现在似乎真实已经变成了逼真。经历得以表述,所使用的是意在捕捉瞬间性的语言(而且这就是节奏、韵律和强调的目的)。真理很重要,但它并非说教性的真理。它没有提供抽象的概念,也没有提出论点来加以证实或者反驳;我们所拥有的只有一种经历,真理是对**这个**而言的真理。你能从这么一种诗歌含义中压榨出多少政治来呢?

我们承认,只有对真理有兴趣的人才能真正理解诗歌,这点并没有让我们取得多少进展。那么,让我们来看一下两个因其政治"姿态"(我

---

① 该诗出自英国文艺复兴时期最杰出的诗人之一埃德蒙·斯宾塞(Edmund Spenser,1552—1599)的代表作品《仙后》(*The Faerie Queene*)的第四卷,此处译文借鉴了邢怡的译本。

② 本诗出自英国伟大的浪漫主义诗人威廉·华兹华斯(William Wordsworth,1770—1850)的代表作品之一《序曲》(*The Prelude*)。

选择这个词,因为如果用一个意思更为具体的词就会规避所有问题)而臭名昭著的例子:马维尔的《贺拉斯颂》①以及叶芝的《为女儿祈祷》。两首诗的结尾都流露出一种抽象的信念,马维尔告诉我们"相同的诡计的确获得/权力,它必然维护",这一想法如果真实,会让革命所打的人道主义幌子显得荒谬,叶芝则为我们提供了一个罕见的复杂(有些人会说是诡辩)思想:"难道不是只有在习俗和仪式中/天真和美丽才能出生?"很明显,马维尔并不想让我们对他的结尾诗行所揭示的真理无动于衷。恰恰相反,前面堪称是"具有说服力的"诗行与它们有关联。对此一无所知的文学批评家,会错过这一节的美学内容。我们不妨看一下马维尔对查尔斯国王被执行死刑时的著名描述:

在那个难忘的场景

他的行为异常高贵,

然而斧刃

却更锋利。

这一毫不"普通"让我们禁不住将查尔斯的行为与那些审判他的"大众"相比较。而"mean"一词所具有的含混性,既清楚显示了所谓不"普通",也显示了一个事实,即查尔斯没有,也没有"打算"(meant)在这个词盎格鲁—撒克逊的意义上做任何普通的事情。在那个他令人难忘的场景上,他的精神成为"意义"的中心,表现为不平常,缺乏共性。"mean"的力量,被贯彻到"场景"上,刚好限制了构成查尔斯品德的美德:它们是舞台表演的美德。他的确是悲剧的,但他不过是一个表演者,而且只有在这一种"场景"中他的美德才能清楚显现——不像克伦威尔的美德,它不是意志的美德,而是表演的美德。但是,合法性往往更在于展示(习俗、仪式)之中,而不是意志之中。内在节奏把查尔斯精

---

① 马维尔(Andrew Marvell,1621—1678),英国著名的玄学派诗人、讽刺作家、政治家,1659 年入选为众议院议员,直到死亡。他的诗作不多,其中脍炙人口的有《致他娇羞的情人》(*To His Coy Mistress*)以及《花园》(*The Garden*)。

神的"意义"传送到他"犀利"的目光之中,它是精神的外在表现形式,因此又回到了查尔斯的高贵行为彻底推翻了的"审判"上面。"斧刃"是清教主义的武器,它没有权威,只是一种强制性的对权力的攫取;它也被送上"审判"席,只不过对它进行审判的,是一种更渴望剔除愤怒的精神。这些评论(我之所以提出来,是因为它们有可商榷的余地)是从阅读诗歌中产生的;而且,它们与整首诗令人信服的运动之间有某种关联。留意这些思想和意象所引起的回响,就是参与到对它们的表现之中,通过这种表现,诗歌朝着自己的目标迈进。如果文学批评不关心马维尔最后作出的声明是真是假,那么,它就会错失这一意义。

叶芝躲藏在一个反问句的后面背后:"难道不是只有在习俗和仪式中/天真和美丽才能出生?"但这一思想所体现的政治性丝毫不比《贺拉斯颂》的结尾少。传统的价值被肯定,同样被肯定的还有它们与各种生活形式之间的联系——习俗和仪式——这些形式必须阻止当时的政治激进主义,或者是用无法辨识的习惯来掩盖它。朝着结尾的发展同样是"令人信服的"。如果没有经历这首诗歌基调的解体,你无法认为这些诗行渗透着纯粹的偏见。那些以不容置疑的口吻说它是"垃圾"的读者,就会疏远这首诗,对它的质量也漠不关心。**假如**这种思想糟糕至极,那么这些诗行所表现的、引发了这一思想的经验亦是如此。

最后一句话包含了我想要提出并加以考察的一种哲学。这些"政治"诗歌所体现的难题在于:它们表达了明确的、但并不总是很清晰的信仰。一种劝导的意图也贯穿诗歌的始终。用那些同样不如我们所希望的那样意义清晰的词语来说,读者被吸引着去赞同这些信仰,而且为了寻求这种赞同,或许甚至是为了迫使它发生,诗中也采取了某些行动。那么,读者如何能够喜欢这首诗歌,但同时又拒绝赞同它的观点呢?呈现在他面前的这种特殊形式的劝导是什么?它又如何区别(如果有区别的话)于理性论述?

这些问题在针对戏剧独白提出时,就显得没有这么令人困惑了。戏剧独白仿佛只是在引号中表达观点,就像演员在舞台上一样。这里,我们所发现的不是真理,而是真实性。戏剧独白表现的是一个人物表达自己的观点,但它本身没有表达一种观点。引号可能很显眼——比如在《加卢皮的托卡塔曲》①之中;又或许引号是隐藏起来的,比如波德莱尔、拉弗格(Laforgue)以及早期的艾略特,在他们的作品中,独白变成了一种内在的声音,一个诱惑者,他蔑视你的顺从,对你说"以这种方式看待这个世界"。在任何一种情况下,风格与主题之间存在着的某种距离,都会成为这首诗歌的特征,这种距离就是我们所说的讽刺。诗人表述一种思想、表达一种感情或者表现一种经历,结果却是为了当这种思想、感情或者经历在看起来仿佛已经成为他自身所有的那一刻将其摒弃。你可能热爱这个产品,但你的爱是对孤儿的爱,这种爱因为你不用对这一存在担负责任被激发出来,它对你表现出的同情心怀有真正的、但未表达出来的感激之情,而你只以十分微小的代价就能产生充沛的同情。这是人类情感中最不令人痛苦却最具讽刺意味的形式:伪善的读者,我的同胞,我的兄弟!②

然而,并非所有的诗歌都是戏剧独白。无疑,不论是《贺拉斯颂》,还是《为女儿祈祷》都不能被当成戏剧独白阅读,就像蒲柏富有道德寓意的书信体诗文或者是朱文纳尔③的讽刺诗不能被当成戏剧独白一样。即便是在戏剧中,我们也会遇到一些诗,它们所具有的政治迫切性产生了一种具有说服力的力量,而我们无法将这种力量打发为某人所拥有的一份财产,但他被剥夺了继承权,我们对这个人充满同情,但我们不需要采取他的态度。有时,诗歌诱使着我们去认同,而不是去同

---

① 原文似乎出现笔误,诗的标题写成了"A Toccata of Galuppi",实际应为"A Toccata of Galuppi's"。此诗系英国维多利亚时代的诗人罗伯特·布朗宁(Robert Browning,1812—1889)所作。

② 原文为法语:*hypocrite lecteur, mon semblable, mon frère*!

③ 蒲柏(Alexander Pope,1688—1744),英国诗人,是启蒙运动时期新古典主义的代表,擅长写讽刺诗,代表作品有《夺发记》(*The Rape of the Lock*,1714)、《愚人志》(*The Dunciad*,1742)等。朱文纳尔(Juvenal,约60—约140),即罗马伟大的讽刺诗人 Decimus Junius Juvenalis,因此又译作"尤维纳利斯",著有《讽刺诗集》(*Satires*)。

情。我们不妨来看一下《特洛伊罗斯和克雷西达》①中尤利西斯发表的著名演讲：

> 纪律这根琴弦如若崩断，
> 听吧，刺耳的噪音随之而来！一切
> 都相互敌对……

莎士比亚接下来继续为这一主张"辩护"，这在主张平等的人的耳朵里听起来就会显得尤为令人厌烦，它所包含的思想部分是哲学的，但它们所具有的说服力，就像马维尔的《颂》一样，源自诗文的表达方式。莎士比亚提及权威与权力、权力与意志、意志与欲望，对这些概念之间的差别是社会所需、但同时又是人为的这一思想进行了戏剧化，而不是对此进行论证。丢掉等级，艺术品就会坍塌；权威被简化为欲望，而欲望则把社会分化成"对抗状态"。正如黑格尔可能会说，文明社会让位于普遍的"我要"。要把莎士比亚的思想仅仅看作人物塑造是不可能的。在这种情况下，读者不需要哲学上的敏锐，也不需要同莎士比亚最伟大的政治演讲中所包含的真理进行斗争。他再次感觉到信仰的吸引力；演讲的风格或许是尤利西斯的，但在一个充满派系斗争的混乱世界里，尤利西斯变成了真理的化身。那么，即便是在戏剧里，我们也发现了诗歌里的"劝导"技巧。这种劝导在这里所产生的结果是令人吃惊的，因为如果我们接受它，我们就必须摒弃我们的时代所有政治上的陈腔滥调。（将《特洛伊罗斯》所产生的效果与布莱希特冷血无情的戏剧场景进行比较，是件十分有趣的事情，布莱希特几乎不试图去掩饰他的观点，但又设法将它们从具有劝导性的语言中分离出来。布莱希特的世界观是灰暗的，充满敌意的，无法在对这一世界观进行说明的那些场景之外，引起读者思想上的共鸣。）

那么，引号没有摧毁劝导，或者为每一个想法蒙上讽刺的面纱。诗

---

① 《特洛伊罗斯和克雷西达》(*Troilus and Cressida*)是莎士比亚的一部悲剧，大约写于1602年。

歌思想，无论它是如何可能被强加于我们的偏见之上，它所具有的说服力都是它本身固有的。不利用强迫的手段而是试图去说服我们的，正是诗歌本身，它征求我们的赞同，却不屑于去问为什么。欣赏和赞同总是相伴而来。

那么，谬误的情况如何呢？让我们来看一下另一个例子。我往往会在 A. L. T. 莫顿的《暮光之歌》中发现谬误——我想，这并非因为政治偏见，虽然偏见会引导我们去问那些挑战自己观点的诗人更多问题。我认为，这里的谬误与里维斯在比较莱昂内尔·约翰逊①与马维尔时，在约翰逊倾注在"所有国王中最悲伤的国王"身上的感情中所发现的谬误如出一辙。像马维尔一样，莫顿试图从血淋淋的现实推进到政治道德："我们赞美但不愿屈服于暮光/故而所有人都欢喜但没人膜拜"。作为一个马克思主义者，莫顿感觉预言比观察资料更可靠：这可能会导致读者的怀疑主义态度，这一态度并非由对决心的表达所引起的。（比较一下："我不会停止精神上的战斗/也不会让宝剑在我手中沉睡……"②）如果我觉得前面的描述无法令人信服地得出这一预言，这不是因为这一问题仍旧无法被证实。不论作品的质量如何，它都几乎不可能想去**证明**像那样雄心勃勃的某种东西，就像马维尔不可能想要去证实一个想法一样，如果这个想法证明属实，那么，它就会让莫顿的预测显得荒唐可笑。在我看来，造成谬误的是莫顿所使用的意象具有先验图示的（schematic）属性：

> 李卜克内西躺在战壕的血泊中。
> 罗莎·卢森堡的头也…
> ……
> 荒草像剑一样挺立而出

---

① 莱昂内尔·约翰逊(Lionel Pigot Johnson, 1867—1902)，英国诗人、评论家。
② 这两句诗出自英国诗人威廉·布莱克(William Blake, 1757—1827)晚年的作品《耶路撒冷》(*Jerusalem*, 1820)。布莱克是虔诚的基督徒，他的主要作品包括《纯真之歌》《经验之歌》等。

从李卜克内西的战壕里

莫顿对李卜克内西的描述算不上真正的描述：他如何能够不沾鲜血地躺在那个战壕里？（比较马维尔诗歌所揭示的真实思想：而四周武装起来的人们/拍起了他们血腥的手掌。这里通过提到这些手掌的确曾沾过鲜血，但现在血迹已干，"血腥的"预示着即将会沾上的鲜血。在这里，我们看到的是某种动机、某种精神。）莫顿所使用的意象的效果源自两个人名有节奏地组合在一起，而它向读者发出的大概是这样一种邀请：记住李卜克内西和罗莎·卢森堡。要说服读者对两者所采取的态度，都是他本人已经持有的态度。

我们不妨也看一下草的意象（草很少像剑一样挺立）。只有一个已经看透了绿色导火线背后事先存在的愤怒力量的人，才可能把它看作对拔剑这一动作的预料。这是个老套的意象，就像邮票上面握紧拳头的英勇工人一样。它的说服力不是来自内在的特质，而是来自事先存在的要接受它的意愿。

我以莫顿的诗歌为例是因为，它像马维尔的诗歌一样，意图表现真实事件，因此，对谬误的指责就能更具有针对性。莫顿把欲望掩藏在预言之中，他的寓意是摇摆不定的，而通往这一寓意的路径是不连贯的，也不为人所注意。它既不产生也不限制它所召唤的情感；此诗包含了一系列引起预先假设的感情的成因。这是更为普遍的谬误的一个特征，也就是逐渐被人所称的"多愁善感"（然而，对这个富含历史意义的词的选择不应该误导我们）。多愁善感的情感寻找的是一个理由，而不是一个客体。它无法在特定个体面前低声下气，从它所发现的事物中获得指导，而是必须用抽象概念虚张声势，多愁善感使这些抽象概念免受难以应对的事实的影响。我所考察的马维尔的那一节诗歌充满着意义的张力，对每一个有吸引力的情绪都被后来添加的反响所限制。感情和客体之间情感上的区分，在每个词语中都被否定。

为了比较这两首政治诗歌，我不得不从思想转移到感情。莫顿诗歌的谬误在于它过度的情感：感情先于客体存在，因此反而玷污了客体。换句话说,感情是只关注自身利益的;它首先爱的是自己,然后才爱世界,而且只有在世界依从某个特定情感需要的范围内,它才爱世界。假如有些社会主义的形式不是多愁善感的(让我们不要逃避这个问题),那么,只有当政治思想成为某种感情不可或缺的一部分时,它们才能在诗歌中具有说服力。马维尔的《颂》所具有的"说服力"这一特点,是经由感情的发展而产生的。这一发展完全是**客观的**,存在于已经成为诗歌语言一部分的比较和典故之中,而这迫使我们要比在没有这些比较和典故帮助的情况下,更为仔细地去观察其中的事件。接下来的那些对信条的阐述,依据的是情感的逻辑而不是论证的逻辑。然而,这个逻辑关注的仍旧是真理,因为它所采用的标准不是来于自身,而是源于现实。在马维尔的诗中,一种政治观与各个事件相比较,而且构成这一观点所必需的感情也在经历考验。

> 这就是那个令人难忘的时刻
> 它首先确保强制权力的实现

又是"令人难忘的"。在重复这一想法的时候,这行诗提醒我们记忆的作用是双重的;会有这么一个时刻,追求这种可记忆性的力量,也会为之后悔。它获得了自己所需要的"保证",而在缺少合法性的情况下,这是它所能获得的一切。然而,它保证什么呢? 一个问题在诗歌的意象中徘徊:斧子的锋刃受到考验。

现在可以回到我们提出的问题上了。诗歌的说服力,不在于对普遍意义上抽象真理的思考,而在于信仰的真理,是从感情之中找到自我信仰的真理。诗歌涉及观察、准确性,以及一种对具体事物的尊重;不是涵盖一切的普遍性,而是对真实事物的认知。政治信条可以受到诗歌的**考验**,就像它受到哲学思想的考验一样;但在前一种情况下,这个考验是在经验中。诗歌所探索的范围,是在信仰能被保留在持有信仰的人的感情中的部分。在怎样的程度上,诗歌质问,这些信仰鼓励我们归属并且观察我们的世界,又在怎样的程度上,它们将我们与世界分离？即便是最抽象的概念都可以在这种平衡中加以估量,并发现其不足,而它的缺陷将会是真理的缺陷。

然而,人们或许会回答,任何信仰都能通过这样的测试:它自身能够汇聚真实的、严肃的情感就足够了;它能被**实践**就足够了。一个让什么都通过的测试,实际上让什么都没有通过。如果诗歌让所有信仰都成为真理,那么,它就让什么都没有成为真理。这又把我们带回到之前的问题。理查德认为,《荒原》取得了诗歌与信仰之间的完全分离。艾略特似乎是在信仰**缺失**中创作诗歌,然后,他在《四个四重奏》中往那个空缺中灌入了一个信仰的体系,这一信仰体系如此深奥,以至于很少有人能够判断它是否真的属于那儿,它是否依附于语言,或者它是否会从语言中溜掉。艾略特的问题在马克思主义者、里维斯的追随者、新批评家以及老批评家之中继续存在。这一信仰(或者信仰的缺失)能够在不对个体灵魂造成危害的情况下被实践吗？有些人在《四个四重奏》的想象中找到宽慰,其他人(比如里维斯)发现了一个隐藏很深的、对经历的摒弃,是失败了的生存实验。极为显而易见的是,一种真正的对真理的诗歌考验**的确**存在。如果艾略特无法说服我们相信某一信仰,那么这肯定是因为没有任何人能说服我们相信信仰。

我来举一个不太为人所知的例子。这里粗略翻译的是里尔克《致奥尔弗斯的十四行诗》卷二第十首诗的起首八行:

> 只要机器敢有主见,不听使唤。
> 它就对我们的一切成果构成威胁。
> 它凿岩根粗犷,致力更果敢的建设,
> 可爱的手,别再炫耀更快乐的延宕。
>
> 它从不松懈。我们以后难以解脱一次,
> 它在沉寂的工厂聆听加油的声音。
> 它就是生活。自信能活得最好,
> 以同样的决心统治,创造,毁灭。

218　这是在发表声明,而且是具有政治性的声明。我想象着某一种马克思主义的反应。要主宰机器,而不是哀求机器。机器是手段,不是目的;但它是必不可少的手段,是救赎我们的工具。没有了机器,我们对缩短工作日的渴望就无法实现;狩猎、垂钓以及写诗,就仍旧会是有闲阶级的特权。要把机器闲置起来,倾听它的自我加油——这难道不是有闲阶级知识分子的不作为吗?他这不是想要把每一个对其特权构成威胁的客观现实都变成主观现实吗?要实现这一愿景,就要屈服于那些只能在感情超脱中才能被实践的信仰。活跃的自我让位于自甘屈从。我们被诱使着去相信那些摧毁所有活跃情感的东西。这里是最后六行诗:

> 但存在依旧令人着迷;在一百个
> 地方它仍是源头。纯粹权力的游戏,
> 不愿拜倒的人,与此无缘。
>
> 言语仍娓娓指向不可言喻之物。
> 而音乐,从不循旧,在无用的空间,
> 用颤动的岩石建造起自己神圣的家园。

这些诗行具有劝说的意图。它们所描绘的或许是"今日建筑"(architecture d'aujourd'hui);若如此,我们承认我们体验到了它取而代之的那个更好的事物:没有任何机器能够为我们切割"颤动的岩石"(bebendsten Steinen)。我们所看到的对建筑的描述,恰恰触及了一个区别的核心,即没人会容忍的笨拙、刻板,与充满着高尚的停顿和神圣的无目的性的古老音乐之间的区别。然而,从拒绝与我们格格不入的事物,到接受余下事物,存在着一个运动过程。依据查拉图斯特拉"若不能爱,就经过"这句箴言来进行规训,就避免了由区区拒绝所产生的勃然大怒的情绪。

对建筑的体验,是精神试图找到自身与世界之间关联的普遍象征。

最后六行的运动(不论是否成功)是走向自我肯定。诗人陈述了一个思想,它所蕴涵的真理表现了他的沮丧。然而,在陈述中,他寻找内在条件,即允许信仰发生的方面。信仰的严肃性不仅仅是真实性的问题,也不仅仅是围绕它的情感所具有的力量和复杂性问题。严肃性包含一种观点,它为**主体**腾出空间。情感的力量不足以保证主体的自我感知。还需要更多的东西。诗歌考验的意义在于,它使这个"更多的东西"发挥作用。没有能够通过诗歌考验的政治信条,就是那个必须被任何一个对诗歌保持警惕的人所拒绝的信条。因为他明白,这一个信条与他本身相冲突。这也是为什么是诗歌,而不是哲学,也不是科学,能够完成对政治最后的测验。在诗歌中,语言被用来传达绝对个体化的观点。而盎格鲁—撒克逊意义上的"表达"(mean)一词所要捕捉的正是这种个体性。经过里尔克敏锐观察力的考验,机器存在的意义,就像试图对机器进行辩护的马克思主义信仰一样,或许显得有些不足。

30. 人文教育

原载于《美国学者》,1980年9月。

国家人文科学基金会(The National Endowment for the Humanities)的基本纲领由国会批准,其研究范围也同样是由国会规定的。"'人文科学'一词包含但不局限于以下方面的研究:语言,既包括现代语言也包括古典语言;语言学;历史;法理学;哲学;考古学;比较宗教学;伦理学……",也包括"社会科学中具有人文科学内容、使用人文科学方法的那些方面"。这个列表的一部分特征引起了学术上的质疑,这里我将探讨其中两个。有没有一个确切的"人文科学"的概念?存不存在"人文科学方法"?提出这些问题的目的是了解人文教育的性质。

我们目前对大学学科的分类,显示了一个复杂的历史。在培根的《论学术的进展》之前,几乎没人试图将真正的科学与那些没有或者是不能呈现实验方法的研究学科区分开来。"自然历史"和"自然哲学"是作为零散的、百科全书似的收集而存在。虽然它们是希腊文集中重要的、未分化的部分,但罗马雄辩术传统就对此没有多少耐心,该传统以培养(用昆体利安①的话说)*vir bonus*, *dicendi peritus*——即好人,擅

---

① 即古罗马著名的修辞学家 Marcus FAbius Quintilianus(约35—96),在英语中,他一般被称为 Quintilian,又译"昆体良"。

长演讲者——为专一目标。瓦罗①将医学和建筑学科添加到罗马文科之列,但又几乎立即被马提亚努斯·卡佩拉②(Martianus Capella)删掉,只留下提供教育基础的七门学科,从古代后期一直延续到文艺复兴时期。

有关人文教育的概念是如何从这一传统中出现的? 西塞罗使用 *humanitas* 一词,来表达文化教养(cultural refinement)这一普遍概念——这一概念后来被索尔兹伯里的约翰③表述为 *civilitas*(参看"文明的"一词的现代用法)。皮特拉克(Petrarch)试图恢复这一概念作为教育目的,当他把自己的学术立场与经院哲学传统相比较时,他提到 studia humaniora,即"更加人性化的研究"。到了列昂那多·布鲁尼(1436)的时代,将经典和与经典相关的学科普遍称为 studia humanitatis(人文学)开始变成惯例。

我们当代的人文科学概念,就是从这一文艺复兴早期的纲要中发展而来,期间历经了一个不断删除,而后又反复添加的过程。如果我们问什么被删除了,答案似乎十分清楚——科学。古代学者(遵循亚里士多德的思想)把学科分为理论学科和实践学科,并且相信这一分类与各种智力能力之间更深层次的区分相呼应,这点不假。然而,他们对这一区分描述得并不清楚,而且重要问题也仍旧是不明确的。譬如,音乐属于哪个范畴? 与几何学和天文学一样,它是作为四学科的一个部分被

---

① 瓦罗(Marcus Terentius Varro,公元前116—公元前27),古罗马学者、作家,著有《论农业》等。

② 马提亚努斯·卡佩拉(Martianus Capella),古罗马作家,活跃于约410—439年,他对罗马帝国时代正规教育体系中已经启用的"自由艺术"(liberal arts)或"自由学业"(liberal pursuits,拉丁语为 liberalia studia)的概念进行界定,即后来所说的七大自由艺术,包括语法、辩证法、修辞、几何、算术、天文和音乐,又分为"三学"(语法、辩证法、修辞)和"四科"(几何、算术、天文和音乐)。卡佩拉著有《菲劳罗嘉与墨丘利的婚姻》(*Marriage of Philology and Mercury*),该书为寓言著作,是极为流行的七艺课本。

③ 索尔兹伯里的约翰(John of Salisbury,c. 1120—1180),英国作家、教育家、外交官,夏特(Chartres)大教堂的主教,是12世纪人文主义文化复兴的中心人物。

教授，这一做法与柏拉图和亚里士多德政治著作中所描述的音乐具有教育性质形成了明显冲突。认为音乐与几何学两者在教育功能上相似，现在会显得十分古怪。同样，修辞学——至少表面上看起来是一项实用技能——曾以半理论的方式被学习，这样就包含了古典语言、文学以及其他书本知识科目。

与科学革命相伴产生的一种观点是，某些科目坚持认为自身具有客观性。我们现在所了解的科学科目的特征，首先是，它们试图将世界理解为独立于我们的认知方式之外的实体；其次，它们有"发展"的潜力。这两个特征相互依存。如果世界独立于我们的认知而存在，那么理解世界这一任务将会是一个逐步累积的过程。学习会"进步"，有时会原路折回，但从长远来看，它是从无知前进到真理。科学涉及预测、实验、理论，将世界划分成"自然种类"。它牵涉到那个复杂但又很熟悉的被称为科学方法的东西，而这一方法的目标是获取有关事物情况的知识。至于人文学科，它们就是当科学被移走时所剩下来的部分。或许，它们比任何科学都更接近我们对自身的理解；因为它们不像科学那样，是建立在事物的真实状况与事物的表面状况之间的显著区别之上。然而，除了它们还仍然不是科学的这么一个事实之外，我们怎么描述它们，或者为什么我们会感觉它们之间有共同之处，这一点都还不清楚。国家基金提到的社会科学的"人文学科"部分反映出一种意识，即那些学科的科学主张仍然没有被证明；因此，它们只是人文科学房子里的临时住户。但或许，这栋房子里什么也不会停留太长时间或者是不应该停留太长时间。

人类是自然界的一部分，是科学探索的主题。因此，应该有科学将会夺取被称为人文科学的研究主题，又或许这门科学还没有诞生。那么，我们该如何相信人文教育中存在着客观性呢？科学探索有局限吗，即会有那些拒不服从科学方法的自然界的部分吗？或者说，除了科学的方式外，还有其他方式去了解世界吗？我认为，提出科学探索有局限性会造成前后不一致。认为自然界里的有些部分超出科学研究范围，实际上就是认为自然界里有些部分不遵守自然法则。任何依赖于这种自我矛盾对人文学科进行辩护都是危险的，因为它拒绝相信自己假装支持的事业。不幸的是，数量众多的现代美国学者，因为想要支持传统教育价值，都借助了这一矛盾，在他们的争论中，仿佛人文学科之所以是独立的、有价值的，那仅仅是因为那些反对它们的人们无法理解。

我们该如何为人文学科辩护呢？我们必须证明，有些自然客体是无法被还原为科学探索的，而关于这些自然客体的研究能够存在。而且，我们还必须证明，这种研究是有价值的；它必须是一种教育形式。如果它存在，那么，它就会为我们提供人文科学的明确概念，就会为我们提供标准，将国家基金列表里的潜在成员纳进来，或者将它们排斥在外。19世纪的哲学人类学就力图确立这种不符合科学原理的知识模式。在康德和维科的影响下，这一时期的思想家们往往认为人类具有截然不同的两个方面：禀性和自由。他们中更明智的思想家没有提及"经验"和"本体"这两个世界，即通过科学方法可认知的世界和神秘世界。他们也没有谈及科学无法获取的事实。相反，他们谈论的是科学的世界和文化的世界，而在某种意义上，它们是同一个世界，但又无法以同一种方式被理解。我们所继承的文化的世界，即"人类世界"，深受我们对其认知方式的影响。这个世界是对我们自身的折射，但它是一个客观化了的折射。要理解它，我们就必须培养一种特殊的能力——认知（Verstehen）能力——我们运用它来了解自己。

这些信条，在狄尔泰、韦伯和其他许多哲学家的著作中都有阐述，但无疑都是晦涩的。然而，它们或许会包含一个真理，这点通过一个非常简单的例子就能体现出来。一幅肖像画包含铺展于画布上面的各种颜料，而从科学视角来看，颜料就是它的**全部**。但是，像我们这样的存在物必然会以某些复杂的方式对肖像画作出反应，这也是一个自然法则。这条自然法则从未被明确阐释，但在任何情况下，我们都能将它弃之不理。因为没有它的帮助，我们也能看懂肖像画。我们看到这些色块是脸，在此之后，我们就能接近图画表现的人类现实。脸不是肖像画的附加特征,存在于色块所构成的图画之外。但是,如果我们仅仅看到一块块的颜色,就看不到脸。这些色块所表现的人类现实并不是它们的科学现实,因为它在我们面前的呈现是同我们的认知方式结合起来的。把脸放入图画中的是**我们**;但是它会被普遍接受,而且如果可以,我们必须去理解它。

我认为,提出存在着一个只有那些具有并且培养人类认知能力的人才能观察到的"人类世界"这一说法,就从这些例子中获得了支持。很显然,图画中的脸既是客观的——它属于这个世界——而且又无法与我们用以辨识它的人类能力真正区分开来。(它只是为我们而存在,而不是为一只狗或者一位科学家而存在。)这张脸只是黑格尔派哲学家们所称的"客观精神"之中的一个很小的片断。况且,我们都知道,有一门艺术就是关于如何看懂图画的。理解人类世界的这一片断的能力,是可以被培养、发展并且训练的。

以上例子在言辞上具有一定的吸引力,但就单凭它本身,是无法确立人文教育的本质的。我们必须证明,存在着认知人类世界的特有的思考模式。这些思考模式不能单纯只是技巧。它们必须包含特定的认知能力:进行比较的能力以及将秩序加诸经验的能力。我不妨以建筑为例来对此加以说明。认为在把建筑看成一门科学与把建筑看成一门技能,以及将建筑看成与这两者皆不相同的事物的人们之间存在冲突,这一点完全合情合理。如果要把建筑看成一门技能,就是要把它看成为达到目的而采用的手段(不管目的如何复杂,而且也不论实现它的手段如何尖端精密)的话,那么,前两方就会对在建筑学院里该教什么课程取得一致意见。建筑"科学"不过就是关于技巧的理论,关注的是在理论意义上表现为实现特定目的而采用的手段。获取这个技能,就是获取使用那些手段的能力,因此,它取决于被发现的手段。

第三方则不会同意如此轻而易举地对建筑下定义。他会说,建筑涉及某种其他东西——譬如对风格的探索,对细节、材料、风俗、光与影等所具有的审美特性的了解。这种知识是实践的还是理论的?你可以换用另外一种方式来描述这一难题：建筑知识不是手段，而是目的。因而，它不是一种技能，也不能被还原为附属于技能的科学方法。它既保留了某种实践特征，因为它牵涉到了要做什么，而且由于它要求进行分类和比较，因此也保留了某种理论特征。但是，分类和比较指出的不是科学真理，而是人类的兴趣；它们关注的是如何认知作为人类世界的特征而非自然世界特征的建筑。

对装饰性大理石的分类，就是非科学分类的一个非常简单的例子。这些大理石包括斑岩（一种硅酸盐）、缟玛瑙（一种氧化物）、大理石（一种碳酸盐），不包括石灰岩（它在化学成分上与大理石相同，只是晶体结构上不同）。这种分类显然不能以哲学家们所称的"自然种类"来命名，它不是科学解释的开端。决定着这些石头的性能和外表的法则，不会使用这一概念，而是使用其他概念，而分类则与这些被使用的概念相抵触，而且它也无法被还原为这些概念。然而，那些法则能够解释这些石头的属性，引导我们将其归类为装饰性的大理石。因此，从某种意义上说，晶体学这一自然科学将会产生所有关于物质的原理。但它不会有助于我们理解我们所采用的分类法。不论某个人的科学知识储备状况如何，他可能对装饰性大理石的性质仍旧一无所知。这个分类是真实的（一种石头必须具有某种属性，才能成为装饰性大理石）；但它揭开的不是科学探索的序幕，而是一种复杂的美学用途的序幕。装饰性大理石的外观，只有那些对此种用途敏感的人才能理解；他们必须熟悉装饰性大理石在我们对建筑进行观察和反应的方式中所处的位置。人们通过学习在人类语境中去理解材料的外观，逐渐了解分类。这个语境使外观具有一种意义。

有了这种分类，我们不断在事物的表面之间来回移动。我们依据自己所感受到的客体的重要性，而不是依据预测科学的假设来对其进行分类。（在有关人类意义的问题上，具有重要性的永远都是表面，以及能被呈现于表面的东西。）因此，我们可能无法把观点趋同和发展趋同的理想当成是理所当然的，这些理想产生于有关世界的科学观。我们探索的终点,或许不是一个唯一的陈述事物状况的公认的真理体系,它不依赖于我们观察和发现这些真理的能力而存在。在这个更加人性化的世界里,我们观察和发现、感受和反应方面的本能进入对事物状况的描述中,而趋同,在任何情况下如果要获得它,都必须以某种其他方式获得。趋同作为一个理想一直存在,但或许永远也无法实现:已知的并不是有关它的事实,而是它的共同追求。然而,我们开始明白,或许存在着特殊的教育过程,通过它们,这一共同追求能够被推进或者延迟。那么,这些过程如何被界定呢?

不论建筑是否要被当成一门"人文学科"(真希望它是!),我们的人文学科列表中所增加的学科,都会立即被认为是不合法的。比如,那些现在正在变得时髦起来的二级科目或者原学科(metadiscipline)。这些学科的指导原则就是关联原则——教育不是被当成目的,而是被当成为取得某个独立的社会目标所采用的手段。人文学科里有"女性研究"和"黑人研究"这些例子——大体上是"为一切弱势群体 X,X 研究"。许多人反对这些是真正的科目这么一种说法,但无法解释为什么——这指出了那些所有知道人文教育是有意义的,但无法找到理由的人们所共有的困惑。我们能解释他们的这种反对行为吗?

让我们来假设一个例子。对那些不喜欢枯燥乏味、毫无活力的传统数学,以及那些希望看到作为一门与"工业人"面临的问题有潜在相关性的学科,数学能被置于"更广泛的语境下"的人们而言,"数学研究"是一个学位上的选择。这个学位提供的课程包括数学社会学(即研究"非特权背景"对数学上出众能力的影响,以及数学能力对社会地位的影响);数学心理学(十分无趣枯燥,除了专门讨论无意识的那个部分);数学哲学(它无法假设任何逻辑能力,因此只能继续采用"辩证"思想的行业术语);以及数学史等;可选课程还有"数学艺术""毕达哥拉斯宇宙学""数字象征主义"以及"数字 2 通史"等。没有人会认为这样的科目会带来对数学或者是任何其他东西的理解。我们无法判定大脑的哪些属性会被调整以适应它们,或者是从对它们的追求中会产生什么价值或者行为准则。数学研究的主题纯粹是幻想,而且,即便是社会学家也可能认为,将它强加给学生是不公平的,或者是至少在"进一步研究"之前是不公平的。错误在哪儿已经十分明显:数学研究不涉及任何对特定探索领域的批判性反思,也不涉及任何对这一领域进行限制的方法。对数学进行真正批判性评估的工作,是注定要留给那些具有数学理解力的人;那些在这个领域里涌现出来的有学位的人们,无法就一个数学证据进行评价,或者争论,他们也没有获取任何能表现为理性的、批判性思考的学术成就,能够应用在用以支持它的那些例子的范畴之外。

在我看来,这一类比上的瑕疵,也伴随着新近被添加到人文科学的其他科目。女性研究并不是由任何批判性思考的过程界定的——这种思考竭力不涉及要研究对象的内部,而是由聚焦于政治而非教育的那些外部兴趣界定的。要将女性诗人的作品从男性所创造的传统中分离出来,是不可能的;在没有研究男性特征的情况下,要理解女性特征的社会现实是不可能的;将文明之罐迎着光举起,期望女性气质和男性气质就像油和水那样彼此分开,这样它们的特性就能被独立观察,也是不可能的。我们所拥有的、我们能拥有的一切,都不过是知识碎片的集合:既没有时间、也没有兴趣去掌握任何一门人文学科的学生,对这一门或者那一门人文科学的应用,以及引起的大量虚构的"问题",就如同为它们赢得了学术名声的那个学科是虚构的一样。然而,女性研究这个例子跟数学研究完全一样吗?我觉得它们至少有这么一个共同点——在这两个例子中,所研究对象之间都没有什么知识关联,因此并不存在真正的研究领域。我所说的"知识关联",是指这样一种关联,即通过它,有关一种事物的知识能够对另一种事物产生的问题有影响。一旦这种关联存在,那么,这一研究领域就会受它限制,就像数学会受数学验算这一学科限制一样。

我们有这么一种感觉,即我们有关"人文"学科思想的产生,并不仅仅是源于传统。传统之所以持续存在,就因为它铭记的是真实的事物。一门真正学科的标志,就是存在着将其各个部分结合起来的一种知识制约。若要谈论方法，就会回避一切问题。但想想音乐或者建筑吧。当人们逐渐理解这些学科所考虑问题之中的一个问题时，会发现要理解其他问题就更容易一些，难道不是这样吗？在这两个例子中，学科受认知模式制约，这迫使学生认识到，某些音乐或者建筑是严肃的，而有些则不是，认识到在音乐分析或者建筑理论中，有些问题是真正的问题，而其他问题则仅仅是困惑或者虚张声势，难道不是这样吗？

然而，某些学科的确能让我们**相信**它们是真实的这一事实，也没有让怀疑论者沉寂下去。举例而言，许多科学家发现，他们很难认识到自己所研究学科的局限性，而且也很难将他们的方法运用到我们感觉（同样也无法说出为什么）不适用这些方法的领域中。有人说，有门科学名为经济学，而且说它与国家的政体相关联。这一说法或许不合理，又或许它是一个严肃的真理；很难知道哪种说法正确。这是因为的确**存在着**一门科学，但它的主题是不清楚的缘故吗？或者是因为既不存在科学也没有主题？或者是因为政府，作为人类世界的一部分，不能以科学的方式被理解，而只能是在我们所称的人文教育的帮助下才能被理解？我个人倾向于认同第三种观点，因此，认为界定人文学科的性质和范围有重大政治意义。但是，这个问题很难解决，也或许是无法解决的。我们的直觉将我们抛弃在这里，在我们最需要它们的地方。至少我们可以说，受知识学科限制的主题这一概念应该被进一步考察，而且有关非科学的那个约束力量的独特性必须加以说明。我们应该在这里提到方法吗？或者，我们应该试图给共同追求这一概念提供某些其他内容吗？

我认为要回答这些问题，需要谈论三个方面。首先，我们可以用装饰性大理石这个例子来进行阐释，它显示真正的分类能够存在，而对这一分类的应用则包括对**表象**到**存在**的界线有一定程度的理解，但没有跨越这一界线。它是对外表的分类，但又不仅仅是分类这么简单。相反，它着重于最有意义、最有权力的人类态度。在理解分类时，我们也了解了那些态度，它们以客观的、"有形化的"（realized）形态存在。因此，看起来，这些分类能够将真正的知识珍藏起来——简单来说，就是关于人性的知识。整个建筑艺术就是如此。严格来说,建筑是有关材料、形状和结构的属性在人类精神中所引起的共鸣的知识。建筑是对所经历事物表面的研究。由于这一研究时常试图发现哪些事物之间休戚相关(就像某个建筑柱型的各个部分之间休戚相关一样),因而,它也是一门学科。然而,只有当我们明白统一性原则必须归属于所意识到的亲密关系之中时,它才可以被理解为一门学科。装饰性大理石具有一个共同的精神;这种精神产生的根源在于我们,而我们从其中所获得的喜悦,就在于在它们的帮助下,我们完成了对人类的投射。人文教育所固有的局限总是属于这一类:它包含对精神关系的发掘。这些关系是真实的,但不是科学的。在了解它们时,我们也是在了解自己。

当我们从建筑转向文学时,这最后一个想法看起来既是真实的,也是很难实现的。我们知道,在批评之前首先要进行比较和分析,而且批评寻找的是文学的精神意义。我们也知道,一旦它同人性研究以及展现人性的价值观(人性通过这些价值观找到演绎的方式)相分离,它就会显得滑稽可笑。但我们会发现,要把任何像方法这样的东西归属于文学批评十分困难,而且我们也无法说清楚它所追求的唯一目标是什么。这把我们引向了真正的人性固有的局限所具有的第二种特征。这种局限具有一种独立性;它抵制科学方法,而且也不能被还原为科学方法。当我们试图将科学方法引入人文科目时,我们发现,我们讨论的不再是同一个事物。近年来,人们曾多次努力,试图将语言学的术语和理论引入文学研究,就证明了这一点。在名为"记号学""符号学"以及"阐释学"等相关领域做出的尝试,除了带来学术混乱之外,什么也没有产生。那些骄傲地宣称自己为方法的东西,结果总是在细察之下,变成了复杂的、毫不相关的事物。那些为符号学提供术语的科学学科,对文学的批评性阐释并不感兴趣,它们关心的是与文学大相径庭的东西。这些学科把语言描述为自然客体,服从于法则,而即便是不操这种语言者或者是对语言体现出来的人类精神一无所知的人们,都能够阐述或者理解这些法则。语言学术语,因为被扭曲作为批评之用,必须转变成比喻，而科学则历经了一个从理论到专业术语的系统转变过程。因此，为了表明文学批评过程、音乐分析过程，或者其他任何过程，并没有因为这种引入而发生任何改变，就有必要把行业术语去除。要证明这一点并不简单，但我认为它能够被展示出来（参见我在本书第 31 页《符号学的不可能性》一文中的相关部分）。

这种对科学方法的内在抵制是人文教育最重要的特征之一，它显示人文教育是科学无法取代的。如果情况如此，那么，有关人文学科的明确概念的确存在。有些科目是人文学科，因为它们无法从人文学（studia humanitatis）过渡到科学探索的领域。

为什么会是这种情况呢？怎样来解释像文学批评这样的科目所具有的不可渗透的特质？有人可能会说，这些问题没有答案，文学批评、音乐等等是特殊科目，并且它们所有的常规惯例都是内在的。但如此严格地解释人文教育的独立自主性，就会冒忽视其价值的危险。教育的一个重要特征，就是它带来了智力能力。它训练学生的思维习惯，这些思维习惯不仅仅是在他所学科目中能被完全利用，而且也使他能够将认知能力拓展到新的、甚至有时是不可预见的方向。12 世纪早期，圣维克多的修①在其《大纲提要》（Didascalion）里已经表明，这一点对七门人文科学而言也是适用的。"[古代先贤]所认定的这七门，在实用性上超越了其他任何学科，任何人只要在这些科目上受到完整的教育，此后就可以通过自己的探索和努力，而不是通过聆听老师的教诲来获取其他科目的知识。"显然，当我们要决定某一科目是否构成"某种教育"的一部分时，这一特征总是会浮现在我们的脑海里。修辞学所公开声称的目标，就是要让一个人适应公众生活。近年来，人们开始认为，古典文学，或者英语，或者甚至是哲学，或许（运用恰当）能够是这种教育的构成部分，它们赋予人一种能力，使他不仅能理解和认知那些他被

---

① 修（Hugh of Saint Victor, c. 1096—1141），巴黎圣维克多大教堂的律修会修士，是颇具影响力的神学家、神秘主义者，著述涵盖神学理论、神秘主义、哲学、艺术等领域。

教授的领域,而且还能理解和认知那些他未被教授的领域。这就是我们对文明思想的构想。但是,如果我们坚持认为人文学科具有绝对独立性,那么,我们就无法构想出这么一幅图画。这样一来,我们就必须从别处寻找原因,解释人文学科对科学方法的抗拒。

这就引出我要谈到的最后一点,即人文知识和科学知识之间的差别,是建立在更广泛的基础之上的。教育中一切有价值的部分,皆源自试图解答"为什么?"这一问题。文学评论家告诉你,为什么某个词、句子或者段落是它现在这个样子。建筑师告诉你,为什么一个窗框的形状是你所看到的那个形状;音乐家告诉你,为什么某个和弦会被颠倒过来;等等。除非能提供这些问题的答案,否则,所有在语言、文学以及艺术学习中所积累起来的学识都是无用的。但科学家们也提出"为什么?"这一问题。他探索的是对事件的解释,而且寻求的是能够提供这种解释的自然法则。然而,"为什么?"这一问题在两种情况下所具有的意义是不同的。科学上的"为什么?"试图寻找原因(cause)以及产生原因的法则。人文学科的"为什么?"则试图寻找理由(reason)。这种理由通常不会涉及任何法则,而且坚决抛弃任何预言;它所感兴趣的,是如何让这一现象被理解。它使观察者能够看到存在于事件中的一种秩序和理性;这一秩序存在于表面,就像句子所表达的意思或者是脸上所显现出的活力一样。

我们提到的有关人文教育的所有例子,都包括一些科目,在学习这些科目的过程中,人们就能以越来越强烈的动力去追问"为什么"来寻找理由。读懂一首诗歌,你就为读懂下一首诗歌做了更多准备;渐渐地,一个科目展现在你眼前,而且,作为一种对人类精神的表达,它变得明白易懂。如果我们想要对询问理由的"为什么"这一问题进行总体说明,以及它为什么与询问原因的"为什么?"不同,那么,我们就应该把目光从客观精神的世界转向人性本身——主观精神。就是在那儿,在我们对自我和他者直觉认知中,询问理由的"为什么?"才得到最基本的运用。我们能够立刻看到它不是询问原因的"为什么"。当我从一个人的眼睛去观察这个世界的时候，这个人的行为就不难理解了。我明白了，他为什么会十分喜爱某一个物体，却十分厌恶另一个物体。我明白了存在于他经历中的秩序；这并不意味着解释这种经历或者将它纳入普遍法则之下，而是意味着要去理解替他回答了"为什么"的感知所具有的复杂性。我明白了为什么他会愿意做他做过的事情，感受他已经感受到的情感，等等。他个人世界的经验表面向我传递过来，而在了解了为什么的理由之后，我感受到自己内心受到原本属于他的动机的鼓舞。人类的这种认知能力与预言、操纵或者解释都大不相同，它是我们道德意识的源头。英国道德主义者将它称为同情。其他人也曾将之称为直觉、共鸣、善感、理解（Verstehen）等等。就像以赛亚·柏林爵士（Sir Isaiah Berlin）所指出的那样，维柯（Vico）就试图提出一整套理论来阐释人类认知能力的本质。然而，有一件事是确定无疑的。不论我们如何称呼它，也不论我们如何分析它，它的确存在着。而且，它对我们来说不可或缺，而且也无法被其他任何有关人类的自然学科所取代。因此，我们必须竭尽所能去维护那些对其进行完善和提高的教育。这意味着，我们必须停止创立那些伪人文学科，它们将注意力从经验世界移开，转向混乱的政治目标，也使学生丧失了接受人文教育的机会，而正是通过这种教育，他们才能够了解那些政治目标。

31. 文化的政治

原载于《保守派随笔》,莫里斯·考林编,卡塞尔出版社,1978年。

在修昔底德的《伯罗奔尼撒战争史》第一卷中,斯巴达国王阿奇达姆斯用下面的话来勉励他的国人:"我们是明智的,因为我们所受的教育没有高到让我们足以鄙视我们的法律和习俗……"被确立的习俗是大众智慧的主要宝库,而教育则能摧毁人们对已确立习俗的尊重,持这种观点的不止阿奇达姆斯一人。当今的自由主义者无疑会赞同他的观点,他们像约翰·斯图尔特·穆勒那样,希望以进步和启蒙的名义,推翻"习俗的暴政",并对那些无法成为奉行个人主义的中产阶级特有属性一部分的任何一种形式的"智慧",怀有深深的敌意——中产阶级即指那个通过信念和工作而不是通过所继承的社会地位来找到自己身份的阶级。然而,有一种思想一直延续下来,即可能会存在着某种教育模式,它能与大众情感的各种形式相共存,也可能会存在着所谓的"高雅文化",它实际上来自"大众文化"而且也与"大众文化"保持着延续性。本文所要探讨的正是这种思想——整个黑格尔传统以及后来的阿多诺和艾略特所共有的思想。

在这些问题上,其中一种观点认为,高雅文化只包括专业的消遣和娱乐形式,以这些方式消遣需要比泥里摔跤或者纵狗斗熊等方式所取得的教育成就要高。高雅文化不多不少就只是受教育者的娱乐,它的品质与社会健康或者社会福利并没有本质上的关联,就像国家足球队与社会健康或者社会福利没有本质上的关联一样。实际上,由于在这些问题上国际主义的胜利——这一胜利已经在整个希腊运动中得以展现,但它最辉煌的时刻是在我们的时代由希特勒在柏林奥林匹克运动会上所赋予的——人们往往会感到拥有一支强大的足球队,要比从剧院或者歌剧院中所获得那些微弱好处重要得多。当然,我们的足球队没有品达①去赞颂,而且所带的花冠也不比默西塞德郡②的诗人们所带的锡花环更珍贵。

那些与现代社会的堕落反其道而行之的众多人中,有很多对高雅文化在社会组织中的地位也持同样观点,这一发现令人感到吃惊。他们为高雅文化辩护,称其为有闲阶级的娱乐形式,因为他们最希望的是为有闲阶级的存在辩护,为它对健康的社会秩序所具有的必要性进行辩护。这是一个既严肃又重要的观点。但人们不会被迫接受这种观点,将它看成或可被称为圣彼得堡观点的必然结果——此种观点认为高雅文化是贵族秩序的衍生物,它之所以有价值,仅仅是因为那个秩序有价值。(我们可以把它称为圣彼得堡观点,部分是要纪念那个城市的精神,部分是出于对它两个最才华横溢的维护者斯特拉文斯基和纳博科夫的尊重。)此观点的另一面在某一类型的列宁主义里,尤其是在毛主席的"文化大革命"中表现出来,他显然认为高雅文化的延续是摧毁统治阶级的障碍。面对圣彼得堡的极度势利与列宁格勒自以为是的平庸之间的这种冲突,人们不由自主地会被当代西方自由主义所吸引,这让他们能再得过且过地混上几年,既不会陷入破坏偶像的狂热,也不会陷入沉默的绝望之中。

然而,我们也许不一定非得接受这个前提——也就是说,不一定非

---

① 品达(Pindar, c. 522 B.C—c. 443 B.C),古希腊抒情诗人,被后世学者认为是九大抒情诗人之首。

② 默西塞德郡(Merseyside)系英格兰西北部的郡,下辖地区包括利物浦、威勒尔和绍斯波特等。

得接受有任何一种社会秩序的存在与高雅文化的存在相关联,或者是接受高雅文化的延续所服务的任何一种社会秩序。几乎没有必要提醒我们自己这么一个事实的存在,即,对我们而言,高雅艺术不仅包括拉辛和莫里哀的贵族艺术,也包括狄更斯和曼的资产阶级艺术,还包括班扬的大众道德主义,以及古爱琴海的民间诗歌。T. S. 艾略特认为,在一个没有阶级的社会里不存在真正的高雅文化,或许他是正确的。要从经验主义的角度去反驳他的观点的确很难,因为世界上还没有出现,也不会出现一个真正意义上的"无阶级"社会。但是,这个问题是模糊不清的,而且为了我们讨论目的起见,我们必须将这一领域的所有问题都看成开放问题。

因此,让我们假设,圣彼得堡文化观既令人沮丧也未经证实。我们用什么来取代它的位置?历史学家中有个颇为流行的观点——它之所以流行,是因为它让人产生一种幻觉,以为找到了实现貌似有理的对无意义事实的强烈兴趣的方法,即社会是"有机的",这样一来,高雅文化和通俗文化是某种共同力量或原则,即社会秩序的"生命力"的不同表现。在这一观点中,所有的文化表现都与社会健康有内在关联,高雅文化中所发生的变化,必定会折射构成其基础的大众文化的变化。这一观点最伟大的倡导者就是黑格尔,他对有意义关联坚持不懈的渴望,使他认为社会的每一个方面都与每一个其他方面必然联系起来,这整个观点就是在它不由自主地朝着自己的最高形式的表现发展过程中,对处于某个特定时刻的世界精神的表现,而黑格尔就是这种最高形式表现的象征。赋予这一观点意义的理想主义形而上学被统统抛弃。但这一观点本身仍然持续施展它的魅力,虽然此时的魅力已无法与1926年相比拟,那一年,斯宾格勒能写出路易十四时代微分学与政治的动态原则之间、西方油画的空间视角与铁路的发明之间、对位音乐与贷款经济学之间的"深刻"关联。

众所周知,马克思认同这样一种观点,即各种形态的文化都是某种更为深刻的社会进程的标志。然而,他赋予标志这一概念以确定的因果关系的意义。因此，他认为，社会的本质存在于劳动、阶级斗争以及两者之间关系的经济基础之中。在这些概念的帮助下，他试图将自然科学所具有的客观性和解释能力赋予黑格尔理论。假如他已经在此方面取得成功，而且也成功地展示了他的科学真理，那么，我们或许可以认为，在此问题上已经没有什么可说的了——高雅文化与大众文化之间的关系应该已经确立；也应该很清楚的是，两种文化不过是一个共同原因所产生的不同结果，它们之间关系的法则应被视为一种因果法则，而且它们相互影响的模式，也只能在消除了两者原本具有的自主性的那个包罗一切的理论的意义上去描述。

即便这一理论是真实的（而且，如同后面将要提到的，这一理论的科学主张基本上都是伪科学主张），它也不可能已经把这个问题彻底讨论清楚。心理语言学理论已经足够详尽了，它甚至还发布了规则去决定每一个句子的表达。例如，它告诉我们，恰好在什么时候一个人会说"房子是白色的"，又恰好在什么时候会说"某个东西是白色的"。在某种意义上说，这一理论能提供对句子之间关系的充分描述，因为它能够提供因果法则来决定句子的表述。然而，从另一种意义上来说，它远远不够充分。因为在两个句子之间存在另一种关联，这种关联不是因果关系，但仍然是最重要的，这就是意义的关联。在理解句子时所抓住的正是这种关联，而人们能在完全不了解主导句子表述的因果关系规则时，完全理解这些句子的意义。他也可能完全掌握了那些因果规律，但无法理解语言。或许存在一种类似的理解高雅文化和大众文化之间关联的方式，一种从含义或意义概念的层面上来理解关联，而不是从某种整体的因果律层面上去理解。这一关联在**本质上**将会是表面的，而且不受任何"经济"基础决定论的制约。一个了解这个基础如何运作的人，也未必能看清被解释事物的意义。从政治角度来看，他会显得十分无知，就仿佛他对经济学一无所知一样。

实际上，有真实证据显示，《资本论》的作者往往会从因果角度考虑问题。然而，他的追随者们的思想基本上都是类推式的；在没有保障法则的情况下，这一思想存在于在掩护性规律缺失的情况下对关联的理解之中。因而，"商品崇拜"似乎自然而然地产生于大规模生产，而大规模生产则产生于控股权益（controlling interest）的出现，而三者皆产生于那个折磨现代人的异化精神。然而，这些关联的自然性，是在没有依赖任何真正意义上的因果推理模式下建立起来的。它不是通过发现真正的"自然种类"（即理论法则对象的实体）来进行的，而是通过发明有用的分类（即把一个无生命的事实体系转变成一个充满活力的实际原因的体系的那些分类）来进行的。

马克思主义所引入的概念所存在的理由（raison d'être）不在于提供解释，而在于实践。这些概念是试图认知这个世界的一部分，它们不再把世界看成一个服从因果律的物质结构，而是一个充满理性活动的剧院。在这一方面，马克思主义的"实践"（praxis）观与基督教的"信仰"观有很多共同之处，两者都是意图消除科学认知和实践认知之间的区分，希望能找到**相信**某种事物的**实际**理由，而不是像帕斯卡那样将自己的信仰建立在赌注之上。①

然而，主张要摒弃这一区分的观点较为模糊，而且，除非我们要接受整个马克思主义神学，否则需要谨慎对待。依据物体与我们的意志之间的关系来对其进行划分，事实上并不是要将它们划分成在科学上能被接受的种类，因而并不能解释它们那些被我们所利用的属性。这种解释，一旦提出，可能因此会使用那些打破分类的概念，而分类则对实践认知来说是必不可少的。

想要把所有文化活动都看成具有"意义"，而且能够依据这一意义被理解，而不需要借助一个完全解释性的科学，这一愿望并不陌生。它出现在布克哈特将政体看成艺术作品的理论里；它主导着弗洛伊德式

---

① 帕斯卡（Blaise Pascal，1623—1662），法国数学家、物理学家、思想家。"帕斯卡赌注"指的是他在著作《思想论》中所表达的一种思想，大意是说：我不知道上帝是否存在，如果他不存在，作为无神论者没有任何好处，但如果他存在，作为无神论者我将有很大的坏处，所以，我宁愿相信上帝存在。

和荣格式分析,而且它也是艺术史和批评行当中惯常使用的手段。它最近在列维·斯特劳斯和其追随者们的"结构主义"之中也得以展现,指向了一种至少与黑格尔理论一样宏伟的文化整体论。但结构主义概念仍然是粗浅的、混乱的。它试图通过把另一个知识领域里的概念批量转移来强加重要意义,而且试图经由一次移动,既与科学解释分离开来,也与实践认知分离开来。然而,就像布克哈特的理论一样,里面存在着一个有趣的思想,但我们必须以更为连贯的方式来阐述。

在政治哲学中,存在着一个至少是与柏拉图的《理想国》一样古老的传统,它非常严肃地看待个人生命与国家生命之间的类比。不论实际上是否认为,它的"利维坦"等同于霍布斯的"共和国"、国家或者是某个实体,比如奥克肖特的"公民联合体"——这一实体在道德上比国家更大,而在政治上比国家小,这一传统都将国家或者社会看成一种超级个体,而这个更大的个体的组织或者实现,是从更小的个体的组织和实现这一视角来解释的。

这一类比应该与本讨论直接相关。如果是,那么,众所周知的那个将人类个体理解为一个有机体,和将他理解为一个人这一哲学上的区分,也可能同样适用。应该有一种特殊的"个人"方式来**了解**社会。实际上,应用这个区分,或许能给我们提供我们正在探寻的高雅文化与大众文化之间关联的蛛丝马迹。再简单回顾一下这个区分:如果某人做了某事,而我们不理解他的行为,我们可以有两种不同的方式去试图理解它。其一,我们可以从他的童年时代或者从他的神经生理机能等方面,来寻找导致其行为的原因。其二,我们可以探寻他**为什么**要这么做。再者,我们可以用两种方式中的其中一种来试图**改变**我们邻居的行为:或者是通过控制(即通过采用能达到想要达到结果的任何手段),或者通过向他说明理由。在第二种情况下,我们试图通过获取他本人的同意,即他的行为必须要改变,来改变他的行为——我们是通过改变他的目标来影响他的行为。

以我们目前的观点来看,可以说,理性的有趣特征在于它与自我意识之间的关联,以及两者与各种交流形式——尤其是语言——之间的关联。另一个人所具有的理性,使我们能够通过向他说明行为的理由、感受的理由,来影响他对自己目标和意图的构想,否则他可能不会做到或者感觉到。一个理性的人,跟狗不同,不是非要被训练(或者"被规训");相反,他可以被教育。也就是说,他可以对其自身所处情况进行全新的、更好的理解,而通过这种理解,他能够获取实践知识。正因如此,我们开始用来描述一个理性的人的行为的那些措辞,是将它们的主体定位为人与人之间感情的客体,而这些措辞应用于对动物的描述时,只具有不确定的或者比喻的意义。我们用公正的、明智的或者是粗暴的等字眼来描述他人行为;我们随时准备去表扬或者批评这些行为,并依据这些行为造成的结果,对其表达怨恨、予以回报或者进行报复。换言之,伴随着我们对理性行为的特殊信仰(即关于行为如何产生、如何能被改变的信仰),也会存在特殊的感情和态度,这些感情和态度的客体就是以个人的语言来描述的。要怨恨或者报复一匹马或者一只狗,会有点让人摸不着头脑。如我们所说,动物不是自由意志者。这就相当于说,它们的行为既不是产生于对实践理性的运用,也不是通过对实践理性的运用来改变。

不可否认的是,虽然我们不愿将个人行为的语言拓展使用到对动物行为的描述中,但我们毫不犹豫地将其用于描述国家行为。毫无疑问的是,我们往往会用公正或者不公正、明智、粗暴或者可耻等字眼来描述国家行为。我们会赞扬或者指责国家行为:近年来,甚至有一个国家在一个(以古怪方式组建的)法庭上被审判。我们对国家行为的描述和反应,似乎与我们对人的行为的描述和反应是一致的:除了国家是政治有机体这一特性之外,我们还暗自赋予它一种理性主体的特性。我们也不该对此感到震惊。从我们认识到一个机构可能会"患病"或者"蓬勃发展",以及我们针对它的安康所做出的独特决定这个意义上来说,我们会不可避免地赋予它人的特征。正是在这一基础上,刑法已经逐渐地被延伸应用到公司行为上。跨国公司，如同国家一样，现在已经成了指责、怨恨以及报复欲的常见目标。

为了让这一类比行之有效，我们必须准备好以某种自我意识来谈论国家——充分的自我意识，它足以自己做决定，而不仅仅是让人替它做决定。而实际上，一个社会或者国家看起来似乎确实具有自我意识、做决定的部分，正如它有自己本能的行为一样，而这正是日常存在的准则——大众文化（它虽然是个体意识的一部分，但形成了社会的**本能**）。霍布斯的类比暗示：社会，像个体一样，既具有机体特征又具有理性特征。虽然它的大部分行为都是在不经意的情况下做出的，它也做出决定，而那些决定也可能很明智，也可能很愚蠢。

从行为理由的角度去理解一个人的行为，我们实际上是从一个主体所构想出的思想方面去理解他所做的事情。有时这个思想不是主体本身而是其他人所构想的，比如说，一个精神分析学家或者一位诗人。但是，如果要把它当成一个人行为的真正**理由**，他必须在某种意义上准备将这个思想接受为自己的思想。假设作为一个整体的社会与此有些类似。将社会理解为一种超理性的主体，我们实际上是试图从某一思想的意义上去理解社会事件，这个思想或者是社会"表达"出来的或者是被社会以某种方式"接受"的，作为解释其行为的理由。如果这种理解的确**存在**，就肯定能识别出真正的社会"思想过程"，这些思想过程真正提供了我们正试图寻求的理解。

假如这个类比要具有重要意义，我们必须说明，一个表达清楚的思想为什么能为一个行为提供理由，即能依据这一理由来理解这一行为。最明显的说法是，行为者本身可能**告诉**我们他为什么要这么做：他所说的话将包含他的理由。但是这一说法太过于简单：一个人可能会自我欺骗，下意识地坚定，或者虚伪不诚实，在所有这些情况下，可能都需要我们去揭示他行为的真实理由——纵然这意味着我们不得不说服他去"接受"这个理由，如果我们有权证明这是他自己的理由的话。更重要的是，一个人可能无法充分清楚地用语言表达激发他行为的欲望、目标和感情。他或许会尝试,但可能发现他所说出来的话并不令他满意。他可能会感到,如果其他某个人提供词语给他,那么他就能说出这些词语是否描述了他的目标或者感情;然而,他自己本人无法创造词语。这里,我们就找到了一个原因,来解释为什么大众文化总是倾向于在清晰有力的谚语、格言、意象和(但凡有可能)文本中来体现自身,也在某个被普遍接受的、自觉地对自身身份和历史进行反思的传统中体现出来。在一种意义上,我们许多的目标、感情和欲望恰好与我们的文化提供给我们的表达形式相匹配,并且依赖那个文化来提供表达这些目标、情感和欲望的言语形式。即便是简单的荷马宗教,虽然它不过是意味着对某一地方和某一社区所最有的归属感,也都能找到足够的神学将虔诚的本能转变成表达清楚的思想和目标。类似地,如果我们要依据明确的理由去理解社会活动为什么会发生,我们就必须考虑到这么一种可能性,即某个事件发生的真正理由有可能不会被立刻发现,可以说,它没有在行为的表面上表现出来,而是需要被揭示出来。要发现这种理由,我们不得不依赖一个社会所包含的清晰明确的表述。

在这些清晰明确的表述中,有些揭示的是变化无常的态度,有些则相反,表现的是社会延续性所必需的态度,因而这些态度的消亡或者改变会摧毁整个社会秩序的基础。在暂时性的表述中,人们或许会进一步希望能够区分哪些仅仅是表达一时兴致或者纯粹的愿望,哪些是表达某个严肃的——虽然是暂时的——社会目标。(要找到相对应的例子并不难。临时的、一时兴起的表述中,我们不妨看看维多利亚时代的客厅歌曲,或者是鲍勃·迪伦;临时的但严肃的表述,D. H. 劳伦斯就是一个例子;持久的而且是必要的表述,《神曲》就是一例。)做出这些区分十分有必要,不是因为某个事先构想的文化概念,而是因为这些区分对我们的类比来说必不可少。就个体情况而言,我们不会将他的每一个欲望,或者是对其欲望的每一个表述,都当成同等严肃的来加以对待。而且,即便是在他一时兴起的冲动中,我们也会区分哪些是合理的欲望,带有经过深思熟虑的意识和目标,而哪些不过是纯粹的意愿,可以被反对、忽略或者征服,而不会伤害它们主体的自主性。

因而,对一个人公开声称的许多欲望和理由不予考虑,这并不荒谬。对一个社会而言,也同样是如此。一个表述如果没有包含任何严肃的意图去理解或者表达迫使它产生的经历,它就可能被忽视;因为作为对共同体的欲望和理由的指导原则,它将不具有任何特殊的权威,无论它有多么"流行"。也正是因为诸如此类的原因,所谓的"流行"文化(即试图让自身适应那些决意要消费它的人们所具有的各种冲动的"文化",无论这些冲动可能是什么)被频频排斥于高雅文化之外。但是,我们现在还不需要考虑这一特殊问题。只有在当我们了解高雅文化是什么的时候,才能确定什么属于高雅文化,而只有当我们发展出一套理论能告诉我们高雅文化理应做什么的时候,我们才会知道什么是高雅文化。同样地,我们最好是从思考个体的情况开始。

一个个体的、理性的行为人,因为他能做出决定并且具有实践知识,因而不仅能具有欲望而且还有目标。这是人与动物之间的基本区别之一。只有人对目标的追求是基于他对事物价值的了解。获取目标是实践理性教育的一个基本部分,而且理性产生的一个不可避免的结果,就是个体不仅应该渴望得到某些事物,而且还应该了解这些事物所具有的价值。

然而,一个人也许会发现他对自己的目标完全不确定,对他**到底**为什么做了某个决定完全不确定。他可能是被某个自己合理化的冲动所刺激,而并非真正能够向他人或者自己描绘一个目标,并让它看起来是一个值得追求的目标。然而,对自己的目标很确定是什么样子?有一种倾向是把目标当做可以围坐在桌前讨论的东西,就像人们可能会讨论手段那样;人们就只要尽力地争论追求这个或者那个目标是值得的就可以了。而且,这样的辩论似乎也可以试图在政治层面上实现,比如,对自己的目标不确定的国家,可能会任命某个专家委员会对此进行决定。实际上,我们只要记得艾森豪威尔国家目标委员会就能意识到,任命某个"专家委员会"来处理国家可能遇到的任何问题,是政府多么自然而然的愿望。因而,这就导致了现代政治被经济和政治"顾问"所主导,以及对国家"管理"概念的坚持,即把国家当成一个专家团队,将社会的各种力量导引到某个明确的、外在的目标这一概念——奥克肖特在《论人的行为》中对此进行了令人印象十分深刻的描述。

虽然专家委员会适合讨论某个方法问题,但它是否对我们了解目的有任何贡献,这点完全不清楚。目的不是理论知识的客体,而是实践确定性的客体。很少有人清楚地知道,我们如何探讨这些目的的问题,或者是解决任何涉及目的的问题。在某种重要的意义上,它们逃避明确的证明——这不是因为它们无法被证明,而是因为对它们的解释依赖于共享的观念、共享的知识体系以及共同的世界经验。目的被纳入我们如何**看待**这个世界,我们如何将其理解为一个行为场,甚至是我们究竟如何系统阐明我们所遇到的实际问题。如果我们缺少目的意识,那么,我们缺少的不是一整套明确的目标,如同一个机车可能缺少轨道来引导它一样,而是缺少对实际情况所进行的即时的、确定的反应,一种能够依据更大的人类满意的准则而不是狭隘的功用准则看清实际问题的能力。实际上,在最终的分析中,这些问题只能在具体的意义上揭示出来;价值的抽象概念,永远不会替代对正确观点的直接感知。没有这种直接感知——也就是说,生活在一个不是依据对人类目的认知而组织起来的世界中——就会面临迷失在大量毫无意义的方法之中的危险。

这一点既模糊晦涩,又意义重大。追求某个机械性类比,导致了一个信念(这个信念很普遍,但很少被明确宣布)的产生,即一个没有目的的活动,就不过是无目的的。因此,如果我们要将政治活动看成一种理性活动的形式,我们不得不将它与一定的目的结合起来,即与奥克肖特意义上的"意识形态"结合起来。否则的话,作为一种活动,它就是不合理的。因此,政治家必须要能指明他想要实现的社会形态,为什么他想要实现,以及他提出什么样的方法去实现。

尽管这种观点毫无疑问会受到欢迎,但它是极度混乱的。十分明确的一点是,大部分的人类关系以及大部分有价值的活动,也都是上面提到的"无目的的"。它们的存在没有目的,而且行为人和参与者甚至也无法开始提供一个目标。他们也不应该试图提供一个目标,既然他们只能通过伪造或者残酷对待他们的经历才能成功。假如我要本着某一特定目标的精神去接近另一个目标——在我与他的关系中,我心里存有某个想法,并且希望能通过这种关系实现这一想法。而且,假使我与他人之间关系的唯一利益只存在于那一目标中。这样一来,在一种意义上,我仍旧能够将他者(借用康德的术语)不仅仅是作为一种方法,也是一个目的:因为我也许试图通过获得他的赞同来完成这个目标。我同他理论,我试图说服他去做我想要他做的事情。但假如那是我的方法,那么,有一种可能性就总是存在着,即:我说服不了他,或者是他反过来劝阻我。某种相互作用出现了,并且我的目标所具有的绝对权威——在这些情况下,作为唯一一个能决定我理应做什么的原则——必须被抛弃。而这么做也没有什么不合理的。如果在这些情况下,我的目标被抛弃了,那就证明它是不可能实现的或者是不合情理的。这样一来,如果我要允许另一个人具有同等程度的自主性,这是他本性中的理性要求我这样做的,那么我就无法仅仅用为**他**制定的一整套界定清楚的目标来接近他,并且期盼这些目标的实现是我们的交流所产生的不可避免的、自然而然的,甚至是合情合理的结果。我可能会发现全新的目标,或者甚至陷入"无目的"的状态,而这是衡量健康的人际关系的标准。否认陷入这种状态的可能性,就是不把对方看成目的,而只是将其看成手段,看成完全服从于我的意志所发布的命令。这样的立场,既令人厌恶,也完全是不合理的。

可以说,在政治领域中,这一观点也同样适用。一个政治家对他试图管理的国家,或许会有同样的目标和抱负。然而,试图将它们不分青红皂白地强行实施——在没有认识到社会有权提供自己的理由的情况下强行实施——这种尝试只能是以牺牲理性为代价来完成,而且对其自身不利,无论这些目的本身看起来有多么"好"。并非所有的目的都是事先确定的,有些目的——而且或许是最重要的目的——仍需要被揭示而不是被强加,这正是理性交流的标志。承认目的可能会通过参与到它们所赖以生存的传统安排而被发掘,这绝不是愚蠢,也不标志着屈从于米勒的"习俗的专制"。参与到这一安排意味着具有特定的观念,这样行为价值才能得到认可。这个价值不会是抽象地应用某个涵盖一切的原则所产生的结果,相反,它将会从对当下政治的理解中而产生。人们或许会说,目的在行为中才显得有意义,但大多数目的拒绝被转变成方法。一个政治家不可能合理地提出目的,除非他已经了解了他试图控制的社会安排,而一旦了解了这一点,他可能会发现他的目的实际上无法以计划的形式"提出"。在理解之前就提出方法,是感情用事的表现:它意味着将社会视为政治情感的**借口**,而不是视为政治情感的一个恰当客体。要避免感情用事,就要试图去了解社会客体,并在此基础上去衡量一个人的感情和目标;因此,这就要认识到,社会也有一个声音,而一个理性的人必须将社会所表达的信念纳入考虑范畴之内。

这样一来,如果要使人对社会安排这种理解成为可能,那么,也就有可能找到社会真正的声音所在。这个声音必须揭示严肃的、被接受的价值,而不是转瞬即逝的纯粹愿望或者没有经过深思熟虑的冲动。这个声音必须是理智的声音,也必须是社会所具有的合理**身份**的声音。这儿,身份意味着在时间维度上的身份。原因在于,自康德和黑格尔提出自己的观点以来,有一点已经很清楚,即只有在时间维度延伸并且能意识到自我是在时间维度上延伸的一个存在物,才能有一个**理由**去解释自己的行为。因此,只有这样的存在物,才能成为**感情和反应**的恰当客体,而我们原本是把感情和反应专门留给人的。结果似乎是,社会的声音必须具有某种历史意识,并且具有一种价值标准的意识,这种价值标准存在于那个历史中,而且,可以说,它们能够用以推动历史从过去走向未来。离开了这种"历史意识",这一声音无法揭示任何能与决定或者行动力相比拟的东西。

在所提出的有关高雅文化的主张中——至少是有关高雅文化的特

定范式中，比如诗歌和戏剧——有些认为它包含共享的道德体验，有些主张它传达了历史延续性的意识，即两个时期指的是存在于**一个**国家或者民族的历史中的两个时期这一意识，尽管条件在改变，宪法在改变，甚至是已经改变了的语言和地理位置也许已经介入其中。"历史延续意识"，所指的不是任何对事实知识的积累，比如日期、战争、政策和国王等等，而是直觉上对**此种**安排——可以说，人们已经无法摆脱地同这种安排结合起来——如何在时间中发展的认知，以及对它所包含的作为可能性的内容的认知，这种可能性不仅指未来的可能性，而且也指过去的可能性。《旧约》里所表现的正是这种历史意识，莎士比亚在他的历史戏剧里表现的亦是如此。假如关于高雅文化的这些传统主张能够得到支持，那么，就有可能将高雅文化看成对社会行为的真正目的的明确表述。既然高雅文化向我们揭示了社会行为的真正目的，我们就可能以这些真正的目的为标准，衡量流行一时的纯粹愿望。而这使我们能够宣称，一个看起来满足很多人愿望的政策，实际上可能对那个满足了他们愿望的社会安排来说是具有毁灭性的，即有可能摧毁它的目标和身份。强调个人意愿的绝对合法性，就是只将社会——用康德的话来说——当成手段，当成满足个体欲望的手段，而不当成目的。从本质上来说，这种态度是革命性的，它包含着一种社会谋杀的姿态。这种思考显然存在于一些人头脑中，这些人反对流行的对色情文学的慷慨辩护，认为通过民意调查或者举手表决永远无法了解争论的问题是什么，并且认为一个完全不知（举例来说）莎士比亚在提及"损神，耗精，愧煞了浪子风流"①是何意的人，在这个领域里不仅是不合适的，而且也是政治上无能的表现。

如果能填充那个论点中的所有空白，人们就可能不仅已经成功地理解高雅文化观，也能成功地为之辩护，这一观点存在于德国唯心主义

---

① 语出莎士比亚十四行诗第 129 首，原文为 expence of spirit in a waste of shame，此处译文参照辜正坤译本。

者们之中，也存在于我们自己的文学思考与历史思考的传统中。当然，需要填充的空白数量众多，而且空白的间隙很宽。比如说，只有当人们愿意说出一个社会为什么"接受"某一高雅文化作为自己真实声音的情况下，这个类比才能行得通，而这将会是非常困难的。因为要说明一个个体为什么接受某种声明作为解释**他**做过某种事情的理由，已经是非常困难了。这是心灵哲学最重要的问题之一。在社会意义上，这个问题变得更加令人难以对付。例如，我们经常认为，能代表我们自己的高雅文化，是否能够真正被认为是我们所生存的社会的声音，这一点还完全不清楚。

这里的困难其实是两方面的：其一，文化已经失去了以前曾经具有的那种必要性的外观，因而，曾经被认为是显而易见的方面，现在有可能就会遭到质疑——比如，学习拉丁文和文学是否是传播英国文化必不可少的部分。其二，要辨识出统一社会（unified society）——大众文化——甚至都十分困难，高雅文化正是这种统一社会清晰有力的表述。"多元主义"的腐败已经波及太广。因此，不可避免的是，社会对那个认为是自己声音的"接受"将会很难被承认。当然，我们也几乎不可能先接受这一点，直到更进一步的对高雅文化性质的描述出现。高雅文化仅仅只包括文学产品呢，还是包括所有的艺术形式？它是否不仅包括想象文学，而且也包括哲学、历史、神学以及其他形式的非科学思考？

如果一个类比源于建筑物而不是文学，它还能对论点略加概括。文化，阿诺德说，与"我们没有能力看到事物的多个方面，因为我们的全副精力都积极投入到了我们恰好正在追随的那个目标之中"这一说法不相吻合。他把这种类型的强烈情感，同对机械化的以及用他自己的话来说，"外在的"生命形式愈来愈热爱的趋势关联起来，而这一评论中所蕴涵的某种真理的概念，可能来自对当代建筑的研究，尤其是来自那个被称为建构主义（constructivism）、又被称为功能主义（functionalism）的建筑流派，从本质上来说，这一流派是在找到实现目的的方法这一方面来看待建筑研究。在这一观点下，建筑师的工作就是完成某个任务，它有可能要求，比如说，某个数量的房间、某种程度的交通便利、某种采光度等等，这些都限定在一个指定的区域范围内。这是可以解决的问题。建筑师们利用所有可以用到的现代工程学的技巧，已经设计出了种种方案，令人满意地解决了这些问题。毫无疑问，在他们极度勤奋地投入那些为他们制定好的目标时，他们通常都能非常成功地实现那些目标；实际上，比起任何一位受制于古典传统中的审美价值的建筑师，他们在实现目标方面都要做得好得多。然而，令人惊讶的是，人们并不想在以此种方式建造起来的建筑中居住、工作。他们对这些建筑也不屑一顾。事实上，有关新建筑的全部观念正迅速变得令人厌恶；人们总是心怀某种极度的恐慌，不失时机地对此观念表示反对，这种恐慌虽然并不总是合理，但总是可以理解的。

如果我们问自己哪个地方出了问题，我们会立刻发现我们的思想把我们带回到了文化的种种奥秘之中——回到由一些现代建筑师所做的这么一个假设，即美学价值标准只是许多可能目标中的其中一个；仿佛将这些价值标准同其他相关数据一起输入电脑中，人们就有可能确定由此产生的平面图也能够满足那些审美目标。这恰好正是关于审美价值的庸俗观点，它既把审美价值当做可以规定的目标，就像可以对房间数量进行规定的目标一样，也把它当成一个**有局限的**目标，在人们寻找"最佳"解决方案的过程中，可以将之与其他目标相比较，从而进行权衡。但事实情况是，我们天真地称为"品味问题"而拒绝严肃考虑的东西，实则是某个可以影响我们整个生活质量的东西。正是通过在工作中对审美价值的关注，人们从自己所做的事情中，不仅仅意识到了蓝图中具体指出的有限目的，而且还意识到了他们的工作需要满足的其他所有乐趣和欲望。人们不仅依据外在目的，而且还从内在价值来理解他们所做事情的正确性和错误性。失去了这种感知，就是被剥夺了真正的人的目的；如果最终产生的结果，不仅是对自认为"有教养"人来说而且也对普通人来说，都是令人厌恶的，这点也丝毫不会令人感到惊讶。当然，作为文化的一部分，审美价值必须通过适宜于文化传播的教育形式获得。审美价值永远不会从狭义上的"工程学研究"中诞生,也不会从脱离了一切对目的意识培养的方法研究中诞生。

因此,我们岂不是可以认为,一个建筑物的建筑师们所犯的错误,也是一个国家的建筑师们所犯的错误,从一个错误中所产生的不易觉察的但真实的不满,也同样会从另一个错误之中产生,因此,用社会工程取代社会建筑,与建筑中对功能主义计划的拥护一样,都不能让人感到满意?果真如此的话,那么,我们岂不是应该赞同阿诺德的观点,认为庸人统治的政府是个灾祸,不仅对那个能意识到这些状况的人而言,而且,尤其是对那个无法意识到这些状况的人而言?

索 引

(索引中的页码为原著页码,检索时请查本书边码)

A

Alberti, L. B. 阿尔贝蒂,L. B. ,137 - 47

Amis, Kingsley 艾米斯,金斯利,13

Andreski, Stanislav 安德列斯基,斯坦尼斯拉夫,23,25

Aristotle 亚里士多德,69,81,123,124

Ashbery, John 阿什贝利,约翰,48

B

Bach, J. S. 巴赫,J. S. ,63,70

Balzac, Honoré de 巴尔扎克,奥雷诺·德,34,36,37

Bamberger, Jeanne 班贝格,珍妮,62

Banham, Reyner 班纳姆,雷纳,157,158

Barthes, Roland 巴特,罗兰,33 - 37,40,75,76,195

Baudelaire, Charles 波德莱尔,查尔斯,29,106

Beethoven, L. Van 贝多芬,L. 凡,29

Betjeman, John 贝杰曼,约翰,157,158

Blake, William 布莱克,威廉,27

Blanchot, Maurice 布朗肖,莫里斯,45,48

Bloom, Harold 布鲁姆,哈罗德,46

Boethius 波伊提乌,83

Booth, Wayne C. 布斯,韦恩·C. ,85

Boyd, Julian and Zelda 博伊德,朱利安和塞尔达,14

Brecht, Bertholt 布莱希特,贝尔托,211

Breton, André 布勒东,安德烈,72,85,104 - 7

Brook, Donald 布鲁克,唐纳德,72,74

Butterfield, H. 巴特菲尔德, H., 157, 159, 161

C

Carter, Angela 卡特, 安吉拉, 13
Casey, John 凯西, 约翰, 26
Cézanne, Paul 塞尚, 保罗, 69
Charles I 查尔斯一世, 212, 213,
Coleridge, S. T. 柯勒律治, S. T., 64
Collingwood, R. G. 科林伍德, R. G., 61, 62, 64
Conrad, Joseph 康拉德, 约瑟夫, 55, 56, 57, 92
Cooke, Deryck 库克, 德里克, 76
Cowling, Maurice 考林, 莫里斯, 230
Croce, Benedetto 克罗齐, 贝内戴托, 61, 83, 84

D

Dante 但丁, 29, 31, 32, 34, 38, 70, 121-35
Debussy, Claude 德彪西, 克劳德, 41, 78, 79
De Chirico, Giorgio 德·基里柯, 乔治, 104, 106
De Man, Paul 德·曼, 保罗, 44, 46
Derrida, Jacques 德里达, 雅克, 44, 45, 49
Donne, John 多恩, 约翰, 27, 81
Doody, Margaret 杜迪, 玛格丽特, 17

E

Eagleton, Terry 伊格尔顿, 特里, 55-7
Eco, Umberto 艾柯, 安伯托, 38, 40, 41, 42, 76
Eliot, T. S. 艾略特, T. S., 22, 24, 26-30, 55, 57, 82, 83, 121, 122, 132, 217
Ellmann, R. 艾尔曼, R., 98
Esterson, Aaron 伊斯特森, 阿伦, 185, 186, 188

F

Fleming, Ian 弗莱明, 伊恩, 40, 41
Foucault, Michel 福柯, 米歇尔, 36, 184, 186, 191-3, 195
Frege, G. 弗雷格, G., 34, 37, 59, 60, 62, 77
Freud, Sigmund 弗洛伊德, 西格蒙德, 69, 86
Fuller, Buckminster 富勒, 巴克明斯特, 152-6

G

Goethe, Wolfgang von 歌德, 沃尔夫冈·冯, 81
Goldsmith, Oliver 哥德斯密斯, 奥利弗, 56
Goodman, Nelson 古德曼, 奈尔逊, 58-63
Greenberg, Clement 格林伯格, 克莱

门特,71

Greene, Graham 格林,格雷厄姆,57, 91-4

Grene, Marjorie 葛林,马乔里,23, 24,25

Gross, John 格罗斯,约翰,95-9

H

Hardy, Thomas 哈代,托马斯,25

Hartman, Geoffrey 哈特曼,杰弗里, 44-9

Hegel, G. W. F. 黑格尔,G. W. F., 61,231

Herbert, George 赫伯特,乔治,27,81

Heron, Patrick 海荣,帕特里克,73,74

Hesse, Hermann 黑塞,赫尔曼,83

Hill, G. 希尔,G.,47

Hill, Richard 希尔,理查德,13

Hoggart, Richard 霍加特,理查德,53-5

Hölderlin, Friedrich 荷尔德林,弗里德里希,81

Holmes, George 霍姆斯,乔治,121, 123,124

Howard, V. A. 霍华德,V. A.,62

Hume, David 休谟,大卫,64,65,66

Hutchings, Patrick 哈钦斯,帕特里克,71

Huxley, Aldous 赫胥黎,阿道司,56

J

James, Henry 詹姆斯,亨利,56

Jencks, Charles 詹克斯,查尔斯,157

Johnson, Paul 约翰逊,保罗,159

Joseph, Keith 约瑟夫,凯斯,200,201

Joyce, James 乔伊斯,詹姆斯,41,56, 84,95-99

K

Kafka, Franz 卡夫卡,弗朗茨,56

Kant, Immanuel 康德,伊曼纽尔,64, 65,67,183

Keene, Donald 肯尼,唐纳德,115-20

Kjørup, Soren 索伦,肖诺普,61

Klein, Melanie 克莱恩,梅兰妮,148

Kripke, Saul 克里普克,索尔,38

Kristeva, Julia 克里斯蒂娃,茱莉亚,38

L

Lacan, Jacques 拉康,雅克,194-9

Laing, R. D. 莱恩,R. D.,183-90

Lancaster, Osbert 兰卡斯特,欧斯伯德,157

Lasdun, Denys 拉斯顿,德尼斯,178

Lawrence, D. H. 劳伦斯,D. H.,27, 55,92

Leavis, F. R. 里维斯,F. R.,22-30

Le Corbusier 勒·柯布西耶,174,176

Leibniz, Gottfried 莱布尼茨,戈特弗里德,42

Lemaire, Anika 勒梅尔,安尼卡,

194,195

Leondar, Barbara 伦纳达, 芭芭拉, 58

Lodge, David 洛奇, 大卫, 15

Lowry, Malcolm 劳里, 马尔科姆, 92

Lücke, H. K. 卢克, H. K., 139-47

Lucretius 卢克莱修, 83

M

Mackenzie, Kenneth 麦肯齐, 肯尼斯, 122, 127

Mallarmé, Stéphane 马拉美, 斯特凡, 41

Marvell, Andrew 马维尔, 安德鲁, 212, 213, 214, 215, 216

Marx, Karl 马克思, 卡尔, 231

McFadden, Cyra 麦克法登, 希拉, 15, 16

Merleau-Ponty, M. 梅洛-庞蒂, M., 64

Michaels, Leonard 迈克尔斯, 伦纳德, 11-21

Michelangelo 米开朗基罗, 70

Miller, Hillis 米勒, 希利斯, 44, 49

Milton, John 弥尔顿, 约翰, 70

Mishima, Yukio 三岛, 由纪夫, 108-11, 113,

Mitchell, Charles 米歇尔, 查尔斯, 72, 74

Morris, Ivan 莫里斯, 伊万, 112-5

Morris, Robert 莫里斯, 罗伯特, 73

Morton, A. L. T. 莫顿, A. L. T., 215, 216

Mozart, W. A. Von 莫扎特, W. A. 冯, 63

Murdoch, Iris 默多克, 艾丽丝, 68-70

N

Nathan, John 内森, 约翰, 108-10

Nattiez, J. J. 纳蒂埃, J. J., 75-9

O

Oakeshott, M. 奥克肖特, M., 233, 237, 238

Orwell, George 奥威尔, 乔治, 55, 56

P

Peirce, C. S. 皮尔士, C. S., 31, 38

Perkins, David 铂金斯, 大卫, 58

Pevsner, Nikolaus 佩夫斯纳, 尼古拉斯, 157

Plath, Sylvia 普拉斯, 西尔维亚, 100-3

Plato 柏拉图, 69, 70, 80, 81, 83

Polanyi, Michael 波兰尼, 迈克尔, 23, 24, 25

Popper, Karl 波普尔, 卡尔, 157

Pound, Ezra 庞德, 埃兹拉, 56

Powell, Enoch 鲍威尔, 以诺, 19

Power, John 帕威尔, 约翰, 71

Preziosi, Donald 普雷兹奥西, 唐纳德, 38-40

Propp, S. 普洛普, S., 31

Pynchon, Thomas 品钦, 托马斯, 21

R

Reid, David 里德, 大卫, 12

Ricks, Christopher 里克斯, 克里斯托弗, 11 - 21

Rilke, R. - M. 里尔克, R. - M, 56, 217

Robinson, Ian 罗宾逊, 伊恩, 19

Rosen, R. D. 罗森, R. D., 15

Roupas, T. G. 罗帕斯, T. G., 61

Russell, Bertrand 罗素, 伯特兰, 23, 37

Ruwet, Nicholas 吕韦特, 尼古拉斯, 76

S

Sartre, J. - P. 萨特, J. - P., 64 - 7, 83, 183

Scannell, Vernon 斯坎内尔, 弗农, 16

Schoenberg, A. 勋伯格, A., 31

Scott, Geoffrey 斯科特, 杰弗里, 157, 160

Scott, Walter 斯科特, 沃尔特, 56

Shakespeare, William 莎士比亚, 威廉, 27, 29

Shelley, P. B. 雪莱, P. B., 45, 46

Shigesuke, Daidoji 友山, 大道寺, 114

Simon, John 西蒙, 约翰, 13

Sisson, C. H. 西森, C. H., 121 - 35

Smith, Bernard 史密斯, 伯纳德, 71

Spinoza, Baruch 斯宾诺莎, 巴鲁赫, 80

Stevens, Wallace 史蒂文斯, 华莱士, 133

Stockhausen, K. 斯多克豪森, K., 41

Stokes, H. S. 斯托克斯, H. S., 108 - 10

Stokes, Adrian 斯托克斯, 阿德里安, 148 - 51

Swift, Jonathan 斯威夫特, 乔纳森, 56

Szasz, Thomas 莎茨, 托马斯, 187

T

Tafuri, Manfredo 塔夫里, 曼弗雷多, 167 - 73

Tanner, Michael 唐纳, 迈克尔, 21

Tarski, A. 塔斯基, A., 77

Thatcher, Margaret 撒切尔, 玛格丽特, 200, 201, 202

V

Vaughan, Henry 沃恩, 亨利, 27

W

Wagner, Richard 瓦格纳, 理查德, 29, 42

Warnock, Mary 沃诺克, 玛丽, 64 - 7

Watkin, David 沃特金, 大卫, 157 - 66

Waugh, Evelyn 沃, 伊夫林, 56, 57, 94

Wellek, R. 韦勒克, R., 25

White, Edmund 怀特, 埃德蒙德,

16,17
Wilde, Oscar 王尔德,奥斯卡,44
Williams, Raymond 威廉斯,雷蒙德, 50-53
Wittgenstein, Ludwig 维特根斯坦,路德维格,23,24,25,26,64,67
Wollheim, Richard 沃尔海姆,理查德,72,148,158,159

Y

Yeats, W. B. 叶芝,W. B.,56,213

Z

Zermelo, E. 策梅洛,E.,37

《当代学术棱镜译丛》
已出书目

媒介文化系列

第二媒介时代 [美]马克·波斯特

电视与社会 [英]尼古拉斯·阿伯克龙比

思想无羁 [美]保罗·莱文森

媒介建构：流行文化中的大众媒介 [美]劳伦斯·格罗斯伯格 等

揣测与媒介：媒介现象学 [德]鲍里斯·格罗伊斯

媒介学宣言 [法]雷吉斯·德布雷

媒介研究批评术语集 [美]W. J. T. 米歇尔　马克·B. N. 汉森

全球文化系列

认同的空间——全球媒介、电子世界景观与文化边界 [英]戴维·莫利

全球化的文化 [美]弗雷德里克·杰姆逊　三好将夫

全球化与文化 [英]约翰·汤姆林森

后现代转向 [美]斯蒂芬·贝斯特　道格拉斯·科尔纳

文化地理学 [英]迈克·克朗

文化的观念 [英]特瑞·伊格尔顿

主体的退隐 [德]彼得·毕尔格

反"日语论" [日]莲实重彦

酷的征服——商业文化、反主流文化与嬉皮消费主义的兴起 [美]托马斯·弗兰克

超越文化转向 [美]理查德·比尔纳其 等

全球现代性：全球资本主义时代的现代性 [美]阿里夫·德里克

文化政策 [澳]托比·米勒 [美]乔治·尤迪思

通俗文化系列

解读大众文化 [美]约翰·菲斯克
文化理论与通俗文化导论(第二版) [英]约翰·斯道雷
通俗文化、媒介和日常生活中的叙事 [美]阿瑟·阿萨·伯格
文化民粹主义 [英]吉姆·麦克盖根
詹姆斯·邦德:时代精神的特工 [德]维尔纳·格雷夫

消费文化系列

消费社会 [法]让·鲍德里亚
消费文化——20世纪后期英国男性气质和社会空间 [英]弗兰克·莫特
消费文化 [英]西莉娅·卢瑞

大师精粹系列

麦克卢汉精粹 [加]埃里克·麦克卢汉 弗兰克·秦格龙
卡尔·曼海姆精粹 [德]卡尔·曼海姆
沃勒斯坦精粹 [美]伊曼纽尔·沃勒斯坦
哈贝马斯精粹 [德]尤尔根·哈贝马斯
赫斯精粹 [德]莫泽斯·赫斯
九鬼周造著作精粹 [日]九鬼周造

社会学系列

孤独的人群 [美]大卫·理斯曼
世界风险社会 [德]乌尔里希·贝克
权力精英 [美]查尔斯·赖特·米尔斯

科学的社会用途——写给科学场的临床社会学 [法]皮埃尔·布尔迪厄

文化社会学——浮现中的理论视野 [美]戴安娜·克兰

白领:美国的中产阶级 [美]C.莱特·米尔斯

论文明、权力与知识 [德]诺贝特·埃利亚斯

解析社会:分析社会学原理 [瑞典]彼得·赫斯特洛姆

局外人:越轨的社会学研究 [美]霍华德·S.贝克尔

社会的构建 [美]爱德华·希尔斯

新学科系列

后殖民理论——语境 实践 政治 [英]巴特·穆尔-吉尔伯特

趣味社会学 [芬]尤卡·格罗瑙

跨越边界——知识学科 学科互涉 [美]朱丽·汤普森·克莱恩

人文地理学导论:21世纪的议题 [英]彼得·丹尼尔斯 等

文化学研究导论:理论基础·方法思路·研究视角 [德]安斯加·纽宁 [德]维拉·纽宁主编

世纪学术论争系列

"索卡尔事件"与科学大战 [美]艾伦·索卡尔 [法]雅克·德里达 等

沙滩上的房子 [美]诺里塔·克瑞杰

被困的普罗米修斯 [美]诺曼·列维特

科学知识:一种社会学的分析 [英]巴里·巴恩斯 大卫·布鲁尔 约翰·亨利

实践的冲撞——时间、力量与科学 [美]安德鲁·皮克林

爱因斯坦、历史与其他激情——20世纪末对科学的反叛 [美]杰拉尔德·霍尔顿

真理的代价:金钱如何影响科学规范 [美]戴维·雷斯尼克

科学的转型:有关"跨时代断裂论题"的争论 [德]艾尔弗拉德·诺德曼 [荷]汉斯·拉德 [德]格雷戈·希尔曼

广松哲学系列

物象化论的构图 [日]广松涉

事的世界观的前哨 [日]广松涉

文献学语境中的《德意志意识形态》[日]广松涉

存在与意义(第一卷)[日]广松涉

存在与意义(第二卷)[日]广松涉

唯物史观的原像 [日]广松涉

哲学家广松涉的自白式回忆录 [日]广松涉

资本论的哲学 [日]广松涉

马克思主义的哲学 [日]广松涉

世界交互主体的存在结构 [日]广松涉

国外马克思主义与后马克思思潮系列

图绘意识形态 [斯洛文尼亚]斯拉沃热·齐泽克 等

自然的理由——生态学马克思主义研究 [美]詹姆斯·奥康纳

希望的空间 [美]大卫·哈维

甜蜜的暴力——悲剧的观念 [英]特里·伊格尔顿

晚期马克思主义 [美]弗雷德里克·杰姆逊

符号政治经济学批判 [法]让·鲍德里亚

世纪 [法]阿兰·巴迪欧

列宁、黑格尔和西方马克思主义:一种批判性研究 [美]凯文·安德森

列宁主义 [英]尼尔·哈丁

福柯、马克思主义与历史:生产方式与信息方式 [美]马克·波斯特

战后法国的存在主义马克思主义:从萨特到阿尔都塞 [美]马克·波斯特

反映 [德]汉斯·海因茨·霍尔茨

为什么是阿甘本?[英]亚历克斯·默里

未来思想导论:关于马克思和海德格尔 [法]科斯塔斯·阿克塞洛斯

无尽的焦虑之梦:梦的记录(1941—1967)附《一桩两人共谋的凶杀案》(1985) [法]路易·阿尔都塞

经典补遗系列

卢卡奇早期文选 [匈]格奥尔格·卢卡奇

胡塞尔《几何学的起源》引论 [法]雅克·德里达

黑格尔的幽灵——政治哲学论文集[Ⅰ] [法]路易·阿尔都塞

语言与生命 [法]沙尔·巴依

意识的奥秘 [美]约翰·塞尔

论现象学流派 [法]保罗·利科

脑力劳动与体力劳动:西方历史的认识论 [德]阿尔弗雷德·索恩-雷特尔

黑格尔 [德]马丁·海德格尔

黑格尔的精神现象学 [德]马丁·海德格尔

生产运动:从历史统计学方面论国家和社会的一种新科学的基础的建立 [德]弗里德里希·威廉·舒尔茨

先锋派系列

先锋派散论——现代主义、表现主义和后现代性问题 [英]理查德·墨菲

诗歌的先锋派:博尔赫斯、奥登和布列东团体 [美]贝雷泰·E.斯特朗

情境主义国际系列

日常生活实践 1.实践的艺术 [法]米歇尔·德·塞托

日常生活实践 2.居住与烹饪 [法]米歇尔·德·塞托 吕斯·贾尔 皮埃尔·梅约尔

日常生活的革命 [法]鲁尔·瓦纳格姆

居伊·德波——诗歌革命 [法]樊尚·考夫曼

景观社会 [法]居伊·德波

当代文学理论系列

怎样做理论 [德]沃尔夫冈·伊瑟尔

21世纪批评述介 [英]朱利安·沃尔弗雷斯

后现代主义诗学:历史·理论·小说 [加]琳达·哈琴

大分野之后:现代主义、大众文化、后现代主义 [美]安德列亚斯·胡伊森

理论的幽灵:文学与常识 [法]安托万·孔帕尼翁

反抗的文化:拒绝表征 [美]贝尔·胡克斯

戏仿:古代、现代与后现代 [英]玛格丽特·A.罗斯

理论入门 [英]彼得·巴里

现代主义 [英]蒂姆·阿姆斯特朗

叙事的本质 [美]罗伯特·斯科尔斯 詹姆斯·费伦 罗伯特·凯洛格

文学制度 [美]杰弗里·J.威廉斯

新批评之后 [美]弗兰克·伦特里奇亚

文学批评史:从柏拉图到现在 [美]M.A.R.哈比布

德国浪漫主义文学理论 [美]恩斯特·贝勒尔

萌在他乡:米勒中国演讲集 [美]J.希利斯·米勒

文学的类别:文类和模态理论导论 [英]阿拉斯泰尔·福勒

思想絮语:文学批评自选集(1958—2002) [英]弗兰克·克默德

叙事的虚构性:有关历史、文学和理论的论文(1957—2007) [美]海登·怀特

21世纪的文学批评:理论的复兴 [美]文森特·B.里奇

核心概念系列

文化 [英]弗雷德·英格利斯

风险 [澳大利亚]狄波拉·勒普顿

学术研究指南系列

美学指南 [美]彼得·基维

文化研究指南 [美]托比·米勒

文化社会学指南 [美]马克·D.雅各布斯　南希·韦斯·汉拉恩

艺术理论指南 [英]保罗·史密斯　卡罗琳·瓦尔德

《德意志意识形态》与文献学系列

梁赞诺夫版《德意志意识形态·费尔巴哈》[苏]大卫·鲍里索维奇·梁赞诺夫

《德意志意识形态》与MEGA文献研究 [韩]郑文吉

巴加图利亚版《德意志意识形态·费尔巴哈》[俄]巴加图利亚

MEGA：陶伯特版《德意志意识形态·费尔巴哈》[德]英格·陶伯特

当代美学理论系列

今日艺术理论 [美]诺埃尔·卡罗尔

艺术与社会理论——美学中的社会学论争 [英]奥斯汀·哈灵顿

艺术哲学：当代分析美学导论 [美]诺埃尔·卡罗尔

美的六种命名 [美]克里斯平·萨特韦尔

文化的政治及其他 [英]罗杰·斯克鲁顿

现代日本学术系列

带你踏上知识之旅 [日]中村雄二郎　山口昌男

反·哲学入门 [日]高桥哲哉

作为事件的阅读 [日]小森阳一

超越民族与历史 [日]小森阳一　高桥哲哉

现代思想史系列

现代化的先驱——20世纪思潮里的群英谱 [美]威廉·R.埃弗德尔
现代哲学简史 [英]罗杰·斯克拉顿
美国人对哲学的逃避:实用主义的谱系 [美]康乃尔·韦斯特

视觉文化与艺术史系列

可见的签名 [美]弗雷德里克·詹姆逊
摄影与电影 [英]戴维·卡帕尼
艺术史向导 [意]朱利奥·卡洛·阿尔甘 毛里齐奥·法焦洛
电影的虚拟生命 [美]D.N.罗德维克
绘画中的世界观 [美]迈耶·夏皮罗
缪斯之艺:泛美学研究 [美]丹尼尔·奥尔布赖特

当代逻辑理论与应用研究系列

重塑实在论:关于因果、目的和心智的精密理论 [美]罗伯特·C.孔斯
情境与态度 [美]乔恩·巴威斯 约翰·佩里
逻辑与社会:矛盾与可能世界 [美]乔恩·埃尔斯特
指称与意向性 [挪威]奥拉夫·阿斯海姆

波兰尼意会哲学系列

认知与存在:迈克尔·波兰尼文集 [英]迈克尔·波兰尼
科学、信仰与社会 [英]迈克尔·波兰尼

现象学系列

伦理与无限:与菲利普·尼莫的对话 [法]伊曼努尔·列维纳斯

图书在版编目(CIP)数据

文化的政治及其他 / (英)罗杰·斯克鲁顿著 ; 谷婷婷译. — 南京 : 南京大学出版社, 2019.2(2020.12重印)
(当代学术棱镜译丛 / 张一兵主编)
书名原文: The Politics of Culture and Other Essays
ISBN 978-7-305-19520-4

Ⅰ. ①文… Ⅱ. ①罗… ②谷… Ⅲ. ①文化研究—文集 Ⅳ. ①G0-53

中国版本图书馆 CIP 数据核字(2017)第 255285 号

The Politics of Culture and Other Essays
© 1981 Roger Scruton
Originally published by St. Augustine Press
Simplified Chinese copyright © 2019 by Nanjing University Press
All rights reserved.

江苏省版权局著作权合同登记 图字:10-2008-185号

出版发行	南京大学出版社
社　　址	南京市汉口路 22 号　　邮　编　210093
出 版 人	金鑫荣
丛 书 名	当代学术棱镜译丛
书　　名	**文化的政治及其他**
著　　者	[英]罗杰·斯克鲁顿
译　　者	谷婷婷
责任编辑	彭　涛　张　静
照　　排	南京南琳图文制作有限公司
印　　刷	江苏凤凰扬州鑫华印刷有限公司
开　　本	635×965　1/16　印张 21.5　字数 290 千
版　　次	2019 年 2 月第 1 版　2020 年 12 月第 2 次印刷
ISBN	978-7-305-19520-4
定　　价	60.00 元

网址: http://www.njupco.com
官方微博: http://weibo.com/njupco
官方微信号: njupress
销售咨询热线: (025) 83594756

* 版权所有,侵权必究

* 凡购买南大版图书,如有印装质量问题,请与所购图书销售部门联系调换